Pilz-Kusch

Burnout: Frühsignale erkennen – Kraft gewinnen

Ulrike Pilz-Kusch

Burnout

Frühsignale erkennen – Kraft gewinnen

Das Praxisübungsbuch für Trainer, Berater und Betroffene

8 Focusing-Schlüssel, die wirklich helfen

BELTZ

Ulrike Pilz-Kusch, Dipl.-Pädagogin ist seit 1979 Fortbildnerin von Führungskräften in der Weiterbildung, Gesundheits- und Dozentenfortbildung. Sie ist mit Herzblut selbstständige (Focusing-) Trainerin (DAF), systemisch-lösungsorientierte Beraterin, Coach, Tanz- und Theaterpädagogin. Sie stärkt Lehrende, Kitas, Teams, Unternehmen und Einzelne mit Kompetenztrainings und Coachings, wie sie sich einfach vor Burnout schützen, wirksam entlasten, anders arbeiten und die eigene Spur finden können.
Homepage: www.well-concept.de

Alle Download-Materialien finden Sie auf unserer Homepage www.beltz.de direkt beim Buch.

Dieses Buch iat auch als E-Book erhältlich: ISBN 978-3-407-29171-4.

Lektorat: Ingeborg Sachsenmeier

www.beltz.de
Herstellung und Satz: Sarah Veith
Druck: Beltz Druckpartner GmbH & Co. KG, Hemsbach
Umschlagkonzept: glas ag, Seeheim Jugenheim
Umschlaggestaltung: Nancy Püschel
Umschlagabbildung: © BortN66, Shutterstock
Printed in Germany

ISBN 978-3-407-36510-1

Inhaltsverzeichnis

Vorwort

Ende 2004 fühlte ich mich ausgebrannt. Ich wunderte mich, dass ich trotz eines dreiwöchigen Urlaubs nicht erholt war. Ich kam mir kraftlos und antriebslos vor und hatte erstaunlicherweise keine Lust zu arbeiten, obschon ich mich zwei Jahre zuvor mit Freude und Elan selbstständig gemacht hatte und meiner Spur gefolgt war. Wo war »mein Feuer« geblieben? Wieso sah ich keinen Sinn mehr in meinem Tun? Ich stellte mir plötzlich vor, wie erleichternd es wäre, wenn ich jetzt eine lebensbedrohliche Krankheit hätte. Dann bräuchte ich mir keine Gedanken mehr darüber zu machen, was ich beruflich weitermache und womit ich Geld verdiene. Diese Vorstellung erschreckte mich zutiefst und rüttelte mich auf. Was war schief gelaufen? Wieso war mein Akku leer? Ich lebte doch als anerkannte Fachfrau für die Qualität von Wellness-Dienstleistungen und Gesundheitsförderung das »Klassische« in der Gesundheitsprävention: Bewegung, gesunde Ernährung, Stressbewältigung. Es gab kaum Entspannungstechniken, die ich nicht kannte und etliche sogar selbst lehrte. Was also war passiert?

Ich begab mich auf den Weg: Das »Gute« im »Schlechten« war, dass mich dieses »Nicht-mehr-weiter-Wissen« dazu gebracht hat, genauer zu erkunden, welcher Ballast über Bord geworfen und was gelebt werden möchte. Ich hatte mir so viel Gewalt angetan in meinem Leben ... Das hat mich auf den Weg und zu Focusing gebracht sowie dahin, meinen Lebensenergiekillern auf die Spur zu kommen und mich von ihnen weitgehend zu verabschieden. Das bedeutete: Nicht mehr mit hängender Zunge durch das Leben und die Arbeit zu hetzen, getrieben davon, was ich tun und lassen sollte, oft genug beherrscht von meinem inneren Kritiker, und darunter liegenden nicht bewussten Ängsten, etwas falsch oder nicht gut genug zu machen.

So habe ich einen neuen, präventiven Ansatz aus alltagstauglichen Werkzeugen entwickelt, die Sie sowohl selbst vor Überlastung und Burnout schützen können, damit Sie körperlich, mental, emotional und sozial leistungsfähig bleiben, als auch Ihre Kompetenz steigern und Ihren Arbeitsalltag leichter, reicher und für Sie stimmiger machen. Sie erkennen mithilfe der Focusing-Schlüssel frühzeitig Warnsignale auf vier Ebenen und erfahren,

Beispiele

Downloads

Literaturtipps

Tipps

Übungen

wie manchmal nur wenig ausreichen kann, diese Signale in ein Mehr an Lebensqualität umzuwandeln.

Mit diesem Praxisübungsbuch und seinen Werkzeugen möchte ich Ihren »Schmerzweg« abkürzen, die Intensität mildern und es Ihnen erleichtern, dem auf die Spur zu kommen, was Sie wieder in Ihre Kraft bringt. Ich möchte Ihnen Mut machen, sich mithilfe der Focusing-Schlüssel von Gewalt und Druck sich selbst gegenüber zu verabschieden und Ihren Teilnehmern und Klienten zu zeigen, wie sie das ebenfalls schaffen können.

Durch die Entdeckung der acht Focusing-Schlüssel habe ich selbst zu einer ganz neuen Lebensqualität und erfüllenden Arbeitsweise gefunden und zu einem Leben, das mir mehr und mehr entspricht und das ich liebe.

Mir liegt am Herzen, Ihnen eine Fülle an kleinen »Techniken« an die Hand zu geben, was Sie tun können, um

- sich selbst vor Überlastung und Burnout zu schützen,
- sich wirksam zu entlasten und von Energiekillern zu befreien,
- sich selbst zu helfen und zu stärken in stürmischen und herausfordernden Zeiten der Unsicherheit, der Veränderung und des Umbruchs,
- selbst Lösungen zu finden, die für Sie richtig sind,
- selbst Ihren eigenen Weg zu finden, der für Sie stimmig ist,
- weniger kraftzehrend und »nährender« zu arbeiten,
- mehr Lebensqualität in Ihr berufliches und privates Leben zu bringen.

Dabei habe ich solche Instrumente und Übungen ausgewählt, die sich in meiner Alltagspraxis und der der Menschen aus meinen Kursen, Gruppen und Coachings am besten bewährt und die sich als wirkungsvoll und gleichzeitig einfach erwiesen haben. Sie lassen sich leicht in den Alltag integrieren, beanspruchen kaum Zeit, sind wohltuend und stärken. Dieses Handwerkszeug können Sie in Ihrer Arbeit als Trainer, Lehrende, Berater, Therapeut oder Coach brauchen und die Elemente an Ihr Klientel weitergeben, mit denen Sie sich sicher fühlen.

Im **ersten Teil** des Buches erfahren Sie, wieso Burnout eine Chance sein kann, was Ausbrennen bedeutet und wie es sich anfühlt. Welchen »Stolpersteinen« wir begegnen auf dem Weg des Erkennens und Anerkennens und was Burnout begünstigt. Sie lernen konkrete (Früh-)Signale von Überlastung und Burnout kennen – und zwar auf folgenden vier Ebenen:

- Arbeitsfähigkeit,
- mentale und emotionale Stabilität,
- körperliche Funktionstüchtigkeit sowie
- soziale Leistungsfähigkeit.

Sie gewinnen mehr Klarheit über die Merkmale und »Gefahrenzonen« von Burnout. So können Sie früher und leichter Warnsignale in allen Ihren Gefährdungs- und Lebensbereichen erkennen. Damit erhalten Sie die Möglichkeit, rechtzeitig den Schalter in eine positive Richtung »umzulegen«.

Im **zweiten Teil** lernen Sie die acht Focusing-Schlüssel mit einer Fülle unterschiedlicher Ansatzpunkte und Übungsanleitungen kennen – am Beispiel von Alltagssituationen. Sie können die Instrumente sowohl in Ihrem Beruf als auch in Ihrem Privatleben und Ihren Beziehungen anwenden.

Sie erfahren, wie Sie, Ihre Seminarteilnehmer oder Klienten ein »Frühwarnsystem« mit drei Ankern installieren und so Frühsignale schneller bemerken und leichter die Bremse ziehen. Sie erfahren, wie Sie »Blitztankstellen« in Ihren Alltag integrieren und Ihre Energie tagsüber hochhalten. Sie erhalten ein »Notfallköfferchen« mit einfachen, sofort umsetzbaren Rettungsankern, die Ihnen im Alltag helfen, sich mental, emotional und körperlich zu stärken, sich wirksam zu entlasten und typische Energieräuber zu entmachten. Sie erfahren, wie Sie sich in schwierigen Gruppen oder Gesprächssituationen vor Angriffen und Negativität schützen. Diese Navigationsinstrumente helfen, das Steuer auch in stürmischen und unsicheren Zeiten in der Hand zu behalten anstatt sich steuern zu lassen.

Sie lernen Schritte kennen, wie Sie sich Zugang zu Ihrem inneren Kompass und ungenutzten Ressourcen in Ihnen verschaffen, um in unklaren und komplexen Situationen für Sie stimmige Handlungsschritte aus Ihrem Körper auf eine leichte und angenehme Art entstehen zu lassen. So können Sie einfacher den für Sie richtigen Kurs, die für Sie richtige Spur und die für Sie passende Gangart finden, um Ihr Leben zu leben.

Stärkende, flankierende Maßnahmen und Rituale (teilweise als Download) helfen, die Focusing-Werkzeuge im Alltag anzuwenden und am Ball zu bleiben. Je mehr Sie sich darin üben, umso stärker trainieren Sie Ihren inneren Achtsamkeitsmuskel und erweitern Ihre Handlungsspielräume und Ihr Handlungsrepertoire. Sie werden belastbarer, stabiler und kompetenter auf allen Ebenen, in Ihren Gefährdungszonen und allen Lebensbereichen.

Es fällt Ihnen nach und nach leichter, aus automatisierten und schädigenden Mustern auszusteigen und den Fokus auf das zu richten, was Sie stärkt, entlastet und »nährt« – beruflich und privat. Sie bauen nach und nach eine erweiterte Kompetenz auf allen vier Ebenen der Leistungsfähigkeit auf:

- Schärfung Ihrer Selbst- und Fremdwahrnehmung,
- Schulung von Selbstbewusstsein, Selbstvertrauen, Intuition und bewusster Selbststeuerung,
- Selbstentlastung, Selbststärkung, Selbstsorge und
- Stärkung Ihrer Regenerations- und Bewältigungskompetenz.

Statt erledigen und erledigt werden, arbeiten Sie aus dem FreiRaum – eine effektive Focusing-Technik – kreativer und energievoller.

Nicht zuletzt erfahren Sie, wie Sie so arbeiten können, dass es Sie weniger anstrengt und mehr nährt – gesamtintelligent und für Sie stimmig. Wie es leichter und freudvoller fließt. Wie Sie mit Focusing kreativer und produktiver Konzepte entwickeln, Seminare vorbereiten und durchführen können.

Im **dritten Teil** des Buches zeige ich auf, wie Sie es sich mithilfe der Schlüsselwerkzeuge in Ihrer Seminar-, Lehr- und Beratungstätigkeit leichter machen und zu stimmigeren Angeboten und einer entspannteren Arbeitsweise kommen können: bei Konzeption, Vorbereitung und Durchführung Ihrer Angebote sowie Weitergabe der Werkzeuge, die zu Ihnen und Ihrer Arbeit passen. Sie lernen, wie Sie sich im professionellen Kontext mit Menschen stabilisieren und entlasten können, wie Sie den Handlungsbedarf in komplexen und schwierigen Situationen ganzheitlich tiefer erfassen und Ihren Arbeitsalltag und den Ihrer Teilnehmenden und Klienten erleichtern und bereichern können.

Wichtig ist mir zu erwähnen, dass das Praxisübungsbuch focusingorientiert geschrieben wurde und nicht »perfekt« ist. Die Werkzeugkiste ist mit Focusing in der Praxis entstanden und entwickelt sich ständig weiter. Mein besonderer Dank gilt Dr. Johannes Wiltschko, meinem bedeutendsten Focusing-Ausbilder und Supervisor, meinen Begleiterinnen und Begleitern beim partnerschaftlichen Focusing, meinen Klienten und Teilnehmern, mit und von denen ich immer wieder eine Menge lerne.

Burnout-Signale als Wegweiser zu mehr Lebensqualität erkennen

↗01

Burnout als Chance

Mein Mich-ausgebrannt-Fühlen Ende 2004 war – im Nachhinein betrachtet – ein Geschenk: Es hat mich aufgerüttelt und dazu gebracht, aus der Alltagsrödelei auszusteigen und mich selbst auf einen spannenden Suchprozess zu begeben: die Chance zu nutzen, tiefer und ehrlich hinzuschauen, wo was klemmt im eigenen Leben, wo etwas nach einer Kurskorrektur verlangt, was lebendig werden möchte, und zu einem Kurswechsel zu kommen, wo es leichter und stimmiger langgeht.

Dieser Weg hat mich zu Focusing geführt und dazu, mit Focusing zu lernen, in mir Kraft und Klarheit zu finden und auf mich zu hören. So habe ich nach und nach zu einer sanften und wohltuenden Änderung meiner Gangart, meiner Arbeit(sweise) und meines Lebenskurses, zu mehr Lebendigkeit, Freude und zu einer nährenderen Art zu arbeiten gefunden.

Was bedeutet Burnout?

Burnout bedeutet »ausgebrannt sein«. Der Akku ist leer, und zwar auf allen Ebenen. Ein Gefühl von »Ich kann nicht mehr«, »Ich fühle mich kraftlos, antriebs- und freudlos«.

Beispiel: Wenn der Leidensdruck groß und die Lebensfreude sehr klein ist. Wenn nachts und morgens die Angstmonster mit einem verrückt spielen. Wenn man morgens nicht aus dem Bett kommt und sich am liebsten unter der Bettdecke verkriechen möchte. Wenn man sich durch den Tag schleppt und den Eindruck hat, dass man sich nicht mehr wirklich steuern kann. Wenn einen Schweißausbrüche, Magendrücken und andere psychosomatische Beschwerden plagen. Und wenn einen Nonstop-Gedankenkreisen und angstbesetzte Zukunftskatastrophenszenarien quälen, was alles im Job passieren könnte. – So in etwa schilderte einer meiner Klienten seinen Zustand mit (Verdachts-)Diagnose »Burnout-Syndrom«. Er erhielt eine Überweisung zur Psychotherapie. Die halbjährige Wartezeit war für ihn nicht aushaltbar. Die Psychotherapeutin gab ihm meine Adresse.

Burnout-Experten sprechen von körperlicher, mentaler und vor allem emotionaler Erschöpfung aufgrund von langanhaltender Überlastung (Pines/Aronson/Kafry 2006; Freudenberger/Richelson 1980; Maslach/Jackson 1981). Die Weltgesundheitsorganisation bezeichnet Burnout als »Zustand der totalen Erschöpfung«, der allerdings nicht genauer erklärt wird. Burnout wird als die Stress- und Leistungskrankheit dieses Jahrhunderts bezeichnet. Der Spiegel spricht von der »Volkskrankheit des 21. Jahrhunderts (Spiegel, 24.01.2011). Dr. Manfred Nelting, der seit Jahrzehnten Burnout-Patienten behandelt und die Gezeiten Haus Klinik leitet, definiert das Burnout-Syndrom als eine prozesshafte Erkrankung, »eine Systemerregung aus einer anhaltenden, sich allmählich aufschaukelnden Hyperstressreaktion. Diese leitet einen Auflösungsprozess der psycho-physischen Selbstregulation ein [...] und mündet meist in eine manifeste schwere Depression« (Nelting 2010, S. 30).

Die Weltgesundheitsorganisation (WHO) bezeichnet Stress als die größte Gesundheitsgefahr dieses Jahrhunderts. In einer Studie des Wissenschaftlichen Instituts der AOK 2011 erfährt man, dass immer mehr Menschen betroffen sind: Die Ausfälle wegen Burnout haben seit 1999 in zwölf Jahren um 80 Prozent zugenommen. Nach Auswertungen von circa zehn Millionen Versicherten leiden ungefähr 30 Prozent der arbeitenden Menschen am Ausbrennen. – Das ist alarmierend! In einer anderen Studie der Krankenkassen aus dem Jahr 2009 gaben ein Drittel der Befragten starke psychische Belastungen an und sogar zwei Drittel allgemeine psychische und psychosomatische Symptome.

Burnout ist eine komplexe, multifaktoriell bedingte Problematik, die den gesamten Organismus betrifft und sich bei jedem anders äußert. Das Brisante daran ist, dass die gesamte Existenz des Individuums auf dem Spiel steht, und das Umfeld (Familie, Unternehmen und Gesellschaft) ebenfalls stark beeinträchtigt wird. Die gesamte Wirtschaft wird in Mitleidenschaft gezogen, wenn Erkrankte mehrere Monate oder ein ganzes Jahr ausfallen und manche nie wieder arbeitsfähig und frühverrentet werden. Professor Dr. Bernhard Badura bezeichnet »Burnout auch als eine Organisationspathologie«. Er wies auf der Tagung »Die erschöpfte Organisation« in Bielefeld darauf hin, dass »Studien zu Präsentismus zeigen, dass insbesondere die psychischen Beeinträchtigungen Produktivitätseinbußen zur Folge haben, die weit über den Kosten durch Fehlzeiten liegen« (2011).

Die Informationen und das Wissen in Medien, Literatur sowie Forschung sind unübersichtlich und verwirrend. Es gibt eine Fülle unterschiedlicher

Tests und beschriebener Phasenverläufe. Viele Menschen sind daher beunruhigt und unsicher: Bin ich auch betroffen, bin ich auf dem Weg, an welchem Punkt befinde ich mich, wann kippt es?

Es fehlt eine einheitliche Definition des Burnout-Syndroms (Burisch 2010, S. 14 ff.). Obschon die Zahlen alarmierend ansteigen, gibt es im internationalen Diagnose-Klassifikationssystem keine Ziffer als Behandlungsdiagnose, lediglich als Rahmen- oder Zusatzdiagnose. (Nelting 2010, S. 31). Die Symptomatik ist vielschichtig, nicht eindeutig und individuell unterschiedlich. Nicht alle Krankheitszeichen müssen auftreten. Trotz einer Fülle an Studien gestehen Burnout-Experten ein, dass der Erkenntnisstand ziemlich dürftig ist (Schaufeli/Enzmann 1998, S. 190). Manche Studien weisen widerspüchliche Ergebnisse auf. Der langjährige Burnout-Experte bekennt: »Wir wissen tatsächlich nichts Verlässliches über Burnout« (Burisch 2010, S. 227).

Burnout ist ein gesellschaftliches Problem

Bernd Badura wies auf der Tagung »Die erschöpfte Organisation« auch auf die eklatante Diskrepanz zwischen der massenmedialen Aufmerksamkeit und unserem aktuellen Wissenstand hin. Er hob die Dringlichkeit der Thematik hervor. In seinem Vortrag stellte er die These auf, dass der Medienhall über Burnout nicht eine Mode sei, sondern eine längst überfällig gewordene Diskussion über ein gesellschaftlichtliches Problem in Gang setze: die kollektive Nichtbeachtung der Gesundheit. Es gehe nicht mehr primär um eine physische, sondern um eine psychische Beeinträchtigung. Erwerbstätige seien wenig geübt im Umgang mit Erschöpfung. Er sagte: »Wir wissen, dass unsere physischen Energien begrenzt sind. Wir müssen lernen, dass auch unsere psychischen Ressourcen begrenzt sind« (2011).

Mein Anliegen ist es, Sie zu sensibilisieren für die komplexe, brisante und ernst zu nehmende Problematik, ohne Panik zu verbreiten. Ich möchte ein Stück Transparenz schaffen, damit Sie die bekannten Risikofaktoren, Charakteristika und Warnhinweise erkennen können, um den Anfängen so früh wie möglich entgegenzutreten, Depressionen möglichst zu verhindern und Ihnen langwierige Klinikaufenthalte und Psychotherapie zu ersparen.

Die vier Merkmale und Gefahrenzonen

Die Arbeits- und Leistungsfähigkeit des gesamten Organismus lässt nach, und zwar auf vier Ebenen: Arbeitsfähigkeit, mentale und emotionale Stabilität, körperliche Funktionstüchtigkeit und soziale Leistungsfähigkeit. Sie haben mehr gegeben als Sie an Kräften zur Verfügung haben. Es beginnt im Arbeitsprozess und ist schleichend, nach und nach in allen Lebensbereichen spürbar. Sie fühlen sich emotional, geistig, körperlich und sozial erschöpft. Was ist kennzeichnend? Das gebräuchlichste Messinstrument von Maslach und Jackson geht von drei Dimensionen aus: emotionale Erschöpfung, Depersonalisierung (gefühllose und abgestumpfte Reaktionen auf Kunden und Klienten) und eine reduzierte persönliche Leistungsfähigkeit und negative Beurteilung der eigenen Arbeitsleistung (Maslach/Jackson 1984).

Das »Drama« nimmt seinen Anfang im Bereich der Arbeit und Leistung. Die Betroffenen arbeiten mit hohem Engagement über einen längeren Zeitraum über die eigenen Grenzen hinweg, sodass die Arbeits- und Leistungsfähigkeit sowie die Belastbarkeit des Organismus zunehmend nachlässt, bis nichts mehr geht. Die Kompetenzen reichen nicht mehr aus, die anstehenden Beanspruchungen beziehungsweise Belastungen zu bewältigen. Die Waage der beruflichen und privaten Gesamtbelastung auf der einen und die der Bewältigungsmöglichkeiten, Ressourcen und Kompetenzen (körperlich, mental, sozial, emotional) auf der anderen Seite reichen nicht mehr aus, die anstehenden Aufgaben zu bewältigen. Der Mensch ist im »Endstadium« nicht mehr in der Lage, zu arbeiten beziehungsweise Leistungen zu erbringen.

Beispiel: Eine Klientin von mir bekam Migräne, wenn sie nur ihre E-Mails anschaute, und war ein ganzes Jahr lang nicht mehr in der Lage zu arbeiten. Andere brechen zusammen oder kriegen ihren Job einfach nicht mehr hin.

Burnout entsteht nicht von heute auf morgen. Meist handelt es sich um einen schleichenden Prozess über Jahre. Experten sprechen von einer unterschiedlichen Anzahl von Phasen, die jemand durchläuft: Manche beschreiben drei, andere sechs, sieben, acht oder zwölf Phasen. Sie reichen von verstärktem Arbeitseinsatz über eine eingeschränkte Aktivität und realem Leistungsabbau bis zur kompletten Arbeitsunfähigkeit mit tiefer Verzweiflung und verlaufen individuell unterschiedlich. Trotz persönlich andersartiger Symptome und Phasenverläufe werden folgende vier Merkmale und Gefahrenzonen als charakteristisch für das Ausgebranntsein bezeichnet.

Chronische Überlastung: Die Experten sind sich weitgehend einig, dass es sich um eine chronische Überlastung beziehungsweise Überforderung handelt, einen Dauerstress über Jahre, manchmal Jahrzehnte, und nicht nur um vorübergehenden Stress. Entscheidend ist, inwieweit jemand sich durch seine Gesamtbelastung, also die beruflichen und privaten Anforderungen, überfordert fühlt. In meiner Arbeit treffe ich auf Menschen, die sich durch berufliche Belastung in Kombination mit eigener Krankheit, Trennung, Pflege von Angehörigen oder auch Existenzangst und Schulden überlastet fühlen, aber auch auf solche, die sich »nur« durch den Job, durch Arbeitsverdichtung, steigende Anforderungen und der Angst vor Personalabbau überfordert fühlen. Manchmal kann schon eine unvorhergesehene, zusätzlich belastende Kleinigkeit jemanden »umhauen« und die Balance zwischen Anforderungen und Bewältigungsmöglichkeiten zum Kippen bringen.

Missachtung eigener Grenzen: In allen Fällen sind auch eigene Anteile wirksam. Ein Kennzeichen ist, dass sich die meist engagierten Betroffenen selbst überfordern und über die eigenen Kräfte hinaus Leistungen erbringen, die Warnsignale nicht bemerken oder einfach über sie hinweggehen.

Vernachlässigung eigener Bedürfnise: Damit geht einher, dass eigene Bedürfnisse zunehmend weniger beachtet werden. Seien es körperliche Bedürfnisse nach Trinken, Essen, Ausruhen, Erholung, Entspannung, Berührung oder einem Spaziergang. Seien es mentale oder psychosoziale Bedürfnisse nach Ausgleich, Nichtstun, schöngeistigen, sinnlichen Anregungen, bereichernden und inspirierenden Begegnungen oder Erlebnissen in der Natur.

Erholungsunfähigkeit: Allen Betroffenen ist gemeinsam, dass sie schwer abschalten können. Zu der Überlastung und Überforderung kommt hinzu, dass diese Menschen sich nicht mehr erholen können.

Bezeichnend ist, dass im Anfangsstadium von Burnout zunächst die Arbeitsbemühungen verstärkt werden. Es wird mit mehr Anstrengung gearbeitet und an den Erholungsphasen gekürzt: Mittagspausen werden weggelassen, nach Feierabend wird weitergearbeitet. Abends und am Wochenende nehmen sie sich wenig Zeit für Erholung, Entspannung oder Muße. Der Terminkalender ist voll, nicht selten auch das Freizeitprogramm. Kaum zu Hause nach der Arbeit, wird oft ohne Pause zum Einkaufen oder Joggen gehechtet und von dort zur nächsten Verpflichtung oder Verabredung. Viele sind dann nur noch in der Lage, sich vom Fernsehen berieseln zu lassen und gönnen so dem Gehirn wieder keine Nahrungs- und Erholungspause.

»Stolpersteine« auf dem Weg des Erkennens und An-Erkennens

Burnout bleibt vielfach unerkannt, da sich individuell höchst unterschiedliche Anzeichen zeigen, es keine eindeutige Symptomatik und da es Überschneidungen mit anderen Krankheitsbildern gibt.

Ärzte gehören selbst zur Risikogruppe. Schulmediziner sind eher gewohnt, sich auf die körperlichen Symptome zu konzentrieren. Doch die körperlichen Anzeichen – vor allem in den frühen Phasen – müssen nicht so schwerwiegend sein (zum Beispiel Infektanfälligkeit) und sich nicht unbedingt in organischen Befunden niederschlagen. Sie sind individuell verschieden und überschneiden sich mit anderen Beschwerdebildern. Ausgebrannte Menschen fühlen sich in vielen Fällen nicht krank.

Es gehört zur Symptomatik, dass Menschen in der Burnout-Spirale dazu neigen, ihre Schwierigkeiten zu verharmlosen, zu verdrängen oder zu verleugnen. Eine ausgeprägte Fehleinschätzung und Selbsttäuschung der Betroffenen »gehört zu den hartnäckigsten Auffälligkeiten aus klinischer Sicht« (Nelting 2010, S. 37). Die massiv verstellte Wahrnehmung für sich selbst im fortgeschrittenen Stadium wird zu einem großen Problem. Vieles wird oft hinter einer Fassade verborgen, was zusätzlich Kraft raubt. Verschärfend kommt hinzu, dass durch den sozialen Rückzug ein Gesprächspartner fehlen kann, der zuhört und sich traut, auch Unbequemes ehrlich rückzumelden. Vielleicht können Sie sich Ihrem Partner, einer guten Freundin, einem männlichen oder weiblichen Mediziner, Therapeuten oder qualifizierten Coach anvertrauen, wenn irgendetwas in Ihnen Sie verunsichert und Sie sich fragen, ob sich bei Ihnen ein Burnout anbahnt.

Was begünstigt Burnout – außen und innen?

Es gibt äußere Faktoren, die eine Rolle spielen, situative sowie arbeitsplatzbezogene Merkmale: Erfolgs-, Termin-, Leistungsdruck am Arbeitsplatz, Verdichtung der Arbeit, unsicherer Arbeitsplatz sowie unter Umständen zusätzliche Belastungen durch einen kranken oder pflegebedürftigen Angehörigen, eigene Krankheit, Beziehungsstress oder Trennung, die insgesamt zu stark belasten.

Beate Schulze benennt folgende Jobmerkmale: lange Wochenarbeitszeiten, großer Umfang der zu erledigenden Arbeit, viele verschiedene Auftraggeber, Kunden, Klienten, Patienten, Teilnehmer oder Mandanten, gegensätzliche Anforderungen am Arbeitsplatz, kein klares Aufgabenfeld, zu wenig soziale Unterstützung und Anerkennung, mangelndes Ausmaß von Selbstständigkeit, Autonomie und Maß der Beteiligung an Entscheidungen (Schulze 2011 S. 41 ff.). Doch diese Merkmale allein führen nicht zwangsläufig zum Burnout. Es gibt immer auch innere Faktoren, die wirken. Dies sind lebensgeschichtliche, persönliche Besonderheiten und insbesondere arbeitsbezogene Einstellungen. Vor allem: hohe Ansprüche an sich selbst und an das Arbeitsumfeld, sich selbst unter Druck setzen, »Ich sollte, … ich müsste«, mangelndes Selbstwertgefühl, Angst vor Versagen oder Ablehnung; Verhaltens-/Gewohnheitsmuster, sich selbst nicht so wichtig zu nehmen, viel Engagement in Leistung stecken. Gefährdet sind außerdem eher Menschen, die zu Ängstlichkeit und Empfindlichkeit neigen und dazu, Dinge eher negativ zu sehen und in ihrer Herkunftsfamilie Gewalt oder Erniedrigung erlebt und wenig Zuversicht von ihren Eltern mitbekommen haben.

Wen trifft es? Wer ist gefährdet?

Es trifft die, die sich engagieren, und vor allem »Menschen-Arbeiter«, also diejenigen, die mit Menschen arbeiten. Je öfter und ausgiebiger jemand direkt mit seinen Klienten, Kunden oder Patienten arbeitet und je gravierender deren Probleme sind, umso wahrscheinlicher ist es auszubrennen. Es werden vor allem soziale, medizinische, pädagogische und pflegende Berufe in der Literatur erwähnt, Angestellte der Arbeitsagenturen und Sozialämter, aber auch sogenannte »Emotionsarbeiter« im Kundendienst oder in der Hotelbranche (Schulze 2011). Zwei von drei Managern fühlen sich im Job ausgebrannt (Untersuchung der Bertelsmann Stiftung und des Schweizer Instituts sciencetransfer 2009). »Jede dritte Krankenschwester oder Erzieherin erkrankt einmal in ihrem Leben am Burnout-Syndrom, bei Lehrerinnen sind es gar 50 Prozent« (Ruhwandl 2007). Als Erstes entdeckte Herbert Freudenberger das Ausbrennen in den sogenannten helfenden Berufen (1974). Inzwischen ist es bei etwa 60 Berufen erläutert worden (Burisch 2010, S. 21 ff.;

Hedderich 2009, S. 22 f.). Mittlerweile kann es aufgrund geänderter Lebens- und Arbeitsbedingungen sowie wachsender Anforderungen jeden erwischen. Acht von zehn Deutschen fühlen sich gestresst und schon jeder dritte Deutsche leidet unter Dauerstress und arbeitet am Limit, wie eine aktuelle Forsa-Umfrage der Techniker Krankenkasse aus dem Jahr 2011 ergeben hat.

Der Leidensdruck scheint beim Ausbrennen am stärksten auf der psychischen Ebene zu sein: unerträgliche Angst- und Panikattacken, vor allem nachts und morgens beim Aufwachen und negatives Gedankenkreisen um Zukunftsängste. Das Gefühl, den eigenen Alltag nicht mehr bewältigen zu können, das eigene Leben nicht mehr im Griff zu haben. Psychosomatische Reaktionen – der Körper spielt nicht mehr mit. Ausgebrannte können meist keine Freude mehr empfinden.

Burnout ist eine schwer verdauliche Materie: Zwar ist es auf der einen Seite in den Medien allzeit präsent, in Funk und Fernsehen und auf den Titelseiten von Spiegel, DIE ZEIT & Co. – mit alarmierenden Zahlen und Horrorgeschichten von Menschen, die zusammenbrechen und ihr ganzes Leben umkrempeln. Auf der anderen Seite ist das Thema nach wie vor in weiten Teilen von Unternehmen und in der Gesellschaft tabu. Viele Betroffene fühlen sich einsam und allein gelassen mit ihren Gefühlen von Versagen und Orientierungslosigkeit. An wen können sie sich wenden?

Beispiele: So hat sich einer meiner Klienten mit der Diagnose Burnout zunächst nicht getraut, seiner Frau sein Leid anzuvertrauen und ihr zu sagen, dass er professionelle Unterstützung braucht.
Eine selbstständige Beraterin sandte mir einen Hilferuf: »meine dramatische Situation. Die Bombe ist jetzt leider geplatzt. Diagnose Burnout … Ich bin krank geschrieben. Ich hätte nicht gedacht, dass es so weit kommen wird, dass ich das zulasse. Mein Leben scheint gerade auseinanderzubrechen. Auf der einen Seite befreiend, auf der anderen Seite sehr beängstigend. Die Zeit, das Geld, die Wohnung, alles läuft mir scheinbar davon«.
Ein Klient schildert sein Leben so: »Jeder Tag ist ein Kampf. Ich habe einen enormen Leidensdruck. Meine Gedanken kreisen ständig darum, was alles kommen könnte, wie ich den Tag durchstehen soll. Ich habe Angst, Bauchschmerzen, Hitzewellen, Aversion gegenüber der Arbeit, keine Kraft mehr. Ich bin geistig ermüdet und kann den Anforderungen nicht mehr gerecht werden.«

Es herrscht viel Unsicherheit und Unwissenheit darüber, wer gefährdet ist, wo Burnout anfängt und wann Handeln angesagt ist und was wirklich hilft.

Woran erkennen Sie Burnout-Frühsignale konkret?

Es ist gar nicht so leicht, die Warnsignale zu erkennen. Es fällt den meisten leichter wegzuschauen, zu verdrängen und zu verharmlosen. Unangenehmes wollen wir meist nicht wahrhaben. Vielleicht hilft es Ihnen, Frühsignale nicht als Ihre »Feinde« zu betrachten, wie ich es häufig bei meinen Klienten erlebe, sondern in ihnen so etwas wie ein zartes Anklopfen Ihres Körpers und vielleicht auch Ihrer Seele zu sehen, die Sie darauf aufmerksam machen möchten, dass etwas nicht ganz stimmt und etwas in Ihrem Leben wieder ins Gleichgewicht gebracht werden möchte.

Bemerkbar auf vier Ebenen in vier Lebensbereichen

Sie können konkrete Frühsignale des Ausbrennens in vier Lebensbereichen bemerken, vor allem in Ihrem Job und beim Arbeiten, aber auch in der schwindenden Freizeit, im Umgang mit sich selbst und in Ihren beruflichen und dann auch privaten Beziehungen: In der Arbeit lässt Ihre Leistungsfähigkeit und Ihre Belastbarkeit langsam, aber stetig nach. Mehrere Burnout-Experten sind der Auffassung, dass Sie am ehesten Ihre Gefährdung im ersten Stadium bemerken, wenn Sie Ihre Arbeitsanstrengungen verstärken. Wenn Sie Überstunden machen, Arbeit mit nach Hause nehmen, nie mehr Zeit haben, ihre persönlichen Bedürfnisse verleugnen und Raubbau im Umgang mit sich betreiben. Wenn alles um die Arbeit kreist und Sie nicht mehr gut abschalten können.

In der Literatur sind mehr als 130 Symptome beschrieben, die nicht bei jedem auftreten (Burisch 2010). Damit Sie Anzeichen von Überlastung und Ausbrennen im Alltag leichter bemerken können, habe ich sie folgenden vier Ebenen der Leistungsfähigkeit des Organismus zugeordnet, auf denen Sie sie erkennen können.

Erste Ebene: Arbeits- und Leistungsfähigkeit sinken

Wichtige Signale sind:

- Konzentrations-, Merkschwierigkeiten sowie Vergesslichkeit,
- sich leicht verzetteln,
- verminderte Belastbarkeit – Leistungsabfall, Fehler nehmen zu,
- sich den Anforderungen weniger bis nicht mehr gewachsen fühlen,
- Motivation lässt nach, Lustlosigkeit bis zu chronischer Antriebslosigkeit und Arbeitsüberdruss,
- Kreativität verschwindet,
- Arbeitsmoral sinkt – innere Kündigung,
- Sinnlosigkeit und schließlich
- nicht mehr arbeiten können – Krankschreibung.

Zweite Ebene: mentale und emotionale Stabilität lässt nach

Die Signale dieser Ebene erkennen Sie vor allem an Folgendem:

- innere Unruhe, Nervosität,
- Gedankenkreisen – wiederkehrende, gleichförmige Gedanken,
- Stimmungsschwankungen – wachsende Stimmungslabilität,
- eher negativ drauf, niedergeschlagen,
- emotionale Erschöpfung,
- Gefühl von Leere, Sinnlosigkeit,
- Weinanfälle,
- negative Gedanken und Gefühle herrschen vor – von ängstlich bis depressiv,
- zunehmende Unsicherheit, Selbstzweifel,
- Angst, Panikattacken, Hilflosigkeit bis zu Ohnmachtsgefühlen,
- Verzweiflung sowie
- im letzten Stadium Suizidgedanken.

Dritte Ebene: körperliche Leistungsfähigkeit lässt nach

Dies können Sie an Folgendem bemerken:

- zunehmende Anfälligkeit für Infekte, Erkrankungen,
- geschwächtes Immunsystem – zeigt sich unter anderem daran, dass nach einem Infekt beziehungsweise einer Krankheit die Genesung länger dauert oder dass nach dem Urlaub die Erholung schneller wieder schwindet.
- rasche Erschöpfbarkeit, Kraftlosigkeit,
- chronische, bleierne Müdigkeit,

- sich nicht mehr richtig erholen können,
- Schweißausbrüche,
- Schlafstörungen bis zu Schlaflosigkeit,
- chronische Verspannungen,
- sich mehr und mehr körperlich vernachlässigen,
- Gewichtszunahme oder -abnahme,
- körperliche Symptome an individuell unterschiedlichen »Schwachstellen«: Rückenschmerzen, Bandscheibenprobleme, Kopfschmerzen, Migräne, Muskelschmerzen, Schwindel, Übelkeit, Magen-Darm-Probleme, Verdauungsstörungen, Enge in der Brust, Herzrasen, Herz-Kreislauf-Störungen, Herzrhythmusstörungen, Tinnitus (Hörgeräusche), Hörsturz, Erkrankungen des Immunsystems (zum Beispiel Gürtelrose),
- Neigung zu Alkohol-, Tablettenmissbrauch, Suchtverhalten und
- die Libido nimmt ab.

Nicht selten existieren keine schwerwiegenden organischen Befunde.

Vierte Ebene: Soziale Kompetenz lässt nach

Im Umgang mit Kunden, Patienten, Kollegen – und auch privat schwindet die Fähigkeit zu sozialer Kompetenz. Das kann sich an Folgendem zeigen:

- leicht gereizt, eher ungehalten reagieren,
- leicht aggressiv und/oder leicht gekränkt,
- nicht mehr gut zuhören und sich auf andere konzentrieren können,
- vorwurfsvoller Ton,
- Mitgefühl, Verständnis und Empathie anderen gegenüber nehmen ab
- negative Haltung nimmt zu,
- zunehmend eingeschränkte Kommunikations-, Team- und Konfliktfähigkeit,
- Beziehungsprobleme entstehen und werden größer,
- private Beziehungen und Freundeskreis werden mehr und mehr vernachlässigt und
- schließlich folgt der soziale Rückzug.

Was ist zu bedenken?

Vielleicht sind Sie jetzt betroffen, weil wenige oder mehrere Frühsignale auf Sie zutreffen. Entwarnung ist angesagt, wenn Sie einige dieser Anzeichen nur vorübergehend in Stressphasen an sich bemerken und sie drei Monate nach einer besonderen Belastung wie einem Umzug oder eine neue berufliche Herausforderung wieder verschwinden. Sie brauchen sich auch keine Sorgen zu machen, wenn Sie sich nach anstrengenden Stressphasen Erholung zugestehen und diese wirklich greift. Ebenso ist darauf hinzuweisen, dass manche Auffälligkeiten wie nachlassende Belastbarkeit, Vergesslichkeit oder Schlafschwierigkeiten auch Begleiterscheinungen des Älterwerdens und der Wechseljahre sind. Deshalb ist es wichtig, dass Menschen über 40 doppelt wachsam sind und berücksichtigen, dass sie ihrem Körper nicht mehr so viel zumuten wie mit 20 und 30 und ihm längere Erholungszeiten einräumen, die er zur Regeneration benötigt. Entscheidend ist, ob die Waage zwischen Ihrer Gesamtbelastung und Ihrer Bewältigungskompetenz noch stimmt, Sie sich selbst in Ihrem Alltag als wirksam erleben, Sie sich erholen, entspannen und Freude empfinden können. Wenn etwas in Ihnen verunsichert ist, suchen Sie ein offenes, ehrliches Gespräch mit einem weiblichen oder männlichen Arzt, Therapeuten oder Coach, der sich mit Burnout auskennt und am besten auch mit einer befreundeten Person Ihres Vertrauens, deren ehrliche Außensicht Ihnen weiterhelfen kann. Je früher Sie handeln, desto geringer ist das Risiko von Depression und Stressfolgeerkrankungen.

Literaturtipps

Dr. Manfred Nelting: Burnout. Wenn die Maske zerbricht (2010) beschreibt sehr differenziert aus ganzheitlicher medizinischer Sicht und seiner Praxis, was Burnout und Hyperstress ist, den Burnout-Prozess, begleitende Krankheiten, Anzeichen, Ursachen, medizinische Erklärungen, unter anderem aus Hirnforschung, Epigenetik, Quantenphysik, geschlechtsspezifische Unterschiede und Ausstiegswege.
Prof. Dr. paed. Ingeborg Hedderich: Burnout, Ursachen, Formen, Auswege (2009) gibt einen kurzen, kritischen und ernüchternden Überblick über die Ergebnisse der Burnout-Forschung und verschiedene Tests.
Prof. Dr. Matthias Burisch: Das Burnout-Syndrom (2010). Der Burnout-Experte hat eine umfassende Theorie der inneren Erschöpfung entwickelt und beschreibt ausführlich und differenziert Stand und Ergebnisse der Forschung, Symptome, Risikofaktoren, Therapien und Auswege.
Psychologie heute compact: Erschöpft und ausgebrannt? (2011, Heft 27) benennt aktuelle Studienergebnisse, gibt Einblick in Stress, Dauerstress, Burnout und Depression, zeigt Ursachen, Risiko-, Schutzfaktoren und Anti-Stress-Strategien auf.

Exkurs: Wie ich aus meinem Burnout »herausgekommen« bin

Ein Teilnehmer meines Kurzworkshops zur Burnout-Prophylaxe auf dem GABAL-Symposium 2009 regte an, dass er es lehrreich gefunden hätte, konkret zu erfahren, wie ich es geschafft habe, aus dem Burnout »herauszukommen«. Das erinnerte mich daran, dass ich selbst vor allem durch echte, nicht geschönte persönliche Lebensbeispiele in meinem Leben »angestoßen« wurde. Da ich keinen Menschen aus meinen Kursen und Coachings so genau wie mich selbst kenne und am differenziertesten die Schlüssel anhand eigener Erfahrungen veranschaulichen kann, vertraue ich Ihnen einiges aus meinem Leben an. Es fällt mir nicht leicht. Ich erhoffe mir damit, dass mein Beispiel, das zeigt, wie es sein *kann* – nicht als Vorbild oder wie es sein *soll* gedacht –, vielleicht auch etwas in Ihnen zum Klingen bringt und Ihnen auf Ihrem Weg weiterhilft.

Im Nachhinein betrachtet war mein Ausbrennen – ich befand mich im vielleicht vorletzten Stadium – ein »Geschenk«, auch wenn sich mein »Zustand« Ende 2004 alles andere als angenehm angefühlte. Ich hatte etliche der aufgeführten Symptome, auch wenn ich noch arbeitsfähig war und noch nicht an einer Depression litt. Ich nahm keine Schlafmittel und Psychopharmaka und hatte privat glücklicherweise ein funktionierendes Netzwerk. Dennoch war ich überhaupt nicht in der Lage, meiner Situation irgendetwas Positives abzugewinnen. Im Gegenteil: Ich war tief verzweifelt und konnte es kaum aushalten, mein Leben wie in Trümmern vor mir liegen zu sehen und keine Ahnung zu haben, wie es weitergehen könnte. Vor allem fiel es mir unglaublich schwer, mir dies einzugestehen. Am heftigsten schmerzte mich, dass ich mir selbst die Schuld gab an meiner Situation. Ich habe wie nie zuvor in meinem Leben unglaublich gelitten und konnte nicht verstehen, wie es dazu gekommen war. Ich hatte doch bisher so viel in meinem (Berufs-)Leben erfolgreich bewältigt und sogar etliche Krisen gut überstanden. Wieso hatte ich so lange die Signale meines Körpers und meines Herzens überhört? Als anerkannte Fachfrau in den Bereichen Wellness und Gesundheitsförderung ernährte ich mich gesund, joggte und beherrschte ein gutes Stressmanagement. Vielleicht war es für mich am schwierigsten, mir Fehler einzugestehen, dass ein Teil meiner Selbstständigkeit doch nicht so erfolgreich lief. Unerträglich war die diffuse, tiefe Angst, dass etwas Grundsätzliches mit mir und mit meinem Leben nicht stimmte. Und dass etwas Grundlegendes zu ändern wäre, das ich nicht kannte und das Gefühl, nicht weiterzuwissen. Das Geschenk bestand darin, dass meine Gedanken und Gefühle mich so gründlich aufrüttelten und durcheinanderschüttelten, dass ich aufhörte, über meine Signale hinwegzugehen.

Das »Gute« im »Schlechten«: der Wahrheit ehrlich ins Gesicht schauen. Mein Leidensdruck und das Nichtgreifen meiner bisherigen Instrumente haben mich dahin »gestupst«, mir tiefer und genauer meine Wirklichkeit anzuschauen in allen meinen Lebensbereichen. Wie sehr hat mich die Vorstellung behindert, ständig wissen zu müssen, wo es langgeht und was zu tun ist, und alles im Griff haben haben zu müssen. Wie fruchtbar und unbequehm zugleich war es, mir wirklich Zeit dafür zu nehmen, meine Gesamtsituation anzuschauen und mich meinem Schmerz zu stellen und ihn wirklich zu spüren. Und mich dem Unbekannten zu öffnen und selbst zu erkunden, was in meinem Leben geändert werden und lebendig werden möchte.

So kam ich aus dieser Situation wieder hinaus. Wichtig war, aus dem gewohnten Alltagstrott auszusteigen, mit der selbstquälerischen Akquise aufzuhören und damit, mir etwas vorzumachen. Mir radikal Zeit und kleine Auszeitinseln zu nehmen, genauer und tiefer hinzuschauen, wo es geklemmt hat und was zu ändern ist. – Was hat mir dabei geholfen?

- Entscheidend war, mich dem Nichtwissen zu öffnen und mit offenen Augen und Ohren meine Lage selbst zu erkunden mithilfe von Selbstreflexion, Selbstbeobachtung, Meditation und Tagebuchschreiben, auf mich zu hören und dem zu folgen, wo es mich hinzog.
- Ganz wichtig waren Gespräche mit guten Freundinnen und Freunden sowie die professionelle Unterstützung eines Coachs.
- Ich brauchte Auszeiten mit räumlichem Abstand, an Kraftorten in naturschöner, ruhiger Lage und einem menschlich stärkenden Umfeld, wo ich auftanken und zu mir finden konnte.

Ich hatte mich zu sehr infrage gestellt und mich nicht getraut, näher hinzuschauen, was schieflief. Ich habe zu wenig gewürdigt, was ich erreicht hatte.

Die Arbeit nahm in meinem Leben zu viel Raum ein. Mich hatte zu sehr die Angst davor regiert, nicht erfolgreich zu sein, also nicht »richtig«, nicht gut genug zu sein. Als ich Anfang 2006 mein erstes Seminar zur Burnout-Prophylaxe leitete, merkte ich deutlich, wie viel leichter mir diese Seminartätigkeit und die Arbeit mit dieser Zielgruppe fiel, und wie viel freudvoller sich das anfühlte. Als dann eine Therapeutin, die teilnahm, mir am ersten Abend sagte: »Deine Werkzeuge sind so potent. Es gibt so viel Bedarf. Du musst sie verbreiten«, kam ich ins Wanken, ob mein bisheriges Standbein wirklich das Richtige für mich war.

Ich gestand mir ein, dass mir meine bisherige Arbeit mehr Energie abzog als gab. Irgendetwas stimmte nicht. Ich dachte zunächst, es sei der falsche Inhalt. Was ich zunächst klar spürte und mir eingestand war, dass ich nicht wirklich gut klarkam mit der Zielgruppe der Inhaber und Geschäftsführer von Wellnesshotels und -betrieben, da deren Lebenswelt mir im Grunde meines Herzens ziemlich fremd war. Ich fühlte mich nicht wohl unter den Ausstellern und Besuchern von Wellnessmessen, die ich damals für meine erfolgversprechendste Zielgruppe hielt. Ich spürte schon lange eine starke Sehnsucht, alle meine Facetten in der Arbeit leben zu können, auch meine Spontaneität, mein So-Sein, wie ich gerade bin, und meine »kleinen Verrücktheiten« oder clownesken Anwandlungen (als Tanz- und Theaterpädagogin), die mir viel Freude bereiten. Das passte aber nicht zu dieser Zielgruppe.

Es fühlte sich für mich stimmiger an, zu meinen Wurzeln, Kernkompetenzen und mir vertrauteren Zielgruppen zurückzukehren, die näher an meinen Erfahrungen liegen, und denen ich das geben kann, was mir am Herzen liegt, was ich selbst praktiziere und durchlebt habe.

Ich habe selbst das Ausmaß meiner Erschöpfung nicht wahrgenommen und nicht wahrhaben wollen. Genauso wie das Ausmaß an Erholung, das ich brauchte, um wieder auf die Beine zu kommen und meiner Arbeit und meinem Leben wieder etwas Positives abzugewinnen. Dazu bedurfte es vieler Gespräche mit Freunden, Selbstbeobachtung und Tagebuchschreiben: Was hat mir Kraft geraubt? Was gibt mir Kraft, Freude und Lebenssinn? Ganz wichtig waren Seminare und vor allem die professionelle Unterstützung in Gestalt eines weiblichen Coachs, der mir spiegelte: »Wenn mein Fass leer ist, wie soll ich dann anderen etwas geben und arbeiten?« Ihre Anregung, mir erst einmal Zeit zu nehmen, um aufzutanken und mein Fass wieder zu füllen und mich ohne Unterkunft und Bleibe in das lebendige, pulsierende Leben eines mir fremden Landes zu begeben, um herauszufinden, wo es mich beruflich hinzieht, hat mich »Meilen vorangebracht«. Ebenso wie das Ausmisten meines Hauses, angeregt durch einen Vortrag zu Feng Shui, 2008 das Verkaufen meines Hauses und Loslassen von Altlasten und überflüssigem Ballast haben ungemein viel Energie und Raum für Neues, für ein Auszeitjahr freigesetzt, mich inspiriert und letztlich zu der Entdeckung und Systematisierung der acht Focusing-Schlüssel gebracht.

Der Zufall und das Lesen eines Newsletters hatten mich zu Focusing gebracht. Irgendetwas erregte und fesselte meine Aufmerksamkeit. Ich bin dieser Spur gefolgt. Ich hatte keine Ausbildung gesucht und habe sie trotzdem angefangen, ohne zu wissen, was ich damit beruflich anfangen könnte. Heute ist Focusing meine tägliche Begleiterin, Stütze und Orientierung und zentraler Inhalt meiner beruflichen Tätigkeit. Das erstaunliche Ergebnis meiner Erkundung lautete: Vieles war anders, als ich befürchtet und mein Verstand sich vorher ausgemalt hatte.

Es war nichts Grundsätzliches in meinem Leben zu ändern. Es gab nicht die *eine* Lösung für meine Probleme des Ausbrennens. Stattdessen bin ich auf eine Fülle verschiedener, kleiner Dinge und Ansatzpunkte in allen Lebensbereichen gestoßen, die mich nach und nach zu einem sanften Kurswechsel veranlassten. Es bedurfte eines längeren Prozesses der kleinen Schritte und einiger Umwege, um nach und nach dem »Nährenden« wie auch meinen Energiekillern und selbstschädigenden Mustern auf die Spur zu kommen, damit ich dem, was Kraft gibt, mehr Raum geben kann.

Es geht meines Erachtens im Kern um eine andere Art, mit sich und der Welt (Ereignissen, Menschen, Leben, Tod) umzugehen, sich sein zu lassen und auf sich hören zu lernen, und vor allem der eigenen Spur zu folgen:

- anzunehmen, was nicht zu ändern ist, und zu lernen, tiefer hinzuschauen und hinzuhören,
- sich Erlaubnisse zu geben, sich selbst bewusster wahrnehmen zu lernen und das eigene Leben in die eigene Hand zu nehmen, statt sich von Anforderungen im Außen und im Innen beherrschen zu lassen,
- einen druck- und gewaltfreien, pfleglicheren Umgang mit sich zu erlernen und
- lernen auf sich zu hören, auf Körper und Herz und den inneren Kompass. Und dem zu folgen, wo es mich hinzieht, wo es leicht und freudvoll geht und was sich für mich richtig und stimmig anfühlt.

Checkliste: Ehrlich Bilanz ziehen und wohlwollend erkunden

Um Klarheit zu gewinnen, wie es mit Ihrer Balance zwischen Belastungen und Bewältigungskompetenz bestellt ist, können Sie folgende Fragen zu einer ersten Standorteinschätzung nutzen. Sollten Sie zu Ängstlichkeit und Katastrophendenken neigen, machen Sie sich bitte zunächst bewusst: Was klappt gut in Ihrem Leben und möchte nicht verändert werden? Danach wenden Sie sich wohlwollend Ihren einzelnen Lebensbereichen zu.

Lassen Sie dabei die Fragen eine Weile in sich wirken und horchen Sie in sich hinein, welche Antworten auftauchen.

Beruf

Was? – Der passende Platz: Übe ich die Arbeit aus, die mir entspricht und Sinn gibt? Kann ich mich mit den Werten der Organisation oder des Unternehmens identifizieren? Sind es die richtigen Inhalte und Zielgruppen, die zu mir passen, zu dem, was ich kann und mag? Oder fühle ich mich überfordert oder gezwungen, mich abzuquälen oder zu verbiegen? Macht der Job mir Freude? Kann ich meine Talente und Neigungen entfalten? Wie wohl fühle ich mich in dem Team?

Wie viel? – Die richtige Dosis: Ist die Arbeit mein einziger Lebensinhalt und alles andere ist untergeordnet? Ist es einfach zu viel?

Wie? – Die geeignete Arbeitsweise: Ist es die für mich richtige Art und Weise des Arbeitens? Die richtige Gangart, das richtige Tempo, der Rhythmus, der mir entspricht? Oder funktioniere und hetze ich überwiegend?

Insgesamt: Wie ist die Balance zwischen dem, was an mir zehrt in der Arbeit und was mich nährt?

Freizeit

Wie viel: Wie viel Raum nimmt die freie Zeit ein, die mir zur Verfügung steht? Wie viel Zeit nehme ich mir für mich und meine Erholung? Noch bedeutsamer als die Quantität ist es, die Erholungsqualität Ihrer freien Zeit und Ihrer Urlaube zu eruieren: Wie erholsam verbringe ich meine Freizeit? Gönne ich mir auch zweckfreie Zeiten, Muße und Schönes für die Sinne?

Wobei kann ich in meiner freien Zeit, am Wochenende und im Urlaub abschalten und zur Ruhe kommen? Was gibt mir Kraft und was raubt sie mir?
Insgesamt: Wie gut erhole ich mich in meiner freien und Urlaubszeit?

Ich
Wie? Wie gut bekomme ich meinen Alltag hin? Wie gut bin ich drauf? Lebe ich mein Leben oder werde ich gelebt? Funktioniere ich nur? Inwieweit erlaube ich mir, so zu sein und mich so zu zeigen, wie ich bin, oder verberge ich viel vor anderen? Lebe ich, was mich »nährt« und was meinem Leben Sinn gibt? Wie gehe ich mit mir um? Wie pflege ich meinen Körper, meine Gesundheit? Wie beachte ich eigene Grenzen und Bedürfnisse?
Insgesamt: Wie gut sorge ich für mich und komme mit meinem Alltag klar?

Beziehungen
Wie? Habe ich ein »nährendes« Umfeld, das mich beruflich und privat unterstützt? Kenne ich Menschen, an die ich mich wenden kann, wenn ich jemanden brauche? Habe ich Partner, Freundinnen, die mir wirklich zuhören, mich verstehen und mir helfen? Wie gut ist das Beziehungsnetz? Wie ist die Qualität der Beziehungen? Wie viel Raum nehmen wichtige Beziehungen in meinem Leben ein? Die Qualität eines Unterstützungsnetzwerks gilt in der Fachliteratur als wichtiger Schutzfaktor der Gesundheit.
Insgesamt: Wie unterstützend erlebe ich meine Beziehungen?

Anschließend erkunden Sie: Was ist schief gelaufen? Was nährt mich? Was möchte entsorgt und ausgemistet werden? Was raubt mir Kraft und Freude (Berufs-, Privat- und Beziehungsleben)? Was belastet mich im Umgang mit mir und meiner kostbaren Lebenszeit (Terminkalender, Büro und Beruf, Wohn- und Freizeiträume, berufliche und private »Verpflichtungen«, Vernachlässigung, (Nicht-)Pflege meines Ichs, meines Körpers, Träume, Sehnsüchte und Bedürfnisse meines Herzens, meiner Talente und Kreativität)?

Fragen Sie sich zudem: Wo zieht es mich hin? Was möchte lebendig werden in allen meinen Lebensbereichen? Was brauche ich noch an Kompetenzen? Mit welcher professionellen Unterstützung – Coaching, Beratung, Seminare – kann ich es erlernen und es mir leichter machen? Wo ist der Hebel am wirksamsten anzusetzen? Die Schlüsselwerkzeuge im zweiten Teil (s. S. 33 ff.) zeigen Ihnen konkret, wie Sie Antworten auf die gestellten Fragen bekommen.

Die acht Schlüssel zur eigenen »Schatzkiste«

- »Schätze« zu mehr Lebenskraft
- Frühsignale und innere Wegweiser
- Schlüssel 1: Innehalten
- Schlüssel 2: Sich selbst beobachten
- Schlüssel 3: FreiRaum
- Schlüssel 4: Allem erlauben, da zu sein
- Schlüssel 5: Den Fokus lenken
- Schlüssel 6: Mini-Focusing
- Schlüssel 7: Anders arbeiten
- Schlüssel 8: Rhythmisieren
- Ein Frühwarnsystem installieren
- Das Notfallköfferchen

↗02

»Schätze« zu mehr Lebenskraft entdecken und heben

Ich möchte Sie zu einer Entdeckungsreise einladen, bei der Sie mithilfe von acht Focusing-Schlüsseln ganz neue Qualitäten an sich und in sich entdecken können. Mit diesen können Sie lernen, Ihre eigene »Schatzkiste« zu öffnen und sich Zugang zu Befähigungen Ihres Organismus zu verschaffen, die uns im Alltagsbewusstsein normalerweise nicht zur Verfügung stehen.

Mit Focusing auf die Stimme des Körpers hören

Focusing ist eine empirisch überprüfte, körperorientierte Methode, ein Weg der inneren Achtsamkeit, der uns Zugang zu unserem inneren Kompass verschafft. Professor Dr. Eugene Gendlin hat Focusing in den 1960er-Jahren an der Universität von Chicago begründet und erprobt. (Er arbeitete eng mit Carl Rogers, dem Begründer der Gesprächspsychotherapie, zusammen.) Im Rahmen eines Forschungsprojekts machte Gendlin die erstaunliche Entdeckung, dass die Klienten die größten Therapieerfolge aufwiesen, die in den Sitzungen beim Sprechen mit ihrem körperlichen Erleben verbunden waren, und zwar unabhängig von der angewandten Methode und den Themen. Andere Klienten, die sich nur »vom Kopf her« über ihre Probleme äußerten, hatten wenig Erfolge und veränderten sich kaum.

Gendlin entwickelte und systematisierte aus der Art und Weise, wie die »erfolgreichen Klienten« mit ihrem körperlichen Erleben verbunden waren, »Focusing«, eine Methode des Erkenntnisgewinns und der Selbsthilfe, des Denkens und des professionellen Begleitens von Veränderungsprozessen. Focusing kann in beratenden, therapeutischen und lehrenden Situationen sowie als Selbsthilfemethode angewandt werden. Focusing konkurriert nicht mit anderen Ansätzen, sondern ist eine übergreifende Methode: »ein Zugangsweg [...] zu Ihrer eigenen Lebenswirklichkeit, zu Ihrer eigenen Lebensweisheit« (Wiltschko 2010, S. 11), zu der für jeden Menschen in seiner Einzigartigkeit gemäßen Lebensweise. Insofern kann Focusing ergänzt und kombiniert werden unter anderem mit systemisch-lösungsorientierten und anderen Methoden aus der Gesundheitsförderung und der Achtsamkeitspraxis, wie sie auch in die Werkzeugkiste der acht Focusing-Schlüssel einfließen.

Mit Focusing können wir uns selbst, Probleme und Situationen auf einer tieferen Ebene wahrnehmen und ergänzend zum Verstand ungenutzte Ressourcen des Körpers und der Intuition aktivieren. Zu allen Themen, die uns bewegen und unklar sind, haben wir eine innere körperliche Resonanz, in der enthalten ist, was uns den Weg weist. Wenn wir diesem inneren körperlichen Gespür von etwas Unklarem auf Focusing-Art Aufmerksamkeit schenken, können wir in erstaunlich kurzer Zeit ohne Grübelei aus dem Körper klare, für uns »richtige« Lösungsschritte erhalten.

Der Körper weiß, was richtig und wichtig ist

Sowohl der Verstand als auch die Gefühle können uns zum Narren halten. Der Körper lügt nicht. Unser Körper reagiert auf alles, was wir wahrnehmen, sei es in der Realität oder in unserer Vorstellung, wie der Hirnforscher Antonio Damasio herausgefunden hat. Auf beides, auf das konkrete Erleben wie auch auf jeden Gedanken, reagiert der gesamte Körper »mit seinen Muskeln, chemischen Substraten, Hormonen, inneren Organen, den Transmittern im Gehirn, einfach mit allem« (Ringwelski 2010, S. 2). Und zwar unbewusst, ohne dass wir das mitbekommen, steuern oder vermeiden können.

Eugene Gendlin hat entdeckt, dass wir mit dem gesamten Organismus auf jedes Ereignis, jede Person, eine Frage oder ein Thema mit einer speziellen »physischen Erfahrung«, mit dem sogenannten »Felt Sense« reagieren, den wir innerlich körperlich spüren. In diesem Felt Sense fühlen wir körperlich die Bedeutung, den komplexen Sinn eines »Gegenstands«, eines Problems oder einer Situation, die wir im Blick haben, »… und zwar nicht in Einzelheiten, sondern als Gesamteindruck« (Gendlin 2004, S. 54). In diesem Felt Sense, in dieser inneren körperlichen Resonanz ist »alles über …«, zu einem Thema, einer Situation, einer Frage oder einem Problem enthalten.

Wir spüren im Körperinneren die implizite, das heißt eingefaltete Bedeutung eines Themas, die Antwort auf eine Frage oder den nächsten, für uns richtigen Schritt. »Es ist eine ungewohnte, tief liegende Ebene des Bewusstseins« (Gendlin 2004, S. 54), die bisher nicht beachtet wurde. Diese innere körperliche Empfindung ist eher vage und unscheinbar und nicht so leicht in Worte zu fassen. Erst wenn wir dieser vagen körperlichen Empfindung für eine Weile unsere annehmende und absichtslose Aufmerksamkeit schenken, expliziert, entfaltet sich uns diese eingefaltete Bedeutung in vier verschiedenen Symbolisierungsformen, wovon eine davon Worte sind.

Um diese Bedeutung ins Bewusstsein zu heben, hat Gendlin einen Focusing-Prozess in sechs Schritten systematisiert (Gendlin 2004, S. 72 ff.).

Die sechs Schritte im Focusing

Schritt 1: Äußeren und inneren FreiRaum schaffen: Das ist ein körperlich erleichternder Prozess, Probleme zu sortieren und einen stimmigen Abstand herzustellen zu allem, was belastet.

Schritt 2: Einen Felt Sense entstehen lassen: Zu einem Thema, einer Situation, einem Körpersymptom oder einer Frage die »körperliche Resonanz«, das innere Gespür kommen lassen und wahrnehmen, indem die Aufmerksamkeit sich eine Weile auf den Brust-Bauch-Innenraum richtet.

Schritt 3: Namen oder »Griff« finden: Das zunächst meist diffuse Gespür im Körper wird in vier Symbolisierungsformen ausgedrückt (Gedanken, Gefühle, Körperempfindungen, innere Bilder) und ein Begriff oder eine kurze Beschreibung dafür gefunden.

Schritt 4: Überprüfen, Vergleichen und »Genauern«: Im nächsten Schritt wird der gefundene Begriff mit dem Felt Sense abgeglichen und geprüft, was genau passt.

Schritt 5: Nach der Bedeutung und Lösungsschritten fragen: Es wird gefragt, was der Felt Sense bedeutet und was benötigt wird, damit Sie sich wieder wohler fühlen, und was ein guter nächster Schritt ist, bis klare Erkenntnis-, Handlungs- oder Lösungsschritte aus dem Körper kommen und bewusst werden, die körperlich erleichtern und die Gesamtbefindlichkeit ändern bis zu Wohlfühlen und Energiesteigerung (»Felt Shift«).

Schritt 6: Schützen und das Ergebnis sichern: Der Prozess wird gegen innere Kritikerstimmen geschützt und das Wichtigste gesichert (Gendlin/Wiltschko 2004, S. 56 ff.; Stumm/Wiltschko/Keil 2003, S. 117 ff.).

Während meiner »Auszeitforschungsreise« 2008 fand ich heraus, dass ich aus diesen sechs Schritten des Focusing-Prozesses sowie der Focusing-Haltung einzelne Schritte und Elemente herausgelöst für sich allein im Alltag anwenden konnte. Manche der Übungen benötigen nur wenige Sekunden oder Minuten, entfalten aber eine enorme Wirkung und geben Kraft und Klarheit. Daraus entstanden die acht Focusing-Schlüssel, angereichert durch meine Werkzeugkiste aus 30-jähriger Seminarpraxis und inspiriert durch andere Lehrende und vor allem meinem größten Lehrmeister: dem Leben selbst.

Angesichts von Beschleunigung, Arbeitsverdichtung, Informationsüberflutung, schnellem Wandel, ständiger Erreichbarkeit durch Handy und E-Mails, Leistungs- und Erfolgsdruck braucht es neue Kompetenzen, um komplexer gewordene und schnell sich ändernde Anforderungen und unsichere Zeiten zu meistern und dabei nicht nur körperlich, sondern vor allem auch mental, emotional und sozial leistungsfähig zu bleiben.

Die acht Focusing-Schlüssel

Die acht Focusing-Schlüssel dienen Ihnen als stabiles Gerüst und Treppengeländer, an dem Sie sich festhalten und entlanghangeln können, wenn Sie unsicher sind oder Sie etwas umhaut, als Tankstelle für Kraft und Ruhe, als Quelle von Klarheit und Inspiration, als Notfallköfferchen mit entlastenden, aufbauenden und schützenden Werkzeugen und nicht zuletzt als solide Navigationsinstrumente, die Sie nicht nur vor Überlastung, Negativität und Burnout schützen und sicher durch stürmische Situationen an gefährlichen Stromschnellen vorbeischiffen, sondern auch in sanftere und leichtere Gewässer und in die für Sie richtige Richtung hin zu mehr Lebendigkeit, (spielerischer) Leichtigkeit und Lebensfreude lenken. Mit diesen acht Schlüsselwerkzeugen können Sie selbst dem auf die Spur kommen, was Ihnen Kraft gibt und was Kraft raubt, wo es Sie hinzieht und was lebendig werden möchte.

Alle acht Schlüssel helfen, Ihre Waage zwischen Anforderungen und Erholung in Balance zu halten. Schlüssel 1 (Innehalten) und vor allem Schlüssel 3 (FreiRaum schaffen) zeigen auf, wie Sie Stress und Belastungen reduzieren und Zugang zu Ihren Kraftquellen finden. Alle acht Schlüssel erhöhen Ihre Bewältigungskompetenz, erweitern Ihr Handlungsrepertoire und befähigen Sie, das Steuer in der Hand zu behalten, die Energie hoch zu halten und eine positivere Beziehung zu sich, zu anderen und zum Leben aufzubauen. Darüber hinaus können Sie mit ihnen zu der Arbeits- und Lebensweise finden, die Ihnen entspricht.

- **Schlüssel 1:** Innehalten – zu sich kommen, sich spürend tiefer wahrnehmen: Diese besondere Art, öfter innezuhalten, hilft, Ihre Erholungs- und Leistungsfähigkeit aufrechtzuerhalten, Frühsignale für Überlastung, Ihre Bedürfnisse und inneren Wegweiser zu erkennen. Zusammen mit dem zweiten Focusing-Schlüssel schärft und schult er Ihre Selbstwahrnehmung und ermöglicht, Anforderungen und Ihre Kräfte realistisch einzuschätzen und ein Frühwarnsystem zu installieren.
- **Schlüssel 2:** Sich freundlich-fürsorglich selbst beobachten im Tun: Mithilfe dieser besonderen Art, sich selbst zu beobachten und zu erkunden, können Sie in Kombination mit Schlüssel 1 sich tiefer kennen- und annehmen lernen, Selbstbewusstsein aufbauen und Ihre Warnsignale, inneren Wegweiser, Ihre Bedürfnisse und Grenzen leichter bemerken und beachten sowie Kraft und Klarheit gewinnen.
- **Schlüssel 3:** Sich mit FreiRaum wirksam entlasten: Durch das Schaffen des FreiRaums können Sie Ihre Belastungen wirksam reduzieren – im Außen und Innen – und Energie freisetzen. Wenn Ihnen alles zu viel wird, helfen die Übungen dieses Schlüssels, Probleme zu sortieren, sich nicht von ihnen beherrschen zu lassen und schwierige Situationen im Vollbesitz Ihrer Kräfte leichter zu meistern (s. »Partialisieren«, S. 87 f.).
- **Schlüssel 4:** Allem erlauben, da zu sein – das Veränderungspotenzials der Akzeptanz: Hier erfahren Sie, wie Sie sich nicht von typischen Energie- und Veränderungsblockaden wie »lästigen« Gedanken, negativen Emotionen oder unangenehmen Körperempfindungen ausbremsen lassen und wie Sie sie zusammen mit dem Partialisieren (Schlüssel 3) umwandeln. Sie gewinnen Kraft, indem Sie sich Erlaubnisse geben.
- **Schlüssel 5:** Den Fokus auf das lenken, was stärkt und einer Lösung näherbringt: Sie erfahren verschiedene Ansatzpunkte, wie Sie sich von Kraft raubender Verurteilung, Negativfixierung, Defizitbrille oder Schwarzseherei verabschieden und gezielt Ihre Aufmerksamkeit auf das lenken, was für Sie hilfreich ist und Ihre Stimmung hebt und Sie einer Lösung näherbringt.
- **Schlüssel 6:** Mit Mini-Focusing innere Klarheit gewinnen: Mit diesem Focusing-Schlüssel können Sie komplexe Anforderungssituationen tiefer wahrnehmen. Sie verschaffen sich – manchmal zusammen mit den Schlüsseln 1 und 3 – Zugang zu Ihrem inneren Kompass und erlangen innere Klarheit darüber, was in jeder Situation wichtig und für Sie stimmig ist.

- **Schlüssel 7:** Anders arbeiten – ressourcenschonend und -aktivierend zugleich: Hier lernen Sie Werkzeuge kennen, wie Sie weniger Kraft raubend mit Focusing, Achtsamkeit und Aktivitätswechsel gesamtintelligenter arbeiten können, sodass Sie leistungsfähig bleiben und nicht nur gesunderhaltend, sondern sogar leichter, produktiver und freudvoller arbeiten.
- **Schlüssel 8:** Rhythmisieren – die Kraft des gesunden Wechsels: Durch rhythmisierenden Wechsel der Anforderungen an Ihr Gehirn, Ihren Körper und Ihre Seele sowie mit rhythmisierender Strukturierung Ihres Tages und Ihrer Tätigkeiten und sogar des Kontakts in Gesprächen und Gruppen können Sie Ihren gesunden Takt finden, mit dem Sie Energie- und Zeitverluste sparen und für Ihre Balance sorgen. Zusammen mit Schlüssel 1 »Innehalten« können Sie sich kleine, wirksame Erholungsinseln und wohltuende Abwechslung schaffen. So gelingt es leichter, die Energie hoch zu halten, konzentrierter und produktiver zu arbeiten und mental, emotional, körperlich und sozial fit zu bleiben.

Starten Sie Ihre Entdeckungsreise mit leichtem Gepäck

Sie sind eingeladen, Anstrengung und Druck und all das, womit Sie sich Ihren Alltag schwer machen, loszulassen. Alle inneren Vorschriften wie »ich muss«, »ich sollte« sowie alle Vorstellungen davon, wie Sie sein müssten und wie Sie es richtig und gut machen, können Sie getrost aus Ihrem Gepäck herausnehmen. Machen Sie es sich so gemütlich wie möglich in Ihrem Reisesitz. Auf dieser Reise gibt es kein Richtig und kein Falsch.

Was hingegen äußerst förderlich wirkt, ist eine neugierige und offene Haltung wie die von Kindern, die unvoreingenommen erkunden, wie ihr Körper, wie andere Lebewesen, die Natur und die Welt funktionieren und was man mit ihnen alles machen kann. Vielleicht können Sie so tun, als ob Sie noch nicht alles über sich wüssten. Schauen Sie, welche Qualitäten und Besonderheiten Sie über sich entdecken können und inwiefern die Übungen Ihre Arbeit und Ihr Leben erleichtern und bereichern können.

Experimentieren Sie, welche Instrumente bei Ihnen am besten wirken und welche Übungen Ihnen am leichtesten fallen. Da Anleitungen nicht für alle optimal sein können, passen Sie sie bitte so an Ihre persönliche Situation an, dass sie für Sie stimmen. Und bitte geben Sie nicht sofort auf, wenn manches nicht gleich beim ersten Mal fruchtet. Manches ist anders als gewohnt, einiges kommt Ihnen vielleicht komisch und fremd vor – anders als der Verstand und Sie es bisher gewohnt waren. Lassen Sie sich nicht vorschnell dazu verleiten, das Neue abzulehnen, wenn nicht gleich alles klappt. Wie alles, was man neu lernt, braucht es Übung. Geben Sie Acht auf den »inneren Kritiker oder Richter«, der uns gern bei Neuem mit seiner Skepsis ausbremst. Wie man ihm die Macht nimmt, erfahren Sie auf Seite 69 sowie 89 ff.

Auch wenn Sie sich mit den Übungen selbst helfen und Sie sofort anwenden können, »müssen« Sie nicht alles allein schaffen. Es ist nicht leicht, aus jahrzehntelangen Gewohnheitsmustern auszusteigen. Holen Sie sich nicht erst dann – wie manche meiner Klienten – professionelle Unterstützung, wenn Sie in höchster Not sind und nicht mehr weiterwissen. Sie sind der wichtigste Mensch in Ihrem Leben. Je früher Sie sich Coaching, Beratung oder professionelle Begleitung in einer Gruppe gönnen, umso gezielter und leichter können Sie Ihr Alltagsleben lebenswerter gestalten. Focusing können Sie am besten unter Anleitung in Seminaren erleben und erlernen.

Download: Downloads der wichtigsten Basisübungen sowie »Stärkende, flankierende Maßnahmen und Rituale« finden Sie auf der Homepage des Beltz Verlags: www.beltz.de und vertiefende Anleitungen auf www.pilz-kusch.de.

Frühsignale und innere Wegweiser erkennen und wahrnehmen lernen

Innehalten und sich freundlich selbst beobachten

Die ersten beiden Focusing-Schlüssel stellen die Basis dar. Mit diesen beiden Basiswerkzeugen sind Sie eingeladen, sich selbst auf den Weg zu machen und Ihre Spur zu finden. Mit ihnen können Sie lernen, bewusster und tiefer hinzuschauen und achtsamer mit sich zu werden.

Der erste Schritt dahin ist eine besondere Art, sich selbst tiefer wahrzunehmen. Nur Sie selbst können herausfinden, woraus der Stoff besteht, der Ihren Lebensmotor bremst und woraus der Treibstoff besteht, der ihn in Schwung und Ihrem Leben Sinn bringt.

Bei beiden Schlüsseln geht es im Kern um eine focusingspezifische Art, sich selbst und die Resonanz der Dinge, die wir erleben, wahrzunehmen. Das geht einfacher, wenn wir dabei nichts tun (Schlüssel 1) und erfordert mehr, wenn wir dabei beschäftigt sind (Schlüssel 2).

Niemand anderes als Sie selbst kann die Wegweiser Ihres Organismus bemerken, die Sie auf etwas Wichtiges aufmerksam machen möchten.

Sich selbst focusingorientiert wahrzunehmen ist nicht nur das Schlüsselloch zu Ihrer gesamten Schatzkiste, sondern auch das Eingangstor zu Ihrem inneren Kompass. Es ist der erste bedeutende Schritt, das Steuer des eigenen Lebens in die Hand zu nehmen und sich nicht länger steuern zu lassen.

Das Geschenk, das in den Signalen »eingefaltet« ist

Die Signale unseres Körpers, unseres Geistes und unserer Seele, die wir meist als eher unangenehm empfinden, sind nicht unsere Feinde, sondern stellen einen lebenserhaltenden und das Leben voranbringenden Schutz- und Weckmechanismus unseres Organismus dar, der dem Überleben und der Weiterentwicklung unserer Persönlichkeit dient. Diese Anzeichen möchten uns auf etwas aufmerksam machen, das nicht ganz stimmig ist, nicht rundläuft. Sie zeigen auf irgendetwas in uns, das Beachtung wünscht und lebendig werden möchte und dessen Bedeutung in oder hinter den Signalen verborgen oder »eingefaltet« ist: sei es so etwas Banales wie dass der Magen knurrt, die Toilette »ruft«, die Grenze unserer Belastbarkeit bald erreicht ist oder das Bedürfnis nach einer Pause oder dass etwas Grundsätzlicheres wie ein möglicher Richtungs- oder Kurswechsel in unserer Arbeit, unseren Beziehungen, unserem Leben oder im Umgang mit uns angekündigt wird, indem unser Organismus uns das anzeigt. Zunächst leise und sanft, später meist mit deutlicheren, heftigeren und unangenehmeren Stresssymptomen bis zu ernsthaften Stresserkrankungen, wenn wir das zarte Anklopfen unseres Organismus ignoriert oder bekämpft haben.

Beispiel: Als ich beispielsweise nach einer existenziell bedrohlichen Mobbingphase meinen Platz gefunden hatte, bekam ich Tinnitus. Ein Teil in mir stöhnte: »Auch das noch nach all den Strapazen!« Mir half und hilft noch heute der Vorschlag meiner damaligen Beraterin: »Stell dir vor, du hättest ein kleines Männchen im Ohr, das auf dich aufpasst und sich dann meldet, wenn du dabei bist, dich zu übernehmen.«

Je frühzeitiger wir mit dem ersten Focusing-Schlüssel in uns hineinhorchen, desto kleiner ist die erforderliche Kurskorrektur. Je mehr wir mit Focusing unseren inneren Achtsamkeitsmuskel und unsere Fähigkeit zur Selbstregulation trainieren, desto besser lernen wir, auf die Wegweiser in uns zu hören, die uns den Weg zu mehr Lebendigkeit und Stimmigkeit weisen.

Schlüssel 1: Innehalten – zu sich kommen, sich spürend tiefer wahrnehmen

Der erste Schlüssel lädt Sie ein, gezielt mehrmals täglich für einen Moment aus dem ganz normalen »Alltagswahnsinn« und »Funktionierenmodus« auszusteigen, um herunterzukommen, Ihrem Gehirn, Körper und Gemüt eine Mini-Erholungspause zu gönnen und sich danach erfrischt wieder auf Wesentliches zu konzentrieren. So können Sie wachsende und wechselnde Anforderungen eher bewältigen und leistungsfähig bleiben.

»Nichts bringt uns auf unserem Weg besser voran als eine Pause.«

Die focusingorientierte Art des Innehaltens ist eine Art Generalschlüssel zu Ihrer gesamten Schatzkiste. Er ist das einfachste und bedeutendste multifunktionale Basiswerkzeug, das Sie nicht nur vor Überlastung und Burnout schützt, sondern Zugang zu Ihren Quellen von Kraft und Klarheit und Ihrer Gesamtintelligenz verschafft und neue Türen zu Ihrer Schöpferkraft und Lebensfreude öffnen kann. Er ist im Focusing zugleich der erste Schritt zu Ihrem inneren Kompass.

Sie erfahren in diesem Kapitel mehr als 15 effektive Möglichkeiten, wie Sie sich bewusst öfter für einen Moment aus dem Tun und Machen ausklinken – in wenigen Sekunden oder Minuten – in Ruhe und Bewegung, auch im Kontakt mit Menschen, unterstützt durch Körper, Atem und Stimme, Sinne oder Klänge.

- Das hilft, wirksam abzuschalten und Kraft zu schöpfen.
- Sie bekommen den Kopf frei, beruhigen Atem und Gefühle, entspannen Ihren Körper und gewinnen wieder Handlungskraft.
- Ihre Energie kann so tagsüber auch in stressigen Zeiten hoch gehalten werden und die Erholungs- und Leistungsfähigkeit Ihres gesamten Organismus wird gestärkt.

Sie erfahren, wie Sie sich mit der focusingorientierten Qualität des Innehaltens tiefer spüren, kennen- und annehmen lernen und so früher und feiner Ihre Frühsignale von Überlastung, Ihre Bedürfnisse und inneren Wegweiser erkennen und Ihre Kräfte realitätsgetreuer wahrnehmen können. Etliche Übungen zeigen, wie Sie sich bei Signalen und in schwierigen Situationen stabilisieren, schützen, Ihre Balance und Kräfte zurückgewinnen können.

Gönnen Sie sich eine kleine Kostprobe, um die Lektüre »sacken« zu lassen. Nehmen Sie eine entspannte Haltung ein.

Übung: Innehalten – zu sich kommen, sich körperlich wahrnehmen

Schenken Sie sich selbst jetzt Ihre ganze freundliche Aufmerksamkeit. Vielleicht tut es gut, die Augen zu schließen ... Lassen Sie sich die Zeit, die Sie brauchen, Ihren Körper wohlwollend wahrzunehmen ...
Spüren Sie in Ruhe die Berührung Ihrer Fußsohlen mit dem Boden ... Nehmen Sie wahr, wo Ihr Körper und vielleicht Ihr Kopf Kontakt mit der Sitz- oder Liegefläche oder der Lehne hat ... Erkunden Sie in Ruhe, wie Sie es Ihrem Körper gemütlicher machen können ..., wie Sie überflüssige Anspannung loslassen ... und das Gewicht Ihres Körpers an Boden und Unterlage abgeben können ... Nehmen Sie Ihren Atem wahr und lassen ihn natürlich und frei fließen ... Lassen Sie sich Zeit ... Erlauben Sie sich, einen Moment leer zu werden ... Wenn Sie möchten, können Sie sich abschließend – noch fragen: Was war hilfreich an dieser kleinen Erfahrung?

Aus dem Kopfkarussell auszusteigen, gelingt am ehesten über den Körper. Wenn Sie Ihren Körper spürend wahrnehmen, wird der Kopf frei, und Sie erhalten Abstand zu Ihrer To-do-Liste und den Sorgen des Alltags.

Der erste Schritt im Focusing ist, bei sich im eigenen Körper anzukommen und sich in Ruhe äußerlich körperlich wahrzunehmen, wie ich da bin, und sich zu spüren in aller Lebendigkeit, ohne irgendetwas zu bewerten.

Sich vom Energiekiller »Nonstop-Tun« befreien

Wenn ich die Anwendung der Schlüsselwerkzeuge auch an Beispielen aus meinem Leben veranschauliche, so deshalb, weil ich das bei niemandem sonst so nuanciert kann, da ich Menschen in meiner Berufspraxis nur ausschnitthaft erlebe. Jeder Focusing-Prozess verläuft individuell einzigartig.

»Nonstop-Tun« hat sich in meiner Berufspraxis als ein zentraler Energiekiller herauskristallisiert, der uns im Alltag Kraft raubt und uns unsere Grenzen und Warnsignale nicht spüren lässt. Probieren Sie es aus: Gönnen Sie sich bewusst täglich alle eineinhalb Stunden oder bei jedem Aktivitätswechsel winzige bis kleine Momente, Ihre Arbeit zu unterbrechen. So können Sie eher Ihre Warnsignale bemerken und Ihre Energie tagsüber hoch halten. Gesundheit ist nach dem bewährten Ansatz der Salutogenese (Gesunderhaltung) ein täglicher Balanceakt (Antonovsky 1997). Es reicht nicht, sich nur durch Schlaf, am Wochenende und im Urlaub zu erholen.

Manchmal genügen nur wenige, bewusste Atemzüge, um sich nicht von den Anforderungen des Alltags »auffressen« zu lassen und um sich zu sammeln und wieder zu zentrieren. Doch das erfordert Übung. Wenn Sie öfter innehalten und in sich hineinspüren, können Sie frühzeitig die leisen Töne und Signale in sich bemerken, die Ihnen den Weg weisen. Und rechtzeitig kleine Kurskorrekturen vornehmen. Entscheidend ist dabei, sich darin zu üben, sich feiner und genauer in einer wohlwollenden Haltung wahrzunehmen. Und zu bemerken, was ist und wie das für Sie ist, nicht warum.

Wirksam abschalten und regenerieren

Die meisten Menschen heutzutage haben Schwierigkeiten abzuschalten. In unserem übervollen und reizüberfluteten Alltag brauchen wir wirksame Regenerationsinseln – nicht nur für den Körper, sondern auch für unser Gehirn, das ununterbrochen arbeitet. Vielleicht geht es Ihnen ähnlich wie vielen meiner Seminarteilnehmer, die sehr unter Strom stehen und zu Beginn etwas mehr Zeit benötigen, um zur Ruhe zu kommen, insbesondere, wenn sie es nicht gewohnt sind, innezuhalten und in sich hineinzuhorchen.

Für mich hat sich die focusingorientierte Art des Innehaltens als schnellste und wirkungsvollste Methode herauskristallisiert, aus dem »Kopfgewusel« auszusteigen und bei mir anzukommen. Mit dem erfreulichen Nebeneffekt, mich zu entspannen und langsamer zu werden. Um darüber hinaus sich selbst tiefer wahrnehmen zu lernen sowie Klarheit zu gewinnen, was mit mir im Augenblick los ist und was es braucht.

Bevor ich Ihnen einen Strauß von 3–90-Sekunden-Varianten als »Blitztankstelle« und »Ankerplatz« für verschiedene Situationen vorstelle, um auch Spannungen und Stress in Kürze gezielt abzubauen, möchte ich Ihnen den Geschmack der focusingorientierten Qualität des Innehaltens nahebringen. Dazu bedarf es eines weiteren Schritts, mit der Aufmerksamkeit in den Körper zu spazieren und sich innerlich achtsam wahrzunehmen. Das gelingt Menschen ohne Vorerfahrung im Focusing am Anfang am ehesten mit der längeren Form der Übung. Sie können die Übung im Sitzen (oder Liegen) durchführen. Die Anleitung kann nicht für alle passgenau sein. Setzen Sie die Vorschläge so um, dass es sich für Sie stimmig anfühlt.

Übung: Focusingorientiert im Körper ankommen (5–15 Minuten)

Sie sind eingeladen, alle Anstrengungen loszulassen und sich selbst und Ihrem Körper Ihre ganze Aufmerksamkeit zu schenken. Vielleicht tut es gut, die Augen zu schließen … Erlauben Sie sich, es Ihrem Körper so gemütlich wie möglich zu machen. Vielleicht möchten Sie Ihren Kopf ablegen und Ihre Wirbelsäule wie von selbst sich bewegen lassen, bis es sich entspannt und angenehm für Sie anfühlt. Lassen Sie sich die Zeit, die Sie brauchen, Ihren Körper wohlwollend wahrzunehmen, wie Sie jetzt da sind. Alles ist in Ordnung so wie es gerade ist.

Spüren Sie Ihre Füße am Boden. Vielleicht tut es gut, die ganzen Lasten Ihres Körpers und vielleicht auch Ihrer Seele abzugeben an den Boden, der Sie hält und trägt.

Wandern Sie wohlwollend langsam aufwärts durch Ihren Körper. und nehmen Sie einfach nur wahr, ohne zu bewerten. Vielleicht können Sie überall dort, wo Sie überflüssige Anspannung bemerken, einen sanften Atem hinschicken und Ihrer Muskulatur erlauben, sich so gut es geht zu entspannen …

Spüren Sie, wo Ihr Körper aufliegt auf der Sitzfläche, und geben Sie das ganze Gewicht Ihres Körpers an den Sitz ab, der Sie hält und trägt. Nehmen Sie den unteren und oberen Rücken wahr … und probieren Sie aus, ob Sie noch eine bequemere Sitzhaltung finden können. Vielleicht tut es gut, die Schultern kreisen zu lassen, den Kopf ganz sanft und langsam von links nach rechts zu drehen und auch der Schulter- und Nackenmuskulatur zu erlauben, ganz loszulassen … Wie ist es für Sie, sich eine Weile so spürend wahrzunehmen? … Was immer kommt, ist in Ordnung.

Schenken Sie Ihrem Atem Ihre ganze Aufmerksamkeit und nehmen Sie einfach nur wahr, wie es ganz von selbst atmet. Es muss nichts getan und nichts verändert werden …Vielleicht können Sie den Atem freigeben und den Einatem von allein kommen lassen … und es genießen, nichts zu tun.

Wenn Ihre Gedanken unruhig sind, nicht verurteilen. Es kann helfen, sich in die Ausatmung hineinfallen zu lassen und mit jeder Ausatmung etwas mehr Anspannung und das, was Sie belastet, aus dem Körper weichen zu lassen …

Mit der nächsten Einatmung ist die Einladung, mit Ihrer Aufmerksamkeit durch den Nasen-, Rachenraum in den Brust-, Bauchraum zu wandern und sich neugierig-wohlwollend von innen her wahrzunehmen … Lassen Sie sich die Zeit, die Sie brauchen, in Ihrem Inneren anzukommen und zu erkunden: Wie ist die innere Gestimmtheit, die innere Atmosphäre? … Wie fühlt es sich gerade von innen her an? Und lassen Sie sich Zeit … Es braucht meist einige Atemzüge, sich von innen wahrzunehmen …

Wenn etwas Unangenehmes in Ihnen auftaucht, tut es vielleicht gut, diesem Teil in Ihnen gestatten, da zu sein und ihm freundlich zuzulächeln … Sie können sich auch innerlich fragen: Wonach ist mir jetzt? … Lassen Sie diese Frage eine Weile in sich wirken, ohne sie innerlich zu diskutieren … und warten ab, was kommt … Vielleicht gelingt es Ihnen, freundlich zu begrüßen, was immer auftaucht …

Abschließend können Sie sich fragen: Was war hilfreich an dieser Übung? Was habe ich in mir vielleicht bemerkt (Atmung, Gedanken, (Körper-)Empfindungen, Bilder, Wärme, Kälte, Kribbeln, Schwere, Müdigkeit)? …
Sollten Sie nichts bemerkt haben, ist das auch völlig in Ordnung.

Wenn Ihr Kopf sehr voll und Ihre Gedanken unruhig sind, kann der Verstand stärker beschäftigt werden, und Sie können sich beispielsweise in 15 bis 90 Sekunden mit der Entlastungsatmung des Schlüssels 3 wohltuenden Abstand und FreiRaum verschaffen (s. S. 79).

Vielleicht haben Sie bei der längeren Übung eher herunterkommen, sich spüren und bei sich ankommen können. Wenn einiges nicht geklappt hat, ist das völlig in Ordnung. Manches braucht etwas Übung, Zeit und die Bereitschaft, sich auf Neues, was einem zunächst fremd vorkommt, einzulassen. Es kann auch sein, dass Sie starke Verspannungen, Schmerzen oder etwas anderes daran gehindert haben, sich ganz auf die Übung einzulassen und zu genießen. Manchen fällt es am Anfang schwer, den eigenen Atem zu beobachten und frei zu lassen. Das ist in Ordnung und passiert auch Teilnehmenden in meinen Kursen und Coachings. Meist gelingt es ihnen beim zweiten Mal leichter, die wohltuende Wirkung zu erleben. Unbewusst fixieren wir uns häufig automatisch auf das, was sich eher unangenehm anfühlt. Und bisweilen haben wir einfach Tage, an denen wir schwer zur Ruhe kommen können. In diesen Fällen fruchten eher Übungen in Bewegung (s. S. 52 ff.).

Wichtig ist, sich nicht zu verurteilen, wenn die Gedanken abschweifen, sondern sie zu registrieren und vorbeiziehen zu lassen, ohne sie zu bekämpfen, und sich wieder auf die Körperwahrnehmung zu konzentrieren.

Die Geheimnisse des Erfolgs

Ein Geheimnis liegt in der focusingorientierten Art der Selbstwahrnehmung und Aufmerksamkeitslenkung, in der Sie sich achtsam von innen her körperlich spüren, wohlwollend wahrnehmen und neugierig erkunden, wie Sie sich im Moment fühlen, was Sie brauchen oder wonach Ihnen ist.

Das A und O ist das Spüren: sich körperlich spürend wahrzunehmen. Über den Spürkontakt zu Ihrem Körper erhalten Sie Zugang zu Ihrem inneren Kompass. Schauen Sie auch, wie Ihr Blick »gefärbt« ist. Üben Sie sich in einer wohlwollenden, annehmenden, einfühlsamen Haltung – mit warmen Augen und mit dem Herzen zu sehen (Saint-Exupéry) und vielleicht dem, was in Ihnen ist, zuzulächeln. Das neugierig spielerisch Erkundende – wie ein kleines Kind – offen für das, was da ist und für das Neue, das Nichtwissen, ohne etwas zu bewerten, ist dabei enorm hilfreich.

»Nur mit dem Herzen kann ich das Wesentliche sehen.« *Antoine de Saint-Exupéry*

Erkunden Sie ganz unvoreingenommen das Was und das Wie an vagen oder klareren Körperempfindungen, Gefühlen, Gedanken, Bildern, an Anspannung, Müdigkeit, Schmerz, Ungehaltensein, an Bedürfnissen und Sehnsüchten – ohne zu verurteilen, abzulehnen und ohne zu analysieren. Lassen Sie sich Zeit dabei. Erlauben Sie allem, da zu sein.

Auf diese Weise aktivieren Sie ungenutzte Ressourcen in Ihnen. Wenn es Ihnen gelingt, eine Weile einfach nur dem freundlich Gesellschaft zu leisten, was innerlich in Ihnen ist, ohne etwas zu tun oder zu wollen, dann kann aus dem präsenten Nichtstun plötzlich ein klarer Handlungsimpuls oder Schritt aufsteigen, der sich gut und richtig anfühlt und Ihnen Klarheit und Energie gibt.

Sie können diese Übung des Innehaltens auch in einer kürzeren Variante in wenigen Sekunden oder Minuten durchführen, um wirksam abzuschalten.

Übung: Focusingorientiert den Körper durchwandern

Schenken Sie Ihrem Körper Ihre ganze wohlwollende Aufmerksamkeit und machen Sie es ihm so gemütlich wie möglich ... Schließen Sie die Augen, wenn es angenehm für Sie ist ... Durchwandern Sie von den Füßen an aufwärts Ihren Körper und nehmen Sie ihn spürend wahr: die Kontakt- oder Auflageflächen Ihres Körpers mit etwas anderem, die Fußsohlen am Boden, das Gesäß auf der Sitzfläche, der Rücken an der Lehne, die Hände auf ..., und erlauben Sie Ihrem ganzen Körper, alle überflüssige Anspannung loszulassen, Ihren Atem frei fließen zu lassen ... Erkunden Sie unvoreingenommen und freundlich, wie Sie da sind ... Fragen Sie sich innerlich, was Ihnen jetzt gut täte ...
Verweilen Sie etwas bei der Frage ... und lassen sich überraschen, welche Impulse aus Ihrem Körper aufsteigen ... Folgen Sie dem, was sich gut und stimmig für Sie anfühlt.

Die besondere focusingorientierte Qualität des Innehaltens

K – A – I: Innehalten in drei Schritten

K Körper spürend wahrnehmen
A Atem spürend wahrnehmen
I Innen spürend wahrnehmen – achtsam, annehmend und absichtslos

Erster Schritt: K – Körper spürend wahrnehmen. Das bedeutet: Schenken Sie Ihrem Körper 100 Prozent Aufmerksamkeit und wenden Sie sich ihm freundlich zu. Das geht meist am besten, wenn Sie die Augen schließen und Außeneinflüsse ausblenden. Nehmen Sie Ihren ganzen Körper wohlwollend wahr, und zwar spürend. Das gelingt meist am einfachsten, wenn Sie Ihre Aufmerksamkeit auf die Kontakt- oder Auflageflächen Ihres Körpers mit etwas anderem richten: beim Stehen die Fußsohlen mit dem Boden und beim Sitzen Gesäß, Rücken und/oder Kopf mit der Sitzfläche und gegebenenfalls mit der Lehne, oder es sind die Hände auf den Oberschenkeln oder den Armlehnen. Das Entscheidende ist, dass Sie Kontakt zu sich, zu Ihrem Körper herstellen und ihn spüren – nicht im Detail, sondern eher defokussiert. Dadurch verschaffen Sie sich Zugang zur Intelligenz des gesamten Organismus.

Zweiter Schritt: A – Atem spürend wahrnehmen. Wenn Sie Ihre Aufmerksamkeit auf den Atemfluss lenken und ihn beobachten, ist das eine weitere Möglichkeit, über das Spüren des Atems Kontakt zu sich herzustellen. Gelingt es, den Atem frei fließen zu lassen und nur den natürlichen Atemfluss zu beobachten und die Einatmung von allein kommen zu lassen, vertieft und verlangsamt sich die Atmung meist ganz von selbst. Lassen Sie sich dabei etwas Zeit, dann werden Sie bemerken, dass überflüssige Anspannung ganz von selbst geht.

Dritter Schritt: I – Innerlich spürend wahrnehmen – achtsam, annehmend und absichtslos. Wenn Sie Zugang zu Ihrem inneren Kompass bekommen wollen, wandern Sie mit Ihrer Aufmerksamkeit in den Brust-Bauch-Raum und nehmen sich von innen her, aufmerksam und wohlwollend spürend wahr – eher defokussiert. Sie können sich fragen: Wie ist die innere Gestimmtheit im Augenblick? Wie ist die Hintergrundstimmung oder die innere Atmosphäre? … Lassen Sie die Fragen eine Weile in sich wirken und nehmen Sie alles unvoreingenommen und freundlich in Empfang, was sich zeigt. Wenn Sie nicht genau spüren, was im Augenblick los ist, können Sie sich auch innerlich fragen. Wie bin ich da? Oder: Was ist los? Wenn Sie sich Klarheit wünschen, können Sie offen und in Ruhe Richtung Körpermitte fragen: Was brauche ich, was braucht es jetzt? Wichtig ist, dem Inneren Zeit zu lassen … Versuchen Sie zu begrüßen, was immer kommt.

Die Energie tagsüber hoch halten – auch bei extremer Belastung

Ob Sie sich durch den Tag schleppen oder quälen, weil Ihnen einfach alles zu viel ist, ob Sie wegen Erschöpfung krankgeschrieben sind oder sich einfach im Augenblick in einer stressigen und herausfordernden Lebenssituation befinden: Diese besondere Art des Innehaltens kann Ihnen helfen, aus Grübeleien, Hamsterrad oder Hetze für einen Moment auszusteigen.

Selbst in Situationen extremer Belastung wie in Stress-, Prüfungs-, Projektabgabe- oder Umbruchphasen, in denen Sie an den Bedingungen wenig ändern können, ist es möglich, sich zwischendurch in 3, 15 oder 90 Sekunden gezielt Entlastung zu verschaffen und die Batterien kurz aufzuladen, um anschließend frischer und klarer die anstehende Aufgabe anzupacken.

Mini-Übungsvarianten

Sie können für einen Augenblick Ihre Augen schließen, sich zurücklehnen und sich selbst freundlich Zuwendung schenken. Sie können sich erlauben, Sekunden einfach nichts zu tun. Sie können sich ein paar tiefe Atemzüge oder einen Blick aus dem Fenster gönnen oder ein paar Schritte auf den Balkon, um sich an etwas Schönem in der Natur, einem Baum, dem Himmel oder einer blühenden Pflanze zu erfreuen. Sie gewinnen nicht nur eine Mini-Erholungspause, sondern ein kleines Stück Lebensqualität. Und Sie schulen Ihre Selbstwahrnehmungs- und Selbststeuerungskompetenz für »Notfälle« und komplexe »Ernstsituationen«.

Einige Klienten haben sich in stressigen Zeiten oder in schwierigen Erschöpfungsphasen mit 15–90-Sekunden-Pausen über Wasser gehalten.

Beispiel: Eine Lehrerin klagte über Schlafschwierigkeiten, die dann durch mehrmaliges Innehalten am Tag, durch diese Gehirnerholpausen, abnahmen. Bei ihr wirkten am besten das focusingorientierte Durchwandern des Körpers, das »Entlastungsschütteln« (s. S. 80) und die »Entlastungsatmung« (s. S. 79) des Schlüssels 3. Sie berichtete über den deutlichen Unterschied zu vorher. Sie war erstaunt, wie viel leistungsfähiger sie war, wenn sie sich alle eineinhalb bis zwei Stunden eine Minipause gönnte. Als sie diese Pausen ausließ, war sie nach vier Stunden Arbeit so platt, dass sie danach nichts mehr zustande brachte.

Unser Organismus benötigt nach jeder Stresssituation, in der er auf Hochtouren läuft, eine Pause, in der er sich von den stressbedingten Alarmreaktionen unseres Körpers, Geistes und Gefühlslebens erholen kann. Und zwar täglich. Ansonsten nehmen wir nachhaltigen Schaden. Muten wir uns tagtäglich chronischen Stress zu, sind wir auf Dauer in hohem Maß burnoutgefährdet. Im Nonstop-Tun unter Anspannung spüren wir unsere Müdigkeit und die Grenzen der eigenen Belastbarkeit meist nicht.

Beispiel: Eine selbstständige Klientin in einer schwierigen Lebenssituation hatte ihren Wecker so eingestellt, dass er sich nach eineinhalb Stunden meldete. Sie gönnte sich dann jeweils ein kurze Arbeitsunterbrechung, in der sie ihre Augen schloss, ihren Körper und ihren Atem wahrnahm, mit ihrer Aufmerksamkeit in ihren Körper spazierte, spürte, wie sie sich von innen anfühlte und sich innerlich fragte: Was brauche ich jetzt? Sie wartete etwas und notierte anschließend, was ihr eingefallen war. Sie machte eine ähnliche Erfahrung wie die andere Teilnehmerin, als sie sich an einem Wochenende in den Kopf setzte, die ganze Wohnung putzen zu wollen. Sie wunderte sich hinterher, wie erschöpft sie war. Als sie in ihr Tagebuch schaute und las, dass sie beim letzten Mal Innehalten auf die Frage: Was brauchst du? »Ruhe« notiert hatte, war ihr klar, dass sie darüber hinweggegangen und sich übernommen hatte.

Sie sind jetzt eingeladen, die verschiedenen Varianten der 3–90-Sekunden-Pausen zu sichten und dabei innerlich achtsam in sich hineinzuspüren, welche Übungen Sie ansprechen. Erkunden Sie bewusst bei der Ausführung, was genau für Sie hilfreich ist. Dann können Sie dem in Ihrem Alltag gezielt Raum geben, wenn Sie es brauchen. Probieren Sie nach und nach in Ihrem Alltag unterschiedliche Varianten aus. Experimentieren Sie nur dann, wenn es sich gut für Sie anfühlt und nur so lange, wie es Ihnen Freude bereitet. Seien Sie freundlich zu sich und zwingen Sie sich zu nichts.

Blitztankstellen zur Entlastung und Klärung – in drei bis 90 Sekunden

Um Ihre Energie tagsüber hoch zu halten und in 3 bis 90 Sekunden gezielt Spannungen abzubauen, wirksam abzuschalten und aufzutanken, erkunden Sie, welche der folgenden 3–90-Sekunden-Pausen ihre Wirkung für Sie in welchen Situationen am besten entfalten.

Über den Körper: Minipausen zum Stressabbau, Kraftschöpfen und Zentrieren. Wenn Sie sich sehr angespannt fühlen oder vor Ärger und Wut geladen sind, kann es sich gut anfühlen, wenn Sie Ihren Stress und Ärger mit Bewegungen aus Ihrem Körper herausschütteln, sie wegschieben oder auch wegtreten. Spüren Sie in Ihren Körper hinein und machen Sie die Bewegungen, die Ihrer Verfassung gerade entsprechen.

Die einfache und wirkungsvolle FreiRaum-Übung »Entlastungsschütteln« hat sich neben der Vitalisierungsspritze und dem Balancependeln bei vielen Menschen aus meiner Berufspraxis am besten bewährt (s. S. 80, 53, 54). Sie können auch die folgende Übung durchführen.

Übungsvarianten: Stress und Ärger wegschieben und wegtreten

Finden Sie breitbeinig einen guten, festen Stand und bleiben Sie durchlässig (beweglich, nicht starr) in den Knien. Experimentieren Sie mit unterschiedlichen kräftigen Bewegungen der Arme oder Beine, indem Sie kurz ausholen und blitzschnell kräftig und unangestrengt mit einem waagerechten, senkrechten oder diagonalen »Schlag« die Luft »durchschneiden« wie bei Selbstverteidigungstechniken. Atmen Sie dabei hörbar aus und »schieben« Sie Ihre Belastungen von sich »weg« – mit Unterarmen, Fäusten oder flachen Händen oder treten Sie sie mit einem Bein weg – leicht geschmeidig und freudvoll – auf keinen Fall »bierernst«. Und lassen Sie dabei den Atem fließen.
Unterstützend ist es, wenn Sie es mögen und sich trauen, dabei mit Ton (hhhh, sch oder fff) kräftig auszuatmen (wie Selbstverteidiger) und auch in der Vorstellung all das, was Sie innerlich belastet und davon abhält, sich ganz wohl zu fühlen, herauszuatmen, herauszuzischen, wegzuschieben und/oder wegzutreten – unangestrengt, leicht und lustvoll wie bei verschiedenen Selbstverteidigungstechniken.
Wenn Ihr Geist unruhig ist, können Sie ihn auch damit beschäftigen, indem Sie sich bei jedem »Schlag« vorstellen, was Sie konkret von sich wegschieben oder wegtreten: den Ärger, die ungelöste Aufgabe, das, was nicht funktioniert und vieles andere mehr.
Wenn es Ihnen Spaß macht, können Sie die Bewegungen clownesk übertreiben und mit ausdrucksstarker Mimik und Gestik sowie mit Lauten unterstreichen (s. Schlüssel 3 und 5).

Wenn Sie aufgewühlt und stressgeladen sind, etwas loslassen möchten oder sich müde und energielos fühlen, kann folgende energetisierende 90-Sekunden-Pause für Sie passend sein.

Übung: Vitalisierungsspritze (90 Sekunden)

Stellen Sie sich hüftbreit und locker aufrecht hin. Bleiben Sie durchlässig und leicht beweglich in den Knien, sodass die Knie leicht gebeugt und die Beine nicht durchgestreckt sind, um die Wirbelsäule zu schonen. Die Arme hängen locker neben dem Körper. Wenn es für Sie angenehm ist, schließen Sie die Augen und schenken Ihrem Körper Ihre volle Achtsamkeit.
Jetzt beginnen Sie sanft und unangestrengt aus den Knien heraus locker und leicht Ihre Knie auf- und abzubewegen und aus der sanften Wippbewegung der Knie heraus kleine Vibrationen durch den ganzen Körper gehen zu lassen.
Lassen Sie Ihren Kiefer locker und Ihren Atem frei fließen. Und lenken Sie Ihre ganze Aufmerksamkeit zu Ihren Knien und den Vibrationen, die von da aus durch den ganzen Körper wandern. Lassen Sie Schultern und Kopf los.
Wenn Sie ganz lockerlassen, können die Vibrationen bis zu Ihrem Kopf dringen und auch ihn und seine Haltungsmuskulatur durchlockern. Experimentieren Sie mit kleineren und größeren, sanften und stärkeren Bewegungen, bis Sie Ihren eigenen »Schüttelrhythmus« gefunden haben, der sich für Sie stimmig und gut anfühlt. Lassen Sie die Vibrationen ausklingen und Ihren Körper zur Ruhe kommen. Halten Sie die Augen geschlossen und spüren Sie nach. Was nehmen Sie jetzt von sich wahr? … Was hat sich in Ihnen geändert? … Wie fühlen Sie sich jetzt? … Fällt Ihnen dazu ein Wort oder ein Satz ein? …

Diese Übung eignet sich hervorragend nach einem anstrengenden Vormittag oder Tag oder nach dem Mittagessen. Sie können sie immer dann einsetzen, wenn Sie sich müde, erschöpft und antriebslos fühlen und wieder Energie tanken wollen. Sie können sie auch anwenden, wenn Sie aufgedreht sind und unter Strom oder Stress stehen und alles Aufgestaute aus der angespannten Körpermuskulatur herausschütteln und davon freiwerden möchten. Diese Übung eignet sich sehr gut für Seminare nach der Mittagspause. Sie kann ihre Wirkung noch besser entfalten, wenn Sie Töne zur Unterstützung einsetzen.

Übungsvariante: Vitalisierungsspritze mit Tönen

Stehen Sie sehr unter Strom und plagen Sie belastende Gedanken, kann es sehr erleichtern, mit halboffenem Mund Töne aus dem Körper kommen zu lassen und den Verstand zusätzlich zu beschäftigen. Stellen Sie sich vor, dass Sie alle Müdigkeit, alle Anspannung, den ganzen Stress und alle belastenden Gedanken und Gefühle mit jeder Bewegung aus dem Körper weichen lassen.

Die folgende Übung eignet sich besonders gut, wenn Sie aufgewühlt sind, starke Gedanken und Emotionen Sie aus dem Gleis geworfen, Sie den Boden unter den Füßen verloren haben oder wenn Ihnen eine schwierige Situation bevorsteht. Sie können sich damit stabilisieren, beruhigen, auf den Boden kommen und Ihr Gleichgewicht wiederherstellen.

Übung: Balancependeln (90 Sekunden)

Stellen Sie sich hüftbreit hin, in den Knien durchlässig. Die Füße stehen parallel und fest auf dem Boden. Schließen Sie Ihre Augen, wenn es angenehm für Sie ist. Senken Sie ansonsten Ihren Blick, um sich voll auf sich selbst konzentrieren zu können.
Sie starten mit dem Gewicht auf dem linken Bein, während das rechte Bein fest auf dem Boden stehenbleibt. Atmen Sie ein und verlagern langsam Ihr Gewicht auf das rechte Bein, bis Sie ganz ausgeatmet haben. Das linke behält vollen Bodenkontakt. Wenn Sie ganz ausgeatmet haben, warten Sie, bis die nächste Einatmung kommt und folgen wieder in Ihrem Tempo langsam Ihrem Atemrhythmus und verlagern Ihr Gewicht auf das andere Bein. Machen Sie das so lange, bis Ihr Atem und Sie völlig ruhig geworden sind. Meist reichen 90 Sekunden.
Ganz wichtig: Die Bewegung folgt dem Atem und nicht umgekehrt! Und bleiben Sie mit Ihrer ganzen Aufmerksamkeit bei Ihrem Atem und dem ganzen Weg der Gewichtsverlagerung von einem auf das andere Bein … Und lassen Sie sich Zeit und beide Fußsohlen fest auf dem Boden.
Lassen Sie die Bewegung langsam ausklingen und kommen Sie in der Mitte zur Ruhe. Spüren Sie mit geschlossenen Augen nach und nehmen Sie neugierig wahr, was Sie jetzt in sich bemerken, was sich vielleicht verändert hat (Atem, Herzschlag, Temperatur …). Fragen Sie sich: Wie stehe ich nun da? Und lassen Sie sich einen Moment Zeit, sich ganz spürend wahrzunehmen.

Übungsvariante: Wippen

Eine andere Form rhythmischer Bewegungen stimuliert den Stoffwechsel, steigert die verfügbare Energie, lockert und vitalisiert, wenn Sie sich erschöpft, träge oder starr fühlen. Wippen Sie mit dem ganzen Körper. Das macht auch Teilnehmenden, vor allem Kindern, Spaß und bringt sie wieder in Balance (Hendersen 2001, S. 32 f.).

Manchmal kann es wohltuend sein, den Ort des »Geschehens« zu verlassen und durch achtsames und bewusstes Gehen den Kopf frei und Abstand zum Tagesgeschäft zu gewinnen und die Energie im Körper wieder zum Fließen zu bringen.

Übung: Achtsames Gehen

Wandern Sie mit Ihrer ganzen Aufmerksamkeit in Ihre Füße. Nehmen Sie den Kontakt Ihrer Füße mit dem Boden wahr und spüren das Abrollen Ihrer Fußsohlen am Boden und begleiten Sie es mit Ihrer Aufmerksamkeit auf dem gesamten Weg des Abrollens eines jeden Fußes. Es geht leichter, je langsamer Sie gehen. Nehmen Sie die Gewichtsverlagerung wahr und spüren Ihren Körper beim Gehen (s. auch S. 80).

Literaturtipp: Im Buch »Geh-Meditation« von Thich Nhat Hanh und Nguyen Anh-Huong finden Sie verschiedene Übungsvarianten, fünf geführte Meditationen und eine Unterweisungs-CD (München, 2008).

Über Atem und Stimme: Gelassenheitsatmung – Gähnen, Seufzen – Stöhnen, Summen – Singen. Das schnellste und einfachste Instrument, herunterzukommen und Stress abzubauen, das Sie immer dabei haben und überall zum Einsatz bringen können – auch im Kontakt mit Menschen – ist Ihr Atem. Über den Atem können Sie Ihren Körper, Ihre Gedanken und Ihre Gefühle beruhigen. Wenn Sie allein und nicht so aufgewühlt sind, kann es reichen, den Weg des natürlichen Atemflusses mit Ihrer Achtsamkeit zu begleiten, ohne etwas zu beeinflussen und zu verändern.

Wenn es in Seminaren oder im Gespräch schwierig wird, kann es helfen, den Blick zu senken und sich schweigend drei tiefe Atemzüge zu erlauben, die Sie achtsam mit Ihrer Aufmerksamkeit begleiten.

Übung: Gelassenheitsatmung (3–90 Sekunden)

Wenn es in Ihrer Situation möglich ist und Ihnen guttut, schließen Sie Ihre Augen, um die Außeneinflüsse so gut es geht auszublenden. Im Seminar oder Gespräch können Sie Ihren Blick senken. Die Einladung ist, dass Sie sich selbst und Ihrem Atem Ihre ganze Aufmerksamkeit schenken und einfach nur wahrnehmen, wie es ganz von selbst atmet ... Vielleicht können Sie Ihren Atem freigeben und es genießen, dass Sie nichts tun müssen und nichts zu verändern brauchen ... Schenken Sie sich ein Lächeln ...

Um leichter abschalten zu können, kann es nützlich sein, den ganzen Weg des Einatems und des Ausatems mit voller Aufmerksamkeit zu begleiten.

Wenn Ihr Verstand unruhig ist, kann es zusätzlich hilfreich sein, ihn zu beschäftigen, indem Sie sich innerlich lautlos sagen: »Einatmend bin ich mir meines Einatems bewusst. Ausatmend bin ich mir meines Ausatems bewusst.«

Oder einfach nur: »Ein ...Aus ...«
Manchmal kann es Sie auch unterstützen, wenn Sie Ihren Einatem- und Ausatemstrom den ganzen Weg lang mit Achtsamkeit begleiten und sich dabei sagen: »Anfang – Mitte – Ende«.

Meditationserfahrene wissen es vielleicht: Wenn Sie den natürlichen Atemfluss der Ein- und Ausatmung mit Ihrer Aufmerksamkeit eine Weile begleiten und den Einatem von allein kommen lassen, vertieft und verlangsamt sich der Atem meist nach einer Weile von selbst.

Wenn Sie sehr unruhig und aufgewühlt sind, ist es wirkungsvoller, gezielt Ihre Ausatmung zu verlängern. Die einfachste Variante besteht darin, durch die Nase einzuatmen und hörbar oder geräuschvoll durch den halboffenen Mund auszuatmen oder bewusst zu seufzen oder zu stöhnen. Sie können Gähnen gezielt herbeiführen oder die »Entlastungsatmung« durchführen, bei der der unruhige Verstand zusätzlich beschäftigt wird und so leichter zur Ruhe kommt.

In Seminaren oder Coachings bei einer eher unruhigen Gruppe oder aufgewühlten Klienten lade ich im Rahmen einer ersten Übung zum Ankommen oft dazu ein, dem Atem länger Aufmerksamkeit zu schenken: durch die Nase einzuatmen und sich in die Ausatmung hineinfallen zu lassen und abzuwarten, bis der Einatem von selbst kommt. Und mit jeder Ausatmung etwas mehr Anspannung, Müdigkeit oder Belastendes aus dem Körper gehen zu lassen.

Wenn Sie so unangestrengt und gezielt nach und nach Ihre Ausatmung verlängern, können Sie feststellen, dass dem Ausatem eine kleine Pause des Nichtatmens folgt. Diese kleine Pause des Nichtatmens bewirkt, dass sich Ihr vegetatives Nervensystem beruhigt und über Ihren Körper auch Ihre Gedanken und Gefühle. Probieren Sie es aus!

Eine Möglichkeit, sich zu entlasten und einen Moment Abstand zu Belastendem herzustellen, ist das Seufzen. Es ist in allen Situationen, auch im Kontakt mit Menschen umsetzbar. Seufzen macht vitaler, empfänglicher und kraftvoller sowie mobiler, indem Körperflüssigkeiten sich angemessen bewegen und für Energiefluss und Energieverteilung im Körper sorgen (Henderson 2001, S. 34 f).

Übung: Seufzen (3–90 Sekunden)

Atmen Sie zwei- bis dreimal tief ein und lassen Sie die Luft auf einmal mit einem leichten Stoß des Zwerchfells wieder heraus und machen ein Geräusch wie beispielsweise »Ahhh«.

Übung: Gähnen

Atmen Sie ganz tief ein. Öffnen Sie Ihren Mund weit und machen Sie Gähngeräusche, so entspannt wie möglich.

Gähnen entspannt Rachen, Gaumen, oberen Nacken und Hirnbasis. Es bringt die Hirn- und Rückenmarksflüssigkeit ins Gleichgewicht und trägt dazu bei, Gehirn und Wirbelsäule »klar und flexibel zu erhalten«. Es hilft, aus dem Kopf zu kommen, steigert die Serotoninproduktion, wirkt stimmungsausgleichend, beruhigt und heitert auf (Hendersen 2001, S. 26 f.).

Übung: Summen

Machen Sie es sich bequem. Jede Position ist möglich. Am einfachsten ist es im Liegen. Sie können Ihre Stimme tönen lassen mit: hmmmmm. Konzentrieren Sie sich dabei auf die Vibrationen, die durch Ihren Körper wandern wie sich das anfühlt, und nicht darauf, wie sich der Klang anhört.

Lassen Sie das gefühlte Pulsieren Ihres Summens bis in alle Körperteile wandern. Je entspannter Sie sind, umso weiter spüren Sie den gefühlten Klang Ihrer Töne. Nach einer Weile durchdringen Sie Ihren ganzen Körper. Ruhen Sie sich danach etwas aus.

Diese Übung löst innere Blockaden. Sie entspannt und tonisiert schnell alle Teile Ihres Körpers (Gewebe, Flüssigkeiten, Muskeln, Nerven, Organe und Knochen), die durch den Klang berührt und massiert werden. Der Energiefluss im Körper wird vollständiger (Hendersen 2001, S. 36 f.).

Sie bereitet Menschen in meinen Gruppen Abwechslung und großes Vergnügen, wenn sie – nachmittags noch etwas träge – sich sternförmig mit dem Kopf zur Mitte hinlegen und anfangs oft noch zurückhaltend summen und zunehmend mit »Inbrunst« tönen. Es entstehen wunderschöne Klangteppiche im Team was den Zusammenhalt stärkt.

Singen, Tönen, Lachen, Weinen – alles, was die Ausatmung verlängert, fördert die Entspannung von Körper, Geist und Gefühlen.

Literaturtipp: Julie Hendersen: Embodying Wellbeing oder Wie man sich trotz allem wohlfühlen kann, Bielefeld 2001. Dr. Julie Hendersen beschreibt wissenschaftlich überprüfte, verblüffend wirksame und einfache Körperübungen zum Herunterkommen und Wohlfühlen. In diesem Buch finden Sie viele weitere Übungen.

Singen oder Heilsames Singen nach Dr. Karl Adamek ist in Klinken zur stationären Burnout-Behandlung wie die Heiligenfeld-Kliniken in Bad Kissingen (www.heiligenfeld.de) oder die Gezeiten Haus Klinik in Bonn (www.gezeitenhaus.de) Teil der Therapie. »Das Arbeiten mit der Stimme und die dazugehörigen Körperübungen schaffen Kohärenz und entstressen in besonderem Maße, da dadurch das vegetative Nervensystem ausgeglichen wird, der Blutdruck sinkt und auch muskulär eine gute Entspannung entsteht« (Nelting 2010, S. 236).

Wie können Sie den Schlüssel in Ihrem Alltag umsetzen?

Starten Sie in einfachen Situationen mit einer Innehalte-Übung, die Sie anspricht, Ihnen leichtfällt und bei Ihnen gut wirkt, zum Beispiel am Wochenende, an einem terminfreien oder anforderungsarmen Tag in der Woche.

Stimmen Sie sich positiv ein in den Tag mit einer angenehmen Form des Innehaltens – nach dem Aufstehen vor dem Frühstück oder bevor Sie mit Ihrer Arbeit beginnen: mit dem Durchwandern des Körpers, der Gelassenheitsatmung oder dem Summen eines Lieds. Experimentieren Sie mittags zum Beispiel mit einer Innehalte-Übung in Bewegung wie das »Entlastungsschütteln« oder das »achtsame Gehen«. Nach dem Mittagsessen könnte die Vitalisierungsspritze Ihren Körper und Ihre Sinne beleben und Sie zentrieren. Am Abend, bevor Sie schlafen, kann die »Entlastungsatmung« (s. S. 79) Ihren Kopf frei machen von den Aktivitäten des Tages. Sie können in einem weiteren Schritt an einem anforderungsarmen Tag sich zudem vornehmen, einmal morgens während der Arbeit und einmal nachmittags einen Moment innezuhalten, die Augen zu schließen, Ihrem Körper Aufmerksamkeit zu schenken, Anspannung loslassen; oder sich einen Blick in schöne Natur oder auf etwas anderes zu gönnen, das Ihre Sinne erfreut. Sie können ausprobieren, was Ihnen leichter fällt: alle eineinhalb bis zwei Stunden oder bei einem Tätigkeitswechsel sich vorbeugend eine Mini-Erholungspause zu gönnen.

Klängen lauschen. Die Schulglocke oder eine Kirchenglocke, die ertönt, kann Sie einladen, sich eine kleine Atempause zu gönnen und dem Klang zu lauschen. Das Telefonklingeln kann Sie erinnern, einen Moment durchzuatmen, leer zu werden und erst beim dritten Klingeln aufmerksam und konzentrierter den Hörer abzunehmen und dem Anrufenden zuzuhören.

Nach Abschluss eines Coachings oder einer Kurseinheit können Sie einen Moment mit Ihrer Aufmerksamkeit zu Ihrem Körper oder Ihrem Atem zurückkehren, sich zulächeln oder sich erlauben, einen Moment nichts zu tun. Sie können ein paar langsame, achtsame Schritte zu einem Fenster oder vor die Tür gehen und Ihre Sinne mit etwas Schönem erfreuen.

Erkunden Sie, was für Sie einfach umsetzbar und stimmig ist. Nehmen Sie sich wenig vor und gehen Sie langsam voran. Würdigen Sie jeden kleinen Schritt, wenn es Ihnen gelingt, aus dem inneren Getriebensein, der Gedankenflut und den selbstschädigenden (Stress-)Mustern auszusteigen und wirksam abzuschalten und zu regenerieren. Um leistungs- und arbeitsfähig zu bleiben und Schlafschwierigkeiten vorzubeugen, ist es wichtiger denn je, dem Gehirn immer wieder kleine Erholungs- und Nahrungs(aufnahme)pausen zu gönnen. Mit Innehalten verlieren Sie keine Zeit, sondern gewinnen Abstand, einen klaren Kopf und Konzentration.

Mit dem focusingorientierten Innehalten trainieren Sie darüber hinaus Ihren inneren Achtsamkeitsmuskel, mit dem Sie nicht nur feiner wahrnehmen können, was los ist und nicht stimmt, sondern auch, was Sie brauchen und was wirklich wichtig ist. Halten Sie inne, sobald Ihr Energielevel nach unten geht und etwas nicht mehr stimmt.

Beispiel: Wenn die Energie sinkt oder ich schlecht drauf bin, braucht es manchmal nur ein paar Sekunden, in denen ich mich zurücklehne und mir ein paar Atemzüge gönne, ohne etwas zu tun. Die Augen schließe, meinen Körper wahrnehme und hörbar ausatme, um dann mit Abstand und »alter« Frische Aufgaben leichter anzugehen. Ich »verdaue« die viele geistige Nahrung, zentriere mich und bin anschließend klarer und konzentrierter.

Eine kleine Pause des Innehaltens vor dem Zubettgehen fördert einen erholsamen Schlaf. Arbeiten, Fernsehen oder Lesen bis zum Einschlafen können das Gehirn überlasten, das Pausen der Informationsaufnahme benötigt.

Am leichtesten ist es am Anfang, von den Füßen an aufwärts den Körper langsam zu durchwandern und zu spüren, wo die Füße und der Körper aufliegen. Manchmal reicht es auch, den Atem wahrzunehmen, und zu verlängern. So beruhigen sich über den Atem Körper, Geist und Gefühle.

Räumlich Abstand finden – Aufmerksamkeit auf etwas anderes lenken. Wenn wir innerlich nicht so unruhig sind, gelingt es manchmal, Abstand zu unserer To-do-Liste und den Alltagssorgen herzustellen, indem wir den Arbeitsplatz räumlich oder mit unserer Aufmerksamkeit verlassen. Entscheidend ist dabei, unsere Aufmerksamkeit gezielt auf etwas anderes zu richten. Wir können uns auf unsere Sinne konzentrieren und etwas Anderes, Schönes, im Hier und Jetzt wahrnehmen: den Blick durch das Fenster ins Grüne oder auf die Wolkenkunstgebilde am Himmel, auf eine blühende Pflanze oder das Lächeln eines Kindes auf der Straße. Wir können uns auf den Hörsinn konzentrieren und einen Moment dem Vogelgezwitscher und allen Geräuschen um uns lauschen oder auch einer schönen Musik nach Feierabend.

Innehalten als Ankerplatz und Quelle von Klarheit

Es ist auch wichtig, sofort innezuhalten, wenn es hakt – bei Signalen, Störungen, Notfällen. Sobald Sie bemerken, dass irgendetwas nicht rundläuft, Ihre Energie sinkt, Sie sich abquälen, sich verzetteln, ungehalten sind, Unwillen oder andere unliebsame Empfindungen sich in Ihnen breitmachen, bringt es Sie am leichtesten wieder voran, wenn Sie sofort aus dem, womit Sie gerade beschäftigt sind, aussteigen und innehalten. Sie können aus der Fülle der aufgeführten Übungen auswählen, mit welcher Sie jetzt am ehesten Abstand gewinnen und unter Schlüssel 3 (FreiRaum) weitere Varianten antreffen. Mit der focusingorientierten Qualität des Innehaltens können Sie abkühlen, das Ganze sacken und zur Ruhe kommen lassen. So gewinnen Sie wieder Zugang zur Intelligenz Ihres gesamten Organismus und können mit deren Hilfe dann nach innen horchen und klären: Was ist los? Warten Sie dann eine Weile absichtslos, was sich zeigen möchte … und fragen Sie sich: Was braucht es? Lassen Sie auch diese Frage eine Weile in sich wirken.

Sie können mit Focusing in einem Minimum an Zeit – im Vergleich zur aufwendigen Analyse und Lösungsfindung mit dem Verstand – stimmige Lösungsschritte finden, wenn Sie es regelmäßig praktizieren.

Sie können beispielsweise folgende Übung zu machen, anstatt Ihre Anstrengung zu verstärken und sich durchzuquälen.

Übung: Focusingorientiert zu sich kommen – erkunden, was los ist und was es braucht

Finden Sie eine gemütliche, entspannte Sitzhaltung, lehnen Sie sich zurück. Vielleicht tut es gut, den Kopf abzulegen. Schließen Sie die Augen, wenn es angenehm ist, um Außeneinflüsse auszuschalten und sich selbst Ihre ganze Aufmerksamkeit zu schenken. Richten Sie Ihre Aufmerksamkeit wohlwollend auf Ihren Körper, spüren Sie, wo Ihre Fußsohlen Kontakt mit dem Boden haben, und die Auflageflächen Ihres Körpers auf dem Sitz und erlauben Sie Ihrer Muskulatur, alle überflüssige Anspannung loszulassen. Manchmal hilft es, sich zu sagen: »Ich gebe alle Lasten meines Körpers und meiner Seele ab an Boden und Sitz, die mich halten und tragen.«
Lenken Sie Ihre Aufmerksamkeit auf Ihre Atmung und nehmen Sie Ihren Atem spürend wahr. Bei Anspannung hilft es, mit jeder Ausatmung etwas mehr Anspannung aus Ihrem Körper weichen zu lassen und sich zu erlauben, alle überflüssige Anspannung loszulassen …
Gehen Sie mit der nächsten Einatmung aufmerksam durch den Nasen- und den Rachenraum nach innen in Ihren Brust- und Bauchraum. Lassen Sie sich Zeit dabei, sich von innen wohlwollend wahrzunehmen. Sie können sich fragen: »Was ist los?« … und freundlich-neugierig und offen abwarten, was sich zeigt. Vielleicht können Sie alles begrüßen, was auftaucht und den unklaren oder bedürftigen Teilen in Ihnen Zuwendung schenken und sich fragen: »Was braucht es?«
Lassen Sie dem Inneren etwas Zeit und nehmen Sie offen, neugierig-erkundend wahr, auf was Sie diese eher unliebsamen Empfindungen aufmerksam machen wollen … Vielleicht ist es Ihnen möglich, das Bekämpfen loszulassen und ihnen einfach erlauben, da zu sein …

Je nachdem, wie aufgebracht oder aufgewühlt Sie sind, gibt es verschiedene Ansatzpunkte und Möglichkeiten, die in der einen oder anderen Situation wirksamer sind. Manchmal reicht es, die Aufmerksamkeit auf etwas anderes zu lenken.

Übung: Aufmerksamkeit auf etwas anderes richten

Lenken Sie Ihre Aufmerksamkeit auf etwas anderes, um Abstand herzustellen und wieder in Ihre Mitte zu kommen, sich zu stabilisieren und beruhigen. Dazu gibt es mehrere Ansatzpunkte und Möglichkeiten: über Körperwahrnehmung, Körperbewegungen, Atem oder Stimme. Sie können den Körper oder Ihren Atem in Stille wahrnehmen, Sie können Ihre Wahrnehmung mit einem Ihrer Sinne nach außen lenken (s. S. 50, 59).

Innehalten als Schutzwall

In schwierigen Situationen mit Menschen schweigen Sie einen Moment und kehren zunächst mit Ihrer Aufmerksamkeit zu sich zurück. Es hat sich sehr bewährt, in solchen Situationen ein paar mal tief durchzuatmen und zunächst mit der Aufmerksamkeit zu sich zu kommen, um vorschnelle Zusagen ebenso wie unbeherrschte und unprofessionelle Reaktionen zu vermeiden. Wenn Sie wenige Sekunden das Ganze in sich sacken und wirken lassen, können Sie überlegter agieren. Es kann auch förderlich sein, sich eine kleine Bedenkpause zu erbitten, damit Sie Zeit haben, für sich zu klären, was für Sie richtig ist. Sie können auch nachfragen, was gemeint ist, oder das, was Sie verstanden haben, wiederholen, um etwas Aufschub zu gewinnen.

Weitere Übungen und Beispiele sowie Tipps, wie Sie typische Stolpersteine aus dem Weg räumen, finden Sie unter den nächsten Schlüsseln (2–5) sowie im Notfallköfferchen und im dritten Teil.

Schlüssel 2: Sich freundlich-fürsorglich selbst beobachten im Tun

»Die wirkliche Entdeckungsreise besteht nicht darin, neue Landschaften zu erforschen, sondern darin, mit neuen Augen zu sehen.« *Marcel Proust*

Dieser Satz gilt nicht nur für die Natur, sondern auch für sich und andere. Wenn wir beschäftigt sind, ist es nicht so leicht zu bemerken, was nach Aufmerksamkeit verlangt. Im Stress fallen wir trotz besseren Wissens in automatische, selbstschädigende Verhaltensmuster zurück.

In diesem Kapitel erfahren Sie,

- wie es Ihnen mit der focusingorientierten Art leichter gelingen kann, sich mit neuen Augen selbst tiefer wahrzunehmen,
- wie Sie Ihre Grenzen und Frühsignale bemerken und die Bremse ziehen, auch wenn Sie eine Tätigkeit ausüben,
- wie Sie sich nicht von Anforderungen, Ihrem inneren Kritiker, Antreiber oder Miesmacher beherrschen und sich das Leben schwer machen lassen,
- wie Sie sich liebevoll statt kritisch im Tun begleiten und auf sich aufpassen können, damit Sie sich nicht übernehmen,
- wie Sie sich darin üben, sich selbst bewusster und wohlwollend aus der Beobachterposition wahrzunehmen,
- wie Sie gezielt erforschen und herausfinden können, was Ihnen wirklich wichtig ist und am Herzen liegt, was Ihnen Kraft raubt, was Sie stärkt und nährt, wo es Sie hinzieht, was Sie energetisiert, was wirklich »Ihr Ding« ist, was in Ihrem Leben verändert und lebendig werden möchte

Mit diesem Schlüssel möchte ich Sie einladen, sich die besondere Gabe des Menschen zunutze zu machen, sich selbst und sogar einzelne Teile in sich bewusst wahrzunehmen: Sie können Ihre Aufmerksamkeit gezielt auf das lenken, was Sie genauer betrachten und erforschen möchten, auch wenn Sie im Tun sind: Ihren Körper, Ihre Gefühle, Gedanken, Stimmungen, Vorstellungen und Bilder. Das heißt, ein bewusst wahrnehmender Teil von uns kann quasi neben uns oder einen Schritt zurücktreten, uns aus einer Beobachterposition wahrnehmen und genauer betrachten oder erforschen, was uns stärkt und wieder die Balance zurückgewinnen lässt. Das hat den Vorteil, dass wir uns aus dem Abstand der Beobachterposition nicht so leicht von unangenehmen Geschehnissen beherrschen lassen und besser selbst steuern können. Und wir können uns mit diesem Instrument ein Stück unabhängiger machen vom Rat anderer, die uns sagen, was für uns gut ist. Moshé Feldenkrais, Frederick Matthias Alexander und andere haben durch Selbstbeobachtung und Selbsterkundung ganz neue, innovative und anerkannte Techniken entdeckt, die das Leben einer Vielzahl von Menschen bereichert. Lassen Sie sich überraschen, welche neuen Qualitäten Sie dabei an sich entdecken und in sich wecken können, die Ihr tägliches Leben leichter, lebendiger, bunter und spannender machen.

Der zweite Schlüssel ist auch eine besondere Herausforderung: Denn wenn wir beschäftigt sind, nehmen viele ihren Körper gar nicht wahr. Gewöhnlich dringt er erst in unser Bewusstsein, wenn er streikt, schmerzt oder uns Unwohlsein bereitet.

Ich möchte Sie einladen, ein kleines Experiment bei einer einfachen Beschäftigung in einer möglichst stressarmen Alltagssituation durchzuführen. Wählen Sie für die folgende Übung beispielsweise einen Gang zum Einkaufen oder den Weg zu öffentlichen Verkehrsmitteln. Sie sollten nicht unter Zeitdruck stehen. Lassen Sie sich überraschen, was passiert.

Übung: Eine besondere freundlich-fürsorgliche Selbstbeobachtungsinstanz installieren

Bevor Sie sich auf den Weg machen, stellen Sie sich vor, dass Sie eine liebevoll-fürsorgliche Selbstbeobachtungsinstanz neben sich installieren, eine Art »Aufpasserin« oder »Aufpasser«, der beziehungsweise die Sie wie eine liebe Freundin oder ein Freund an die Hand nimmt und darauf achtet, dass Sie sich nicht übernehmen oder sich das Leben schwer machen. Sie können sich auch einen inneren Beobachter oder Zeugen, eine innere Beobachterin oder Zeugin wie in der Meditation vorstellen, wenn Ihnen das leichter fällt. Wichtig ist, dass Sie sich wohlwollend und neugierig-erkundend dabei zuschauen, was in Ihnen vor sich geht, wenn Sie zum Einkaufen oder zum Bus gehen, ohne etwas bewerten oder zu verurteilen. Gehen Sie los. Betrachten Sie sich selbst freundlich mit warmen Augen und seien Sie gespannt, was Sie an sich bemerken.
Wenn Sie etwas entdecken, sagen Sie sich innerlich lautlos, zum Beispiel: »Aha, da ist jetzt ein Gedanke, wie wird das wohl sein« … Wenn etwas anderes in Ihr Wahrnehmungsfeld rückt … »Aha, da spüre ich, dass es mich am Kopf juckt …« Und warten

Sie weiter ab, was in Ihnen auftaucht. »Aha, ich merke, dass ich hetze … interessant« Oder: »Aha, da ist der Gedanke: So eine blöde Übung … Aha, da ist eine Bewertung … interessant«. Versuchen Sie, alles da sein zu lassen, alle Gedanken, Empfindungen, Bilder und Bewertungen, ohne irgendetwas weghaben zu wollen … Spüren Sie in sich hinein, wie das für Sie ist … Gibt es etwas, das Sie wurmt oder Sie »zwickt«? Welche Stimmung ist in Ihnen? … Probieren Sie aus, allem zu erlauben, da zu sein. Lassen Sie die Übung in sich nachklingen. Sie können sich innerlich fragen: Was habe ich Neues von mir erfahren? Was war hilfreich für mich?

Wenn Sie sich darauf einlassen konnten: Haben Sie erfahren, wie sich Ihr inneres Tempo verlangsamt hat? Hat sich Ihre Aufmerksamkeit mehr zentriert? Haben Sie Abstand zu Ihrem Erleben und mit ihm inneren FreiRaum gewinnen können, indem Ihr bewusst wahrnehmender Teil sich in die erkundende Haltung begeben hat?

Seien Sie nicht verzagt, wenn nicht gleich alles so geklappt hat. Wenn wir nicht durch Meditation, Achtsamkeitspraxis, Yoga oder Focusing darin geübt sind, uns aus einer bewussten Beobachterposition freundlich und unvoreingenommen wahrzunehmen, fällt es uns am Anfang schwer, zwischen dem Beobachteten und dem Beobachtenden zu trennen. Die meisten identifizieren sich mit den eigenen Gedanken, Gefühlen und Selbstbildern und bewerten und verurteilen laufend – unbewusst, ohne dass sie es merken.

Deshalb ist es wichtig, dass Sie Geduld und Nachsicht mit sich haben. Üben Sie öfter zunächst in einfachen Situationen und klopfen Sie sich auf die Schulter bei jeder Kleinigkeit, die Sie bemerken. Was wir jahrzehntelang anders praktiziert haben, braucht Übung, möchte es geändert werden. Steigern Sie den Schwierigkeitsgrad langsam.

Übung: Liebevoll auf sich aufpassen

Suchen Sie sich einen Tag aus, an dem wenige Anforderungen auf Sie einströmen. Schenken Sie sich selbst und Ihrem Körper zunächst Ihre volle Aufmerksamkeit. Spüren Sie Ihre Fußsohlen am Boden und alle Körperteile, die in Kontakt sind mit etwas anderem: sei es Ihr Gesäß auf dem Sitz oder Ihre Hände am Besen, am Staubsauger oder an Ihren Akten … Spüren Sie Ihren Atemstrom, wie er ein- und ausströmt … Dann installieren Sie neben sich eine freundlich-fürsorgliche Selbstbeobachtungsinstanz, nehmen Sie sich wie eine Freundin oder einen Freund an die Hand. Beginnen Sie mit Ihrer Tätigkeit. Der bewusst wahrnehmende Teil begleitet Sie freundlich und achtsam, schaut Ihnen wohlwollend und neugierig-erkundend dabei zu, was Sie an

sich bemerken und was in Ihrem Erlebensraum geschieht, ohne es zu bewerten oder zu verurteilen: Gedanken, Gefühle, Bilder, Atem, Körperempfindungen, Handlungsimpulse … Wenn Sie etwas spüren oder registrieren, sagen Sie sich innerlich lautlos: »Aha, da ist … Aha, interessant …« Lassen Sie sich Zeit dabei … Achten Sie aus der wohlwollenden Beobachterposition wach und entspannt darauf, wenn Sie Anspannung oder Eile an sich bemerken … oder wenn Ihre Energie heruntergeht … Erlauben Sie der Anspannung, Eile oder Energielosigkeit, da zu sein …
Experimentieren und probieren Sie aus, was Ihnen dann guttut: ob Sie überflüssige Anspannung loslassen und bei Hetze einen Gang herunterschalten, Ihre Tätigkeit verlangsamen oder sich eine kleine Pause des Innehaltens zum Durchschnaufen gönnen können … Spüren Sie in sich hinein, wie das für Sie ist, ob sich das für Sie stimmig anfühlt oder ob noch etwas geändert werden möchte, damit Sie sich wohler fühlen. Lassen Sie sich Zeit und erkunden Sie neugierig, ob sich dabei vielleicht etwas in Ihnen verändert … Wenn Sie Unruhe in sich bemerken, können Sie sich vielleicht liebevoll zureden, wie Sie es bei einer guten Freundin oder einem guten Freund tun würden, beispielsweise: »Ruhig Blut«, »Eins nach dem anderen«, oder: »Langsam, lass dir Zeit«, oder: »Alles ist okay«. Probieren Sie aus, was für Sie hilfreich ist.

Sie können sich nach und nach – auch während Ihrer Arbeit – liebevoll aus der bewussten Beobachterposition begleiten und lernen, für sich zu sorgen. Beschränken Sie sich anfangs auf kurze, überschaubare und anforderungsarme Zeiträume, eine halbe oder eine Stunde lang, und hören Sie auf, sobald Ihre Energie und Freude sinken. Dann haben Sie häufiger Erfolgserlebnisse, behalten die Lust am weiteren Experimentieren und bleiben eher am Ball.

Hilfreich ist, wenn Sie die Tätigkeit langsam ausüben. Dann ist es leichter zu bemerken, wenn etwas nicht mehr stimmt. Und wenn Sie zwischendurch immer wieder kurz und gezielt Ihre Aufmerksamkeit auf Ihren Körper lenken und erkunden, wie Sie Anspannung loslassen können. Wenn Sie öfter Ihren Atem spürend wahrnehmen und hörbar ausatmen, wenn Sie bemerken, dass Sie flacher atmen. Wenn Sie hin und wieder Ihrer Befindlichkeit Zuwendung und sich selbst stärkende Sätze schenken, wie zum Beispiel »Langsam, ganz ruhig!«, oder einen Moment des Innehaltens, wenn Sie bemerken, dass Sie hektisch, unruhig oder ungehalten werden.

Vielleicht geht es Ihnen ähnlich wie den meisten Menschen aus meinen Kursen und Coachings, die sich oft durch einen ausgeprägten inneren Antreiber, Kritiker oder Richter beherrscht fühlen, der sie daran hindert, Warnsignalen Beachtung zu schenken und aus dem Hamsterrad des Funktionierens für einen Moment auszusteigen und für sich zu sorgen.

Wahrnehmungsänderung – auf sich aufpassen lernen

»Der Kopf will immer alles haben, aber der Körper weiß, wann er genug hat.«
Prof. Dr. Gendlin, Begründer des Focusing

Zunächst zu Beginn ein Beispiel:

Beispiel: Einer meiner Klienten, ein Lehrer, der sich mit der Diagnose Burnout-Syndrom durch jeden Tag gequält hatte, kam nach nur neun Einzeltrainingssitzungen leichtfüßig mit einem Lächeln auf den Lippen zum zehnten Termin. Er sagte, dass er voller Zuversicht sei und nun mit seinen Kräften besser haushalten könne. Was hat ihm geholfen? Er nannte zehn kleine Dinge.
Was mich vor allem beeindruckt hatte, waren zwei:

- Er hatte gelernt, sein »ratterndes Denken« zu unterbinden.
- Und zum Zweiten hatte er entdeckt, dass er auf zweierlei Arten denkt: ein produktives, lebendiges Denken und eine belastende Form.

Als ich fragte, woran er die belastende Form erkenne, antwortete er, dass es eine gleichförmige, wiederkehrende, monotone Art des Nachdenkens sei, bei der negative Gedanken sich mühlenartig drehend ständig reproduzierten.
Wie anschaulich er die Besonderheiten seines inneren Kritikers beschrieb, der einmal im Gewand des inneren Richters und dann als innerer Antreiber auftrat, und wie gut er ihn erkannt hatte. Und wie viel positive Lebensqualität, Kraft und Zuversicht er allein durch seine Wahrnehmungsänderung gewinnen konnte.

Diesen Leidensdruck, den er nicht steuern konnte, da er unter seiner »negativen Denkfixierung« und seinen um Zukunftsängste kreisenden »Monstergedanken« litt, kennen viele Menschen. Sie lassen sich beherrschen von Sätzen wie: »Ich muss …«, »Ich sollte …« und vielen anderen dieser Art. Aus der unvoreingenommenen Beobachterposition können Sie lernen, anders, tiefer und genauer hinzuschauen. Sie erfahren im nächsten Beispiel, wie dies meinem Klienten gelungen ist.

Sich selbst mit warmen Augen betrachten – mit der Kraft des Herzens

Beispiel: Wie befreiend war für meinen Klienten der Ansatz dieses Schlüssels. Er konnte eine Art liebevoll-fürsorgliche Selbstbeobachtungsinstanz neben sich installieren, sich selbst wie einen lieben Freund an die Hand nehmen und auf sich aufpassen und sich auch mal ein Innehalten gestatten, anstatt sich ständig kritisch zu beäugen und negativ zu bewerten, was er falsch machte oder gemacht hatte.

Nehmen auch Sie sich mit warmen, fürsorglichen Augen aus der Beobachterposition wahr. Und denken Sie an den Satz von Michael Ende: »Alle Zeit, die nicht mit dem Herzen wahrgenommen wird, ist verloren.«

Je mehr Sie sich darin üben, sich mit der Kraft und Wärme des Herzens zu betrachten, mit Mitgefühl, Verständnis und Nachsicht auch Ihren allzu menschlichen Unzulänglichkeiten ins Auge zu schauen, umso eher gelingt es Ihnen, sich selbst mit Akzeptanz und Empathie zu begegnen. Desto leichter fällt es Ihnen, eher schwierig erscheinenden Menschen in Beruf und Privatleben mit Herz zu begegnen und tiefer, genauer hinzuhören und zu schauen, welche unerfüllten Bedürfnisse sich hinter den sich als unangenehm offenbarenden Seiten verbergen.

Übung: Sich mit dem Herzen wahrnehmen

Wenn es Ihnen nicht so gut geht, Sie sich erschöpft, ausgepowert oder angeschlagen fühlen, schenken Sie sich selbst Ihre ganze, wohlwollende Aufmerksamkeit. Konzentrieren Sie sich auf Ihre Herzgegend. Manchmal kann es hilfreich sein, eine Hand auf den oberen Brustraum zu legen und sich innerlich zu sagen: »Einatmend bin ich mir meines Herzens bewusst. Ausatmend lächle ich meinem Herzen zu. Ich schenke mir jetzt dieses Lächeln und das liebevolle Angenommensein, das ich mir oft von anderen wünsche, und nehme einfach nur wahr, was in mir ist.«

Sie können sich der Qualitäten Ihres Herzens bewusst werden und wie eine fürsorgliche Mutter, die sich um ihr weinendes Kind kümmert, den bedürftigen Teilen in Ihnen, die sich unwohl fühlen, zulächeln, ihnen Zuwendung schenken, ihnen mit der Wärme des Herzens, mit viel Mitgefühl, Verständnis und Nachsicht begegnen und einfach nur gestatten, da zu sein. Meist ändern sich die Gefühlsregungen dann erstaunlich schnell.

Der Identifikationsfalle entkommen – aus der Beobachterposition

Sobald Sie sich bewusst in die Beobachterposition begeben, wie Sie es beim Innehalten oder in der Meditation üben können, gewinnen Sie Abstand zu den verschiedensten Gedanken und Regungen, die sich in Ihnen breitmachen. Wenn Sie sich bei Aktivitäten aus der Beobachterposition freundlich wahrnehmen, bemerken Sie schneller, wenn Sie sich anspannen, überanstrengen oder hetzen. Sie können der Falle entkommen, sich mit den Erlebensteilen in Ihnen zu identifizieren und sich in ihnen zu verlieren. Sie haben die Wahl, worauf Sie Ihre Aufmerksamkeit lenken. Wenn Sie beispielsweise negative, destruktive Gedanken Ihres inneren Kritikers, Richters oder Antreibers bemerken, können Sie bewusst entscheiden, Stopp zu sagen und Ihre Aufmerksamkeit auf das richten, was für Sie und die Situation in dem Moment förderlich ist.

Im nächsten Beispiel erfahren Sie, wie es meinem Klienten gelungen ist, seinem inneren Kritiker oder Antreiber die Macht zu nehmen.

Den inneren Kritiker erkennen und in die Kaffeepause schicken

Beispiel: Für meinen Klienten war es nützlich, die negativen, kritischen Gedanken zu einem Teil von sich zu machen (Schlüssel 3). »Ein Teil in mir denkt ›oh je, das schaffe ich nicht‹«, um dann aus einem Abstand heraus handlungsfähig zu bleiben. So konnte er sich bewusst dafür entscheiden, nicht auf die verurteilenden Inhalte zu hören und ihnen zu glauben. Statt sie zu bekämpfen oder wegzudrücken und das Problem damit zu verewigen, erlaubte er seinen inneren kritischen Teilen, da zu sein. Er bedankte sich freundlich und bestimmt bei ihnen für ihre Bemühungen in den letzten Jahrzehnten und schickte sie genauso bestimmt in die Kaffeepause.

Ein humorvoller Umgang erleichtert es ungemein, das zu schaffen. Nur wenn wir diesen Gedanken und Gefühlen erlauben, da zu sein, können wir ihnen ihre Dominanz und Macht nehmen.

Leider gelingt es den meisten Menschen nicht so leicht, die inneren kritischen Teile zu erkennen. Das offensichtliche Kritische-sich-selbst-Kommentieren, das Vergleichen mit anderen, die alles besser hinbekommen und das

Verurteilen: »Ich Idiot!«, »Das darf doch nicht wahr sein …«, »Du kriegst ja wohl gar nichts auf die Reihe!«, – das kennt wohl jeder Mensch.

Nicht so leicht identifizierbar sind die etwas vernünftiger oder überzeugender klingenden Stimmen, die oft kaum hörbar und manchmal eher diffus unangenehm fühlbar sind, beispielsweise in Form eines schlechten Gewissens, einem Getrieben- und Unzufriedenseins und fester, nicht bewusster Vorschriften oder Vorstellungen, wie wir sein oder arbeiten sollten, die manchmal erst in Worte gekleidet werden, wenn wir darüber mit jemandem reden: »Wie kannst du dich ausruhen? Solltest du dich nicht um deine Tochter kümmern?«, »Hattest du nicht versprochen, XY anzurufen?«, oder: »Ich müsste eigentlich abnehmen oder Sport machen …« Allen gemeinsam ist die unfreundliche, lieblose, strenge, verurteilende und attackierende Art, mit sich selbst umzugehen. Auch die herabwürdigende oder vorschreibende Sprache (»Du solltest nicht …«, oder: »Du müsstest …«) ist bezeichnend. Daran können Sie die inneren, kritischen Teile erkennen.

Beispiel: Eine Beraterin, die ich coache, ist verzweifelt: »Ich weiß eigentlich, was es zu tun gibt und ich tue es einfach nicht.« Eine andere Klientin sagt: »Ein Mensch, der dranbleibt, könnte das in einer Woche schaffen. Doch ich schaffe es nicht.« Und sie stellt fest: »Ja, ich weiß, ich sollte mich annehmen, doch mir gelingt das nicht.«

Bei beiden hüllen sich ihre inneren kritischen Teile in das Gewand vernünftig klingender, fester Vorstellungen darüber, wie sie sein »sollten« und was sie leisten »müssten«. Das, was blockiert, ist die fälschliche, festgefahrene Vorstellung des Verstandes. Die Wirklichkeit zeigt, dass es so nicht geht. Das ruft den inneren Kritiker auf den Plan, der ruft: »Bekommst du das schon wieder nicht hin!« Doch wenn die feste Vorstellung des Kopfes in der Realität nicht funktioniert, sind wir nicht mit der Gesamtintelligenz unseres Organismus verbunden. Wir übergehen feine Signale in uns, die gehört werden möchten.

Um nicht missverstanden zu werden: Es geht nicht darum, die inneren kritischen Teile zu verdammen. Es ist sogar wichtig, sie anzunehmen, um sie in Schach zu halten. Es geht darum, ihnen ihre Macht und Dominanz zu nehmen und sie zu einem guten Mitarbeitenden eines größeren Teams in uns zu machen. In dieser Rolle können sie an der richtigen Stelle durchaus gute Dienste leisten.

Wenn Sie innere kritische Teile in sich bemerken, die unfreundlich oder gar gehässig zu Ihnen sind, die Sie fertig machen, antreiben oder ein schlechtes Gewissen verursachen, hören Sie nicht auf die Inhalte. Versuchen Sie, Ihrem inneren Kritiker oder Antreiber zu erlauben, da zu sein. Bedanken Sie sich freundlich und humorvoll bei ihm für seine Bemühungen, Sie zu beschützen, und schicken Sie ihn dezidiert in die Kaffeepause, damit er sich von den Anstrengungen der letzten Jahrzehnte erholen kann.

Für manche ist es nützlich, sich klar zu machen, dass diese Teile im Allgemeinen verinnerlichte Eltern- oder Lehrerstimmen sind, die uns beschützen wollen – allerdings mit wenig tauglichen Mitteln. Und dass sich Ängste dahinter verbergen (Cornell 2008, S. 2 ff.).

Wie Sie leichter die feinen Signale und Wegweiser in sich bemerken

Wir bemerken am ehesten die feinen Signale und Wegweiser in uns, wenn wir uns nicht nur aus der Beobachterposition freundlich wahrnehmen, sondern darüber hinaus in unserem Körper focusingorientiert anwesend sind, wie in Schlüssel 1 beschrieben. Wenn wir uns körperlich spürend wahrnehmen, sind wir in Kontakt mit uns und »angeschlossen« an die Gesamtintelligenz unseres Organismus. Wir nehmen Situationen tiefer ganzheitlich wahr und spüren eher, wenn etwas nicht stimmt, und klarer, wo es langgeht.

Wenn Sie in diesem guten Körperkontakt zu sich sind und sich spüren und Ihr Erleben aus der Beobachterposition erkunden, kommen Sie zudem in den Genuss des angenehmen Nebeneffekts, dass Sie langsamer und präsenter werden, sich lebendiger fühlen und intensiver wahrnehmen. Es ist leichter zu bemerken, was sich gut anfühlt und was nicht, wenn Sie das, was Sie tun, etwas langsamer tun.

Wie wäre es mit einem Experiment? Sie können sich am leichtesten darin üben, Ihre inneren Wegweiser zu bemerken, wenn Sie sich bewegen: beim Gehen oder Tanzen, bei Yoga, Gymnastik oder beim Laufen, und dabei achtsam Ihr Inneres Erleben erkunden. Meiner Erfahrung nach gelingt es am einfachsten beim Gehen und freien Körperbewegungen wie Tanzen.

Denken Sie daran, Ihr Erleben, Ihre Empfindungen und Handlungsimpulse in der Focusing-Haltung achtsam, akzeptierend und absichtslos aus der Beobachterposition wohlwollend wahrzunehmen, ohne einzugreifen.

Übung: Bewegungsexperimente: Erkunden, was guttut

Führen Sie die Bewegungen langsam und unangestrengt aus, am Anfang vielleicht wie in Zeitlupe. Probieren Sie aus, ganz präsent und ganz da in Ihrem Körper zu sein, entspannt und wach zugleich. Beobachten Sie sich bei jeder Bewegung vom Anfang bis zum Ende achtsam wohlwollend und testen Sie, was sich gut und stimmig anfühlt.

Probieren Sie wie ein kleines Kind neugierig aus und spielen Sie mit unterschiedlichen Tempi, Energieleveln, Gangarten, mit kleinen oder ausholenden Bewegungen beim Gehen oder Tanzen. Spüren Sie dabei in sich hinein, was Ihnen gerade entspricht, welche Art von Bewegungen Ihrem Körper und Ihrer Seele gerade guttun: kleine oder große, sanfte oder kräftige, fließende oder abgehackte ...

Versuchen Sie es mit freiem Tanzen, wenn Sie Ihrem Körper die Regie überlassen, den Körper durchwandern und nacheinander verschiedenen Körperteilen Ihre Aufmerksamkeit widmen: zum Beispiel zuerst den Füßen die Regie überlassen, ausprobieren, was den Füßen guttut, dann den Knien, den Beinen, dem Becken, der Wirbelsäule, den Schultern, den Ellenbogen, den Händen, dem Kopf. Förderlich dabei ist, den Atem fließen und den Kopf loszulassen. Folgen Sie Ihrer Lust und experimentieren Sie mit Ihren Handlungsimpulsen. Hören Sie auf, wenn Ihre Freude weicht.

Tipp: Folgende Musik von Gabrielle Roth and The Mirrors eignen sich sehr gut zur Unterstützung: auf der CD »Bones«, Stück 4: »Snake«, und CD »Initiation«, Stück 6: »Body Jazz«.

Wenn Sie Überanstrengung oder Gehetztsein bemerken, kann der bewusst wahrnehmende Teil fürsorglich handeln: Sie können überflüssige Anspannung loslassen, einen Gang kürzer treten oder sich freundlich zureden: »Langsam. Lass dir Zeit.« oder »Eins nach dem anderen.«.

Übung: Der bewusst wahrnehmende Teil kümmert sich

Suchen Sie sich einen anforderungsarmen Tag und eine leichte Tätigkeit aus. Nehmen Sie sich zu Beginn körperlich spürend wahr, wo Ihre Fußsohlen den Boden und andere Körperteile wie Ihr Gesäß den Sitz oder Ihre Hände das Papier, den Stift oder die Akten berühren. Spüren Sie Ihren Atem und lassen ihn frei fließen. Schauen Sie sich dann bei Ihrer Tätigkeit aus der Beobachterposition freundlich und unvoreingenommen zu. Wenn Sie bemerken, dass Ihre Schultern oder Ihre Hände sich anspannen, sagen Sie sich innerlich: »Aha, da ist jetzt Anspannung«, und erlauben Ihrer Muskulatur, alle überflüssige Anspannung loszulassen ... - Wenn Sie registrieren, dass Sie kurzatmiger werden, verurteilen Sie sich nicht, sondern wenden sich Ihrem Atem zu. Sie können Ihren Atem beruhigen, indem Sie durch die Nase einatmen und hörbar oder geräuschvoll durch den halboffenen Mund ausatmen, so lange es geht. Lassen Sie die Einatmung von allein unangestrengt kommen und atmen wieder so lange wie möglich aus. Begleiten Sie den ganzen Weg Ihres Atemstroms mit Ihrer Achtsamkeit vom Beginn des Einatmems bis zum Ende und vom Beginn des Ausatmens bis zum Ende, bis Ihr Ausatem sich verlängert und Ihre Atmung sich verlangsamt und vertieft hat.

Tiefer herausfinden, wie Sie »ticken« – Muster, Bedürfnisse, Sehnsüchte

Wenn Sie sich darin üben, sich selbst und Ihrem inneren Erleben beim Innehalten, in der Stille oder bei Aktivitäten, Seminaren und Begegnungen aus einer bewussten Beobachterposition freundlich-wohlwollend und unvoreingenommen neugierig erkundend zuzuschauen, ohne zu bewerten, können Sie eine Menge Neues über sich erfahren, entdecken oder auch gezielt erkunden. Insbesondere wenn Sie focusingorientiert in Ihrem Körper anwesend sind und die innere, körperliche Resonanz spüren (s. Schlüssel 6, S. 113 f.).

Am leichtesten ist diese Fähigkeit im Urlaub, auf Reisen oder am Wochenende zu trainieren, wenn keine oder wenig Anforderungen uns den FreiRaum schenken, uns selbst und unser inneres Erleben in Ruhe beim Nichtstun sowie in Aktion zu erkunden. Oder wenn Sie einen guten Tag und eine relative anforderungsarme Zeit haben. Es fällt auch leichter, wenn Sie sich eine kleine, gezielte Frage vornehmen, die Sie nicht überfordert.

Beispiel: So habe ich hervorragende Erfahrungen damit gemacht, mich 2005 erstmalig mit einem One-Way-Ticket allein mit einem Rucksack, einem Reiseführer und einem Tagebuch bestückt auf eine kleine Auszeitreise zu begeben, um in einer neuen, fremden, kraftvollen Naturlandschaft aufzutanken und herauszufinden, wo es mich beruflich hinzieht. Hilfreich war, dass ich keinerlei Programm und keinen Plan hatte und mich wenig mit Aktivitäten ablenkte. Dabei kam ich nicht nur dem auf die Spur, was mich anzieht und wo es mich hinzieht, sondern auch meinen Bedürfnissen, Sehnsüchten und meinen Überforderungsmustern. Das half und hilft mir immer noch, besser auf mich aufpassen zu können.

Experiment: Innere Impulse aufspüren und ihnen folgen

Wenn Sie Lust haben, selbst auszuprobieren, welche Handlungsimpulse in Ihnen entstehen, wenn Sie kein Programm haben, lade ich Sie ein zu einem Experiment: Suchen Sie sich bei nächster Gelegenheit an einem Wochenende einen Vormittag aus, an dem Sie sich nichts vornehmen, keinen Termin und keinen Plan haben. Sie sind eingeladen, sich sobald Sie wach werden aus einer freundlichen, bewussten Beobachterposition zu begleiten und achtsam aufzupassen, und zu spüren, welcher Handlungsimpuls von innen kommt. Folgen Sie dem, wonach Ihnen ist … Wenn Sie nichts spüren, tun Sie nichts und beobachten dabei neugierig-erkundend Ihr Innenleben, Ihre Gedanken, Gefühle, Ihre Bilder und Ihr Körpererleben: Wie geht es Ihnen damit? Wie ist Ihre Stimmung? … Warten Sie ab, bis ein Körper- oder Handlungsimpuls oder ein Ton aus Ihnen kommt. Lassen Sie sich Zeit und lassen Sie sich überraschen … Öffnen Sie erst dann die Augen und stehen Sie erst dann auf, wenn Ihnen danach ist … Anschließend lassen Sie das Experiment in sich nachklingen und nachwirken und fragen sich: Was habe ich Neues über mich entdeckt und erfahren?

Vielleicht möchten Sie an einem Wochenende erkunden, was Ihnen am Herzen liegt: Was möchte mehr Raum haben? Was hindert Sie daran, das zu leben? Dabei schlage ich vor, dass Sie sich nicht hinsetzen und nachdenken. Suchen Sie sich stattdessen einen guten Platz, an dem Sie sich wohlfühlen.

Übung: Kraft der Sehnsucht: Wo zieht es Sie hin?

Machen Sie es Ihrem Körper in der focusingorientierten Art gemütlich (s. Schlüssel 1, S. 46). Schließen Sie die Augen … und lassen Sie folgende Frage in Richtung Körpermitte in sich hineinfallen und eine Zeitlang in sich wirken: »An welche Orte oder zu welchen Stätten zieht es mich hin? … Welche Institutionen, welche Menschen, Arbeits- oder Lebensformen reizen mich und wecken mein Interesse? … Wo zieht es mich hin?« – Horchen Sie in sich hinein und warten Sie in Ruhe ab … Lassen Sie sich mehrere Sekunden bis zu einer Minute Zeit, um zu sehen, was aufsteigt …

Vielleicht möchten Sie sich direkt an den Ort des Geschehens begeben, der Bedürfnisse und Sehnsüchte in Ihnen weckt. Das hat den Vorteil, dass Sie die Situation mit allen Wahrnehmungssensoren Ihres Organismus auf sich focusingorientiert wirken lassen und unmittelbarer und leichter die Ausschläge Ihres inneren Kompasses körperlich spüren können. Das gelingt am besten, wenn Sie im Kontakt sind mit dem lebendigen, pulsierenden Leben eines Ortes, einer Institution, einer Veranstaltung, eines Menschen oder einer Gruppe, der oder die das lebt, was Sie anzieht, was Ihre Aufmerksamkeit fesselt, was Sie aufhorchen und Ihr Herz höher schlagen lässt.

Das gelingt am besten, wenn Sie wenig oder gar kein Programm haben, sich immer wieder kleine Pausen des Innehaltens und Nachspürens gönnen sowie eine langsame Gangart bei Ihren Aktivitäten einlegen.

Horchen Sie dabei immer wieder in sich hinein. Spüren Sie, wie Sie das erleben, was Sie gerade tun oder getan haben, was das gedanklich, gefühlsmäßig und körperlich in Ihnen auslöst und wie sich das für Sie anfühlt. Hören Sie in sich hinein, wonach Ihnen gerade ist, und folgen Sie diesen inneren Impulsen. Sie können das Ganze auch in einem Tagebuch festhalten, wenn Ihnen danach ist.

Übung: Entdecken Sie, was Ihnen Kraft raubt

Um Ihren Energieräubern auf die Spur zu kommen, können Sie sich auch gezielt an guten und eher schlechten Tagen wohlwollend beobachten, um zu erkunden, was genau Ihnen in welchen Situationen Kraft raubt. Schauen Sie genauer hin und untersuchen Sie, was dann genau passiert: was Sie im Außen und was Sie innerlich erleben.

Dem »Nährenden« auf der Spur – eigene Kraftquellen ausfindig machen

Eine Möglichkeit ist, es sich an einem ruhigen, schönen Platz, wo Sie sich wohlfühlen, gemütlich zu machen und in der focusingorientierten Art innezuhalten und Ihre Körpermitte aufzusuchen. Und beispielsweise von Ihrem Wohlfühlort aus (s. Schlüssel 3, S. 84 f.) innerlich achtsam eine kleine Reise in all Ihre Lebensbereiche zu unternehmen auf der Suche nach den Momenten, die Sie nähren. Im Seminar leite ich dazu ein Gruppen-Focusing an.

Sie können sich ebenso gut gezielt in Ihrem realen Leben auf den Weg machen, Ihre eigenen Kraftquellen ausfindig zu machen. Am leichtesten ist dies in anforderungsarmen Zeiten, wenn Sie vom Äußeren weniger gefangen genommen sind und ein langsameres Tempo es Ihnen erlaubt, solche nährenden Momente bewusst wahrzunehmen. Begleiten Sie sich selbst offen und neugierig, aufmerksam und eher spielerisch nach und nach, gut portioniert auf der Suche nach den kleinen Momenten, die Ihrem Körper, Ihrem Geist und Ihrem Herz Kraft und Freude geben. Sie können sich nach und nach einen Lebensbereich vornehmen.

Erkunden, wo es Sie hinzieht und was »Ihr Ding« ist

Vielleicht geht es Ihnen ähnlich wie etlichen meiner Klienten und Kursteilnehmer, die nicht genau wissen, was sie wirklich wollen, wo es sie hinzieht, wo die für sie richtige Kursrichtung langgeht, wo ihr Platz ist und was wirklich »ihr Ding« ist.

Sie können zum einen mit Schlüssel 1 (Innehalten) und Schlüssel 6 (Mini-Focusing) in der Stille gezielt Ihr Inneres befragen, wonach Ihnen ist, was Sie brauchen und was wirklich »Ihrs« ist. Und Sie haben die Möglichkeit, die Ressourcen Ihres inneren Kompasses im Tun, beim Lesen von Büchern und Artikeln, beim Sehen von Filmen, bei der Internetrecherche, an anderen Orten, auf Reisen und in Gesprächen »anzuzapfen« und mit Mini-Focusing (Schlüssel 6) Ihre körperliche innere Resonanz zu bemerken.

Übung: Erkunden, was Sie energetisiert

Bei der Arbeit am Schreibtisch: Beobachten Sie sich selbst, wenn Sie Newsletter oder Artikel lesen oder im Internet recherchieren: Bei welchen Themen horchen Sie auf und werden wacher? Erkunden Sie genauer, was dann in Ihnen vorgeht. Bei welchen Tätigkeiten, Fragen und Personen wird Ihre Aufmerksamkeit gefesselt und steigt von selbst an? Bleiben Sie dann bei Ihrem inneren Gespür. Was erregt Ihre Aufmerksamkeit, von welchen Personen und Tätigkeiten sind Sie fasziniert? Was weckt Ihr Interesse? Schenken Sie dann Ihrem inneren Erleben eine Weile Ihre Aufmerksamkeit und Ihr Interesse.

Wenn Sie auf Reisen sind: Welche Plätze, Orte, Häuser und Institutionen ziehen Sie an? Nehmen Sie sich Zeit und lassen Sie die Orte eine Weile auf sich wirken. Erkunden Sie, was in Ihrem Inneren passiert. Verweilen Sie mit der inneren Resonanz. Welche Biografien und Tätigkeiten von Personen wecken Neid in Ihnen? (Kate White macht darauf aufmerksam, dass Neid wie eine Art Kompass auf die geheimen Sehnsüchte und Wünsche verweisen kann, auf das, was wir auch gern haben oder leben möchten und uns noch nicht bewusst ist [White 1999, S. 28 ff.].) Das ist Ihre Spur. Untersuchen Sie näher, was es genau ist, was Sie berührt und bewegt. Welche Ihrer Sehnsüchte werden geweckt, die gelebt werden möchten? Welche Personen möchten Sie näher kennenlernen, welche Art von Leben, Wohnen und Arbeiten begeistert Sie?

Zusammenfassung

Mit der focusingorientierten Art, sich freundlich-fürsorglich aus der Beobachterposition zu begleiten, können Sie sich darin üben, sich nicht mehr von Anforderungen oder Ihrem inneren Antreiber beherrschen zu lassen, wenn Sie beschäftigt sind. Zusammen mit Schlüssel 1 (Innehalten) können Sie ein Frühwarnsystem installieren und Ihre Grenzen, Signale und Bedürfnisse ebenso wie Ihre inneren Wegweiser leichter bemerken und somit liebevoll für sich sorgen (s. S. 144). Darüber hinaus können Sie gezielt erkunden, was Ihnen wichtig ist und am Herzen liegt. Sie bauen nach und nach eine tiefere Selbstwahrnehmungs- und Selbstsorgekompetenz und Selbstbewusstsein auf. Entscheidend und hilfreich sind hierbei folgende Punkte:

- **Die erkundende Haltung – beobachten statt bewerten:** Wie kleine Kinder neugierig und unvoreingenommen erkunden, was los ist und wie das für Sie ist, ohne etwas zu bewerten und zu verurteilen, sodass Sie Abstand zum Erleben gewinnen und sich nicht in ihm verlieren.
- **Allem erlauben, da zu sein:** Mit offenen Augen und warmem Herzen den unliebsamen Zeitgenossen in sich (Gedanken, Gefühle, Körperemfindungen, Bilder) mit Mitgefühl, Verständnis und Nachsicht begegnen, ihnen erlauben, da zu sein und den Teilen – wie bedürftigen Kindern – Zuwendung schenken und zulächeln, sodass sie sich schnell wandeln.
- **Spürenden Körperkontakt zu sich herstellen** und so Zugang zur Gesamtintelligenz des Organismus bekommen – sich körperlich spürend tiefer wahrnehmen und in sich hineinspüren, was stimmt und was nicht.
- **Achtsam und langsam, eins nach dem anderen den Tätigkeiten nachgehen:** So bemerken und spüren Sie eher, wenn etwas nicht mehr stimmt und Sie aus dem inneren Gleichgewicht kommen.

Die nächsten vier Schlüssel sowie die Kapitel »Frühwarnsystem mit drei Ankern« und »Notfallköfferchen« eröffnen Ihnen weitere Möglichkeiten, wie Sie Frühsignale in Handlungskraft umwandeln können.

Schlüssel 3: Sich mit FreiRaum wirksam entlasten

In diesem Kapitel erfahren Sie:

- neun verschiedene Varianten, wie Sie sich jederzeit mit FreiRaum Erleichterung, Luft und einen lebensbejahenden Abstand verschaffen zu allem, was Sie zu überwältigen droht,
- wie Sie in Kürze den Vollbesitz Ihrer Kräfte wiedererlangen, um Ihre Probleme zum Zeitpunkt Ihrer Wahl leichter und kreativer lösen zu können,
- wie Sie sich mit FreiRaum vom Energiekiller »Erledigenmodus« befreien und vor dem Burnout-Syndrom schützen können,
- wie Sie unterstützt von Atem, lustvollen Bewegungen und/oder Ihrer Vorstellungskraft im Stehen, Sitzen oder Liegen, allein oder im Kontakt zu anderen in wenigen Sekunden oder in 2, 5, 15 oder 20 Minuten inneren FreiRaum und einen wohltuenden Abstand herstellen zu allem, was Sie belastet, und sich an den Problemen vorbei wohlfühlen können,
- zwei längere Versionen, wie Sie darüber hinaus Ihre Aufmerksamkeit gezielt auf etwas lenken können, um sich in fünf bis zehn Minuten zu entspannen und ganzheitlich wohlzufühlen und Zugang zu Ihrem inneren Kompass herzustellen, sodass Sie sogar wertvolle Hinweise zur Lösungsrichtung erhalten können oder zu dem, was lebendig werden und mehr Raum haben möchte,
- wie Sie sich einen stimmigen Abstand zu Ihrem »inneren Kritiker«, »Richter« oder »Antreiber« verschaffen und ihm damit die Macht nehmen,
- wie Sie sich freudvoll von überflüssigem Ballast in Ihrem Leben befreien und so Energie freisetzen, Handlungsspielräume und Klarheit gewinnen können.

»Wenn uns ein Problem stark belastet, sodass wir mit ihm wie zu einem Denkmal verschmelzen, können wir es nicht lösen« Gendlin 2004, S. 95 Das bedeutet: Es fehlt der notwendige Abstand.

Einen lebensbejahenden Abstand finden zu allem, was belastet

FreiRaum ist eine wunderbare Möglichkeit, mit der wir uns jederzeit auf eine einfache, wohltuende Art »Luft« und einen guten Abstand zu allem verschaffen können, was uns im Erleben zu dicht auf »die Pelle« rückt und uns daran hindert, uns auf das zu konzentrieren, was uns wichtig ist, und eine angemessene Lösung zu finden. Professor Dr. Gendlin, der Begründer des Focusing, nennt es auch »Platz schaffen im inneren überfüllten Raum« (Gendlin 2004).

Wir können einen Schritt zurücktreten, bis wir aufatmen können, um uns nicht von einem Problem erdrücken oder überrollen zu lassen und die Zügel in der Hand zu behalten. Das ist nicht damit zu verwechseln, dass wir vor den Problemen fliehen. Im Gegenteil, wir erlauben uns, uns einen Moment wohlzufühlen und wieder Zugang zu allen unseren Ressourcen zu bekommen, um mit ihnen im Anschluss oder auch später besser fertigzuwerden. Mit FreiRaum können wir innerhalb weniger Sekunden wieder einen Zugang zu allen unseren Kräften bekommen und im Vollbesitz unserer Fähigkeiten die Aufgabe oder Situation leichter bewältigen.

Wann immer uns ein Problem, Gedanke, Gefühl oder eine körperliche Empfindung zu beherrschen droht, halten wir einen Moment inne und sorgen für FreiRaum, um uns zu entlasten und wieder Herr beziehungsweise Frau der Situation zu werden. Das ist sogar möglich während einer beruflichen Herausforderung, zum Beispiel bei einem Vortrag, während eines Seminar oder in einem Beratungsgespräch.

Die schnellste und einfachste FreiRaum-Übung ist die »Entlastungsatmung«, die sich in vielen Seminaren und Coachings bewährt hat. Sie können Sie jederzeit durchführen, in wenigen Sekunden, allein oder auch in stressigen Situationen in Beratungen, Gesprächen oder Gruppen, im Job ebenso wie im Privatleben.

Entlastungsatmung (15–90 Sekunden)

Atmen Sie durch die Nase ein und durch den halb geschlossenen Mund wieder aus. Beobachten Sie achtsam den Strom der Ein- und Ausatmung und beschäftigen Sie den Verstand, indem Sie sich innerlich sagen: »Einatmend nehme ich frische, positive Lebensenergie in mich auf ... (und was immer Sie gerade brauchen: Vertrauen oder Zuversicht ...). Ausatmend lasse ich alle Anspannung (oder Müdigkeit, ...), alles Belastende (belastende Gedanken, Gefühle, alles Negative, Verbrauchte, alle Sorgen ...) aus meinem Körper weichen.«

Diesen Satz sagen Sie sich innerlich so lange wie ein Mantra, bis sich Ihre Ausatmung verlängert und Ihr Atem beruhigt hat und auch Ihr Geist und Gemüt zur Ruhe gekommen sind. Sie können die Sätze so abändern, wie es für Sie gerade passend ist. Lassen Sie die Übung noch ein wenig nachklingen und spüren Sie in Ihren Körper hinein, was sich vielleicht in Ihnen verändert hat und wie Sie sich jetzt fühlen.

Wenn Sie sehr aufgewühlt und rastlos sind, Energie aufgestaut haben und nicht ruhig sitzen können, kann es für Sie passender sein, Ihre im Körper aufgestaute negative Energie und alles Bedrückende (negative Gedanken, Ärger, Wut, Verzweiflung, Hilflosigkeit, Müdigkeit, Anspannung oder anderes) im wahrsten Sinne des Wortes abzuschütteln oder herauszuschütteln. Das geht natürlich am besten, wenn Sie allein und in Privaträumen sind. Während der Arbeit, bei Besprechungen und in Seminaren kann man sich damit behelfen, in Pausen innerhalb oder außerhalb des Gebäudes einen ungestörten Platz oder eine Toilette aufzusuchen, um sich vor den unliebsamen Blicken von Zuschauern zu schützen.

Entlastungsschütteln (90 Sekunden)

Stellen Sie sich locker und stabil hin, durchlässig in den Knien. Schütteln Sie locker und unangestrengt Ihre belastenden Gedanken und Gefühle aus Ihrem Körper heraus, mit Bewegungen der Arme und Beine, die Ihnen guttun und Spaß machen, ohne sich anzustrengen. Lassen Sie Ihren Atem fließen, am besten mit halb offenem Mund ... Überlassen Sie Ihrem Körper die Regie. Bleiben Sie locker in den Knien, schütteln Sie Hände, ganze Arme und Beine aus.
Noch wirkungsvoller kann es sein, wenn Sie Ihren Verstand zusätzlich beschäftigen und sich vorstellen, was Sie herausschütteln, und sich das innerlich lautlos sagen: »Ich schüttle alle Anspannung, Müdigkeit, Stress, alle Sorgen und/oder allen Ärger (alles Aufgestaute) oder ... aus meinem Körper heraus«. Wenn Sie die Übung zu Hause durchführen, kann flotte Musik unterstützend wirken. Sie können auch bei dieser Übung die Sätze so abändern, wie es in dieser Situation für Sie stimmig ist.
Vielleicht möchte Ihr Körper lieber hüpfen ... Folgen Sie den Impulsen Ihres Körpers und lassen Sie dabei Ihre aufgestaute Energie und Belastendes aus Ihrem Körper weichen ... Schließen Sie Ihre Augen zum Abschluss dieser Übung und lassen Sie sie einen Moment nachklingen. Nehmen Sie sich in Ruhe im Stand wahr und spüren Sie in sich hinein: Was bemerken Sie jetzt an sich (Körperempfindungen, Atem, Gedanken, Gefühle)? ... Wie stehen Sie jetzt da? ... Wie fühlen Sie sich jetzt?

Übung: Achtsam gehen – sich selbst spürend

Manchmal kann es auch schon helfen, räumlichen Abstand zum belastenden Ort des Geschehens herzustellen und bewusst zu gehen – in der Gangart und dem Tempo, das Ihnen guttut. Um sich FreiRaum zu verschaffen, lenken Sie Ihre ganze Aufmerksamkeit auf Ihre Füße. Wenn Sie mit Ihrer ganzen Achtsamkeit bei Ihren Fußsohlen bleiben und das Abrollen der Fußsohlen am Boden bei jedem Schritt wahrnehmen,

können Sie Ihren Kopf freibekommen. Mit dem langsamen, achtsamen Gehen können Sie Ihren Atem, Ihren Körper, Ihre Gedanken und Gefühle beruhigen und wieder zu sich kommen.
Sie können sich zusätzlich durch bewusstes Atmen unterstützen, indem Sie Ihren Atem und Gang in Einklang bringen. Gehen Sie beispielsweise beim Einatmen drei Schritte und beim Ausatmen drei oder vier Schritte und zählen lautlos mit. Dadurch ist der Verstand zusätzlich beschäftigt, und es kann leichter fallen, den Gedanken- und Gefühlsstrom zur Ruhe kommen zu lassen.
Sollten Sie innerlich so aufgewühlt sein, dass es Sie eher nach schnellerer Bewegung drängt, können Sie Ihr Tempo auch steigern und dabei Ihre Achtsamkeit auf die Gesamtbewegung Ihres Körpers lenken.
Das Geheimnis des Erfolgs liegt darin, dass Sie sich ganz fokussieren auf das Spüren Ihres Körpers und seiner Bewegungen. Beim schnelleren Gehen, beim Walken oder Joggen gelingt es mir persönlich am leichtesten, die Bewegungen des Körpers als Ganzes quasi von innen spürend wahrzunehmen, ohne mich in einzelne Details zu verlieren.

Variante: Lustvoll Energie freisetzen – Belastendes clownesk wegschieben, wegtreten, wegatmen

Wenn Sie allein und ohne Publikum sind, können Sie sich auch dadurch wirkungsvoll entlasten und sich Luft, FreiRaum und Lust verschaffen, indem Sie die Bewegungen von Selbstverteidigern imitieren (und clownesk übertreiben), so wie es Ihnen Freude bereitet.
Finden Sie breitbeinig einen guten, festen Stand und bleiben Sie durchlässig (beweglich, nicht starr) in den Knien. Experimentieren Sie mit unterschiedlichen kräftigen Bewegungen der Arme oder Beine, indem Sie kurz ausholen und blitzschnell kräftig und unangestrengt mit einem waagerechten, senkrechten oder diagonalen »Schlag« die Luft »durchschneiden«, dabei hörbar ausatmen und Ihre Belastungen von sich »wegschieben« – mit Unterarmen, Fäusten oder flachen Händen oder mit einem Bein wegtreten – leicht geschmeidig und freudvoll – auf keinen Fall »bierernst«. Und dabei den Atem fließen lassen.
Unterstützend ist es, wenn Sie es mögen und sich trauen, dabei mit Ton (hhh…, sch… oder fff…) kräftig auszuatmen (wie Selbstverteidiger) und auch in der Vorstellung all das, was Sie innerlich belastet und davon abhält, sich ganz wohl zu fühlen, herauszuatmen, herauszuzischen, wegzuschieben und/oder wegzutreten – unangestrengt, leicht, intelligent und lustvoll wie bei verschiedenen Selbstverteidigungstechniken – und wenn es Spaß macht, durchaus clownesk zu übertreiben.

Das, was mich an der Clownerie so fasziniert und begeistert, ist, dass wir als Clowns alle Gefühle zeigen und all das machen dürfen und »sollen«, was wir uns im ganz normalen Erwachsenenalltag verkneifen: Jammern, Zetern, Wüten, Schwäche und Hilflosigkeit zeigen, Dummheit, Fehler, Scheitern, Unfug, Scham, Verzweiflung und Weinen … All das dürfen Sie als Clown oder Clownin sogar lustvoll übertreiben. Das tut nicht nur der Seele gut, sondern entlastet und setzt enorm viel Energie frei.

Wenn Sie starke Emotionen wie Verzweiflung, Wut, Nichtweiterwissen oder Angst empfinden, experimentieren Sie damit, diese Gefühle unter Einsatz von Körpersprache zu zeigen, indem Sie sie genussvoll und clownesk übertreiben. Das heißt: Gehen Sie umher und bringen Sie Ihre Gefühle unter starkem Einsatz von Mimik, Gestik und Körperbewegungen zum Ausdruck – mit Tönen, Gejammer und theatralischen Gesten und einer Mimik, die zu Ihren Gefühlen passen und Ihnen Spaß bereiten. Hören Sie sofort auf, wenn die Luft raus und die Freude vorbei sind. Meist fühlen wir uns dann schon wieder gut, haben Kraft gewonnen und zu unseren erwachsenen Stärken zurückgefunden.

Diese Übung leite ich auch in Seminaren mit Grundschullehrenden und Menschen an, die in Kitas arbeiten, da sie diese Übung hervorragend zum Abbau von Stress, Spannung und Unruhe mit Kindern durchführen können. Kinder sind oft ungehemmter als Erwachsene und mit großer Freude dabei.

Leichter arbeiten statt erledigen und erledigt werden

FreiRaum schützt darüber hinaus vor dem Burnout-Syndrom, das entsteht, wenn wir mehr als die Hälfte unserer Tätigkeiten ohne einen freien inneren Raum, ohne Freude und Sinngebung erledigen. »Wer seine Arbeit erledigt, erledigt sich selbst« (Renn 2006, S. 131). Wie können wir aus dem Hamsterrad und dem »Erledigenmodus« aussteigen?

Die nächsten zwei Übungen helfen, aus dem FreiRaum heraus in den Arbeitstag zu starten und in Kürze den FreiRaum wiederherzustellen, wenn er uns während der Arbeit abhanden gekommen ist, auch im Kontakt mit anderen Menschen. Es geht darum, einen stimmigen Abstand zu den »Gegenständen« herzustellen, die wir bearbeiten – im Kontakt mit ihnen, aber nicht so nah, dass wir den Überblick und den Vollbesitz unserer Kräfte verlieren:

FreiRaum-Übung zum Start in den Arbeitsalltag

Beginnen Sie am Morgen Ihren Arbeitstag mit einer FreiRaum-Übung, um die für Sie stimmigen Prioritäten aus einem guten Abstand heraus leichter, innerlich klar und unangestrengt anzugehen.
Ich schaue mir beispielsweise meinen Tischkalender mit den Terminen des Tages (beziehungsweise der Woche) an, sichte die Projekte und Aufgaben auf meinem Schreibtisch, die ich in Klarsichtfolien sortiere und räume gegebenenfalls meinen Schreibtisch frei, um im Außen für FreiRaum und Überblick zu sorgen.
Dann mache ich es meinem Körper gemütlich, schließe meine Augen, spüre die Auflageflächen meines Körpers auf dem Boden und dem Sitz, nehme meinen Atem wahr, … bis ich mich körperlich spüre und Kontakt zu mir habe … Dann »streife« ich vor meinem inneren Auge die anstehenden Termine und Aufgaben plus alle unliebsamen »Zeitgenossen« und »Baustellen« in mir, ohne ins Detail zu gehen, und stelle sie allesamt heraus aus meinem Körper, neben mich oder in so einem großen Abstand auf, bis ich spüre, dass ich erleichtert aufatme … Ich erlaube mir, mich einen Moment wohl zu fühlen und innerlich frei zu sein von allem, was ansteht und zu bewältigen ist, sodass ich aufatmen und mir die »Dinge« aus einem guten Abstand in Ruhe anschauen kann. So habe ich Zugang zur Gesamtintelligenz meines Organismus und sehe klarer, was dran ist.

FreiRaum im Stehen (90 Sekunden – 5 Minuten)

Diese Übung können Sie gut in wenigen Minuten während des Arbeitstages durchführen, wenn Ihnen die Dinge über den Kopf wachsen oder Sie zu überwältigen drohen. Sie können sich damit entlasten und aus einem guten Abstand im Vollbesitz Ihrer Fähigkeiten Ihre Arbeit leichter bewältigen. Sie können sie im Stehen oder auch im Sitzen durchführen.
Stellen Sie sich aufrecht hin, in den Knien durchlässig, und lassen Sie den Körper und die Arme locker. Finden Sie einen guten, stabilen und möglichst entspannten Stand. Nehmen Sie den Boden mittels Ihrer Füße wahr. Spüren Sie den Kontakt Ihrer Fußsohlen mit dem Boden und geben Sie das ganze Gewicht Ihres Körpers an den Boden ab. Atmen Sie tief und locker mit halb offenem Mund aus und warten Sie ab, bis Ihre Einatmung von allein kommt … Bleiben Sie mit Ihrer Achtsamkeit in den Füßen.
Stellen Sie sich vor Ihrem inneren Auge eine weite, wunderbare Landschaft vor, die Ihrer Stimmung gerade antspricht, sei es eine weite Wiesen- und Feldlandschaft, am Meer oder in den Bergen oder einen Sternenhimmel.
Dann atmen Sie alles, was Sie belastet in die Weite der Naturlandschaft aus und geben Ihre Probleme an diese Naturlandschaft, an das Große und Ganze oder das Universum ab. Die Natur und das Universum können alles aufnehmen. Wenn Sie möch-

ten, atmen Sie hörbar aus mit Ton, so lange, bis Sie all Ihre »Baustellen«, Sorgen und Probleme ausgeatmet und abgegeben haben. (90 Sekunden – 5 Minuten)
Erlauben Sie sich, sich einen Moment ganz wohl zu fühlen, und erkunden Sie neugierig, wie Sie sich jetzt von innen her fühlen. Vielleicht bemerken Sie, was sich in Ihnen verändert hat im Körper, im inneren Erlebensraum – welche Gedanken, Empfindungen oder Bilder jetzt kommen. Nehmen Sie sich Zeit dafür.
Wenn Sie möchten, können Sie sich in Richtung Körpermitte fragen und diese Frage eine Weile in sich wirken lassen: Wonach ist mir jetzt? Oder: Was wäre jetzt gut? Warten Sie einige Momente, bis eine vage Idee, eine Ahnung oder ein Handlungsimpuls von innen aufsteigt. (nach: Klaus Renn, Deutsches Ausbildungsinstitut für Focusing)

Wenn Sie FreiRaum im inneren überfüllten Raum hergestellt haben, sodass Sie wieder aufatmen können, haben Sie meist die Wahl zu entscheiden, ob Sie sich jetzt oder später diesem Problem widmen.

Um sich nach der Arbeit oder vor dem Einschlafen FreiRaum von den Sorgen des Alltags zu verschaffen, hat sich folgende ungefähr 15-minütige Übung bei den Frauen und Männern in meinen Kursen oder Coachings sehr bewährt. Sie können diese Übung im Liegen oder auch im Sitzen durchführen. Ganz wie Sie möchten.

Übung: Wohlfühlort im Körper (etwa 10–15 Minuten)

Suchen Sie sich einen guten Platz, an dem Sie sich wohl fühlen. Finden Sie eine entspannte Liege- oder Sitzposition. Erlauben Sie Ihrem Körper, es sich so gemütlich wie möglich zu machen … Schließen Sie die Augen, wenn es angenehm für Sie ist. Vielleicht tut es gut, Ihrer Wirbelsäule zu gestatten, sich wie von selbst zu bewegen, um eine entspanntere Haltung zu finden. Schenken Sie Ihrem Körper Ihre ganze wohlwollende Aufmerksamkeit und erlauben Sie sich eine kleine Pause vom Getriebe des Alltags … Spüren Sie, wo Ihr Körper aufliegt … Vielleicht können Sie Ihrer Muskulatur erlauben, alle überflüssige Anspannung loszulassen …
Nehmen Sie Ihren Atemstrom wahr und lassen Sie ihn frei fließen … Es muss nichts getan und nichts verändert werden … Fragen Sie sich: Wo fühlt es sich jetzt in meinem Körper am wohlsten und angenehmsten an? Lassen Sie sich Zeit … Vielleicht zieht es Sie direkt irgendwohin …
Manchmal dauert es auch eine Zeitlang. Dann ist es gut, langsam, offen und unvoreingenommen den Körper von den Füßen her aufwärts zu durchwandern auf der Suche nach einer Stelle, wo es Sie hinzieht und wo es sich am wohlsten oder

am wenigsten unangenehm anfühlt … Nehmen Sie sich Zeit und lassen Sie alle Orte an sich vorbeiziehen, die sich nicht so angenehm anfühlen … Es können auch ungewöhnliche Stellen sein: in den Füßen, in der Wade, in der Kniekehle, in der Achselhöhle oder im Mundraum.
Lassen Sie sich Zeit … Die Stelle muss nicht zu 100 Prozent angenehm sein, sie kann sich auch überwiegend angenehm anfühlen … Wenn Sie zwei Stellen finden, entscheiden Sie sich für eine … Wenn Sie angekommen sind, erkunden Sie mit warmen Augen die wohlige Qualität dieses Orts mit allen Sinnen. Erlauben Sie sich, sich einen Moment ganz wohl zu fühlen … Richten Sie Ihre ganze Aufmerksamkeit auf die angenehmen oder überwiegend angenehmen Gefühle und lassen Sie sie eine Weile auf sich wirken … Sie können sich auch an diesem Ort niederlassen und es sich gemütlich machen …
Vielleicht tauchen einige Worte auf, die zu Ihren Gefühlen passen? Beispielsweise: warm, weich oder kribbelig-lebendig? … Bleiben Sie bei den angenehmen Empfindungen … und achten Sie darauf, ob dazu auch Bilder oder Körperimpulse in Ihnen aufsteigen.
Sie können sich fragen: Wie ist die Stimmung oder die Atmosphäre dort? … Oder: Was ist das Beste an diesem Ort? … Genießen Sie das Gefühl … Sie brauchen nichts zu tun … Vielleicht können Sie das angenehme Gefühl auch auf den ganzen Körper ausbreiten lassen … Fragen Sie sich: Was habe ich Neues in mir entdeckt? … Kommen Sie ganz langsam, in Ihrem Tempo, zu sich und in den Raum zurück.

Ein guter Ort trägt die Lösung(srichtung) in sich

Nach der letzten Übung können Sie sich abschließend fragen: Was hat die besondere Wohlfühlqualität meines Ortes im Körper mit meinem gegenwärtigen Leben zu tun? Macht das Sinn für mein Leben jetzt? Meist verweisen die Worte und Bilder, die auftauchen, auf die »richtige« Richtung, auf Elemente, die uns einer Lösung unserer Probleme näherbringen oder auf das, was mehr Raum braucht in unserem Leben.

Wenn wir uns darin üben, eine angenehme Stelle in unserem Körper aufzusuchen, können wir auch in Stresssituationen, beispielsweise während Vorträgen oder Seminaren, in Sekundenschnelle unseren Wohlfühlort im Körper aufsuchen und uns dort verankern und stabilisieren.

Klarheit, Raum und Wohlbefinden schaffen durch »Päckchen« packen und herausstellen

Mit der Übung »Päckchen packen« können Sie sowohl Klarheit über und Abstand von Ihren aktuell wichtigsten »Baustellen« und Problemen gewinnen als auch ein Gespür dafür bekommen, wie es sich anfühlen würde, wenn Letztere gelöst wären. Und sich damit einige wunderbare Momente gönnen, sich an Ihren Problemen vorbei einfach nur wohlzufühlen und eine Ahnung davon zu empfinden, wie sich Ihr Leben anfühlte, wenn Sie mit Ihrem Leben zufrieden wären. Sie können sich einen guten Platz suchen und es Ihrem Körper im Sitzen oder Liegen gemütlich machen.

Übung: Päckchen packen (15–20 Minuten)

Sie sind eingeladen, sich einen Platz zu suchen, an dem Sie sich wohlfühlen ... Erlauben Sie Ihrem Körper, wie Sie es bereits kennen, es sich so gemütlich wie möglich zu machen ... Nehmen Sie Ihren Körper wohlwollend spürend wahr, dann Ihren Atem ... Lassen Sie dann einen Satz in Richtung Körpermitte fallen und eine Weile in sich wirken: »Ich fühle mich im Ganzen wohl«, »Mein Leben ist wunderbar, wie es jetzt ist.« Gehen Sie mit Ihrer Aufmerksamkeit in Ihren Brust-Bauch-Raum hinein ... Warten Sie, was dieser Satz in Ihnen auslöst. Bei den allermeisten Menschen melden sich ein paar kleine und größere Dinge in Form eines unbehaglichen Empfindens im Körperinneren ... Wo genau spüren Sie es? ... Fragen Sie sich: Was steht dem entgegen? Womit hat das zu tun? ... Sie brauchen jetzt nicht daran zu arbeiten ... Benennen Sie das Erste, was auftaucht, vage, und finden Sie ein Etikett oder eine Überschrift dafür: »Alles über das Problem ...« Packen Sie es in ein Paket ein, schnüren dieses gut zu und stellen Sie es nach außen, außerhalb Ihres Körpers. Suchen Sie den richtigen Abstand ... Finden Sie einen guten Platz neben sich oder so weit im Raum vor sich oder schicken Sie es nach draußen außerhalb des Raums, des Orts oder Landes, bis Sie aufatmen können. Dann haben Sie den richtigen Abstand gefunden ...
Stellen Sie Richtung Körpermitte die Frage: Wie würde es sich anfühlen, wenn dieses Problem irgendwie gelöst wäre? Sie müssen nicht wissen, wie es gelöst würde ... Lassen Sie sich eine Weile Zeit zu spüren, wie sich Atem, Stimmung, Gedanken oder Ihre Körperhaltung verändern ... Erlauben Sie sich, einen Geschmack davon zu bekommen, wie es sich anfühlen würde, ohne zu wissen wie, und es einen Moment zu genießen und diese Erfahrung sich in Ihnen ausbreiten zu lassen ...
Wiederholen Sie die Übung drei- bis viermal, bis Sie spüren: Jetzt ist es genug. Lassen Sie das Erlebte einen Moment nachklingen, ohne etwas zu tun. Sie können sich innerlich fragen: Was ist neu, was ich über mich erfahren habe? Was ist das Wichtigste?

Beispiel: Eine Selbstständige aus einer meiner Gruppen meldete nach der dritten Erfahrung begeistert, dass sie sich noch Tage danach wie befreit und wie »im Urlaub« gefühlt hätte. Sie schrieb: »Ich konnte mir durch die Übung gestern soviel Freiraum schaffen, dass mein Kopf jetzt wieder frei ist. Ich hatte(!) die ganze Woche Kopfschmerzen vor lauter Arbeit und Sorge, wie ich das Finanzielle in den Griff bekomme. Ich bin heute viel entspannter und zuversichtlich, ›nur‹ durch diese kurze Pause …

Vielleicht denken Sie beim ersten Mal, dass diese Übung bei Ihnen nicht fruchtet. Bleiben Sie dran und erfahren Sie, wie die Übung hilft.

Variante: In wenigen Sekunden ein Problem herausstellen

Sie können vor einem Vortrag, in einer schwierigen Situation oder einem Seminar Ihre aktuellen Probleme in Sekunden »heraus-« und neben sich »abstellen«. Auch während eines Coachings, wenn meine Gedanken abschweifen, stelle ich diese in Sekunden neben mich und kann meinem Klienten wieder meine volle Aufmerksamkeit schenken. Wenn Ihnen das »Neben-sich-Abstellen« zu dicht ist, können Sie Ihre »Baustellen« auch weiter weg im Raum in ein Gefäß füllen, hinter der Tür oder weiter weg »herausstellen«, bis der Abstand so groß ist, dass Sie erleichtert aufatmen.

Am einfachsten und wirkungsvollsten, überall einsetzbar: Partialisieren – ein Teil in mir

In meiner Praxis hat sich bei den teilnehmenden Frauen und Männern das »Partialisieren« (neben der Entlastungsatmung) als einfachstes und wirksamstes Instrument in allen Lebenssituationen erwiesen, das »nur« Wachheit und keine zusätzliche Zeit beansprucht und das Leben erstaunlich erleichtert. Ob Sie sich am Schreibtisch, beim Vortrag, in einer Gruppensituation oder in einem Beratungsgespräch befinden oder sich schlaflos im Bett von einer Seite zur anderen wälzen: Sobald Sie bemerken, dass negative Gedanken, Gefühle oder innere Bilder sie herunterziehen oder zu überfluten drohen und Sie daran hindern, klar zu denken und zu handeln, können Sie sich Folgendes sagen: »Aha, da ist jetzt etwas Unangenehmes (Negatives) in mir. Ein Teil in mir fühlt etwas Negatives«. Indem Sie den quälenden Gedanken(strom), das lästige Gefühl oder die Katastrophenfantasie zu einem Teil oder einem »Etwas« machen, bringen Sie sich in eine bewusste Beobachterposition und die unangenehmen Empfindungen auf Abstand, sodass Sie etwas aufatmen können. Wenn Sie bemerken, dass Ärger in Ihnen aufsteigt, können Sie sich sagen. »Aha, da ist Ärger in mir« oder: »Aha, da ist etwas in mir ärgerlich« oder: »Ein Teil in mir ist ärgerlich«. Sie werden sich bewusst, dass Sie mehr sind als die auftauchenden Empfindungen, und lassen sich nicht von diesen belastenden Teilen beherrschen und in professionellen Situationen zu unprofessionellem »Kurzschlussverhalten« hinreißen.

Das Partialisieren hilft auch bei Übungen des Innehaltens (Schlüssel 1), der Körperwahrnehmung oder Entspannung, sich nicht von unangenehmen Empfindungen, Gedanken oder Störgeräuschen wegtragen zu lassen, sich darauf fixieren oder davon herunterziehen zu lassen.

So geht es manchen Menschen in meiner Arbeit bei Innehalten-, und Körperwahrnehmungsübungen so, dass sie in der anschließenden Reflexionsrunde nur von einer unangenehmen Empfindung berichten, von der sie sich beherrschen lassen: Sei es, dass sie in dieser Situation unruhige Gedanken, Rückenschmerzen, Erschöpfung, Brennen in ihren Füßen oder eine Anspannung im Schulter-Nacken-Bereich spüren und sich auf den einen, als unangenehm und negativ empfundenen Teil fixieren. Wenn ich nachfrage, stellt sich meist heraus, dass auch viele andere, angenehme Empfindungen auftauchten. Vorherrschend war, dass sie die unangenehme Empfindung weghaben wollten. Sie sind oft erstaunt, wie schnell sich ihre getrübte Stimmung positiv verändert, wenn sie diese kleine negative Erfahrung zu einem Teil machen und dieser erlauben können, da zu sein (Schlüssel 4), und vielleicht sogar diesem leidenden oder bedürftigen Teil in sich zulächeln können, wie wir es auch bei einem verletzten Kind tun.

Sie können erkunden, wie es Ihr Erleben verändert und vielleicht positiv beeinflusst, wenn Sie sich beispielsweise Zeit für folgende Übung nehmen:

Übung: Partialisieren

Machen Sie es sich auf Ihrem Sitz gemütlich. Schließen Sie Ihre Augen, wenn es angenehm für Sie ist ... Lassen Sie alle überflüssige Anspannung aus Ihrem Körper weichen und Ihren Atem frei fließen ...
Schenken Sie zunächst Ihren Körperempfindungen Ihre ganze Aufmerksamkeit. Sie können von den Füßen an durch Ihren Körper spazieren ... Nehmen Sie wohlwollend wahr, was Sie im Körper spüren, und machen Sie jede Empfindung zu einem »Etwas« oder einem Teil: »Ein Teil in mir fühlt sich kalt oder angespannt an ... Etwas in mir fühlt einen Spannungskopfschmerz ... Ein Teil in mir kribbelt.«

Erlauben Sie allen Gefühlen, da zu sein, und erkunden Sie, was sich noch in Ihnen zeigt. Welche Gedanken kommen Ihnen? Machen Sie auch diese zu einem Teil. Wenn Stimmungen auftauchen, sagen Sie sich ebenfalls: »Ein Teil in mir fühlt sich niedergeschlagen« oder: »Ein Teil in mir fühlt sich gelangweilt oder unzufrieden«.
Lassen Sie sich dabei etwas Zeit, alles wahrzunehmen, was sich in Ihnen bemerkbar macht, stellen Sie ein »Etwas« voran und geben Sie diesem ein Etikett oder eine Überschrift, wie zum Beispiel »traurig« oder »langweilig«.
Nehmen Sie dabei auch wahr, was sich in Ihnen verändert, indem Sie alles zu einem Teil machen. Sie können sich bewusst machen, dass Sie viel mehr sind als die vorbeiziehenden Gedanken, Gefühle und Körperempfindungen, die sich dann meist schnell wieder verändern.
Zum Schluss können Sie sich fragen: »Was war Neues an dieser Erfahrung? Was hat sich in mir verändert? Was ist das Wichtigste, das ich mitnehmen möchte?«

Dem inneren Kritiker, Richter oder Antreiber freundlich und bestimmt die Macht nehmen

Was uns häufig am meisten die Freude am Leben, an Entspannung oder neuen, reizvollen Erfahrungen stiehlt, sind die inneren kritischen Teile in uns, die sich in unterschiedlichste Gewänder hüllen, uns ausbremsen und dabei gar nicht so leicht identifizierbar sind. Mal zeigen sie sich im Gewand des schlechten Gewissens, wenn wir uns einen Moment erholen: »Lass dich nicht hängen. Sei nicht so faul … Musst du dich nicht noch um … kümmern?«

Mal machen sie uns fertig, wenn uns etwas nicht glückt, wenn wir etwas »verbaseln« oder vergessen: »Hast du das schon wieder in den Sand gesetzt … Kannst du nicht besser aufpassen. Immer muss dir das passieren …« Mal treiben sie uns an, wenn etwas nicht schnell genug geht. Mal zeigen sie sich im schwarzscherischen Gewand und vermiesen uns die Stimmung und unsere zarten Versuche, wenn wir etwas Neues wagen: »Das kannst du nicht. Das geht sowieso in die Hose … Du bist viel zu alt … Was glaubst du denn, wer du bist? … Wie siehst du denn aus? … Was maßt du dir eigentlich an?«

Beispiel: Worunter viele Menschen in meinen Kursen leiden: »Ich kann mich nicht fallen lassen. Sobald ich innehalte und nichts tue, meldet sich in mir eine Stimme: ›Lass dich nicht hängen. Sei nicht egoistisch. Jetzt krieg mal den Hintern hoch‹.«

Bei neuen Erlebnissen mit Innehalten, FreiRaum und Focusing melden sich innere kritische Teile zum Beispiel mit: »Das geht nicht ...«, »Das kannst du nicht ...«, »Das bringt doch nichts ...«, »Du müsstest ...«, »Du solltest besser ...«.

Die Frauen und Männer in meinen Coachings und Gruppen – oft völlig erschöpft, überfordert und verzweifelt – scheinen nicht selten am massivsten unter ihren inneren kritischen Teilen zu leiden, die in ihrem Alltag viel Raum einnehmen, von denen sie sich belästigt und beeinträchtigt fühlen und fälschlicherweise dem Glauben schenken, was sie sagen. Meist setzen sie sich so unter Druck, sofort Entscheidungen treffen zu »müssen«, sofort die *eine* Lösung finden zu »müssen«, sofort wissen zu »müssen«, wo es für sie weiter langgeht. Ich erlebe viele so angespannt und unter Strom, so beherrscht von Angst, die unter oder hinter den kritischen Stimmen »hockt« und so unter Druck, dass sie aus dem Nonstop-Tun kaum herauskommen. Was hilft?

- **Erkennen und identifizieren:** Die Stimmen sind unfreundlich und »wenig charmant«, eher streng, unduldsam, verurteilend, abwertend und attackierend. Sie treiben uns an und machen uns meist »runter«. Sie belehren und benutzen eine vorschreibende Sprache (»Ich sollte ...«, »Ich müsste ...«) und herabwürdigende Worte wie »weinerlich«, »dumm«, »unzulänglich«.
- **Nicht alles glauben:** Nicht auf die Inhalte hören, die falsch sind, und ihnen keinen Glauben schenken.
- **Sie sofort zu einem Teil machen:** »Ein Teil in mir denkt: Ich bin blöd«, um Abstand zu gewinnen und das Steuer in der Hand zu behalten.
- **Dem Teil erlauben, da zu sein (keinesfalls bekämpfen!), sich freundlich bei ihm bedanken:** »Du hast hart für mich gearbeitet und dich sehr angestrengt in den letzten Jahrzehnten, um mich zu beschützen.«
- **Freundlich und bestimmt in die Pause oder in den Urlaub schicken:** »Jetzt darfst du dir eine Kaffeepause oder einen Kurzurlaub gönnen. Ich versuche jetzt einmal etwas anderes.«
- **Bewusst machen, dass die kritischen Stimmen vor etwas schützen wollen:** Machen Sie sich klar, dass die inneren kritischen Teile Sie beschützen wollen – mit Kontrolle und denkbar untauglichen Mitteln, die verunsichern –, und im Allgemeinen eine (alte) Angst dahintersteht. Meist sind

es verinnerlichte Eltern- oder Lehrerstimmen aus unserer Kindheit. Manchmal kommen sie auch in neuen, »heiligen« oder »vernünftigen« Gewändern daher, wenn uns neue Lehren überzeugen oder begeistern: »Du solltest dich liebevoll annehmen«, »Du solltest keinen Alkohol trinken«, »Warst du schon wieder nicht achtsam?« (Weiterführende Informationen bei Cornell 2008, S. 2 ff. und Kersig 2009, S. 104 ff.)

FreiRaum im Außen schaffen – erstaunliche Energie freisetzen

»Es gibt ein metaphysisches Gesetz, das besagt: Wenn wir mehr Lebensfülle in unserem Leben haben wollen, müssen wir ein Vakuum schaffen, um das Gute, das wir brauchen, einzuladen«. Irmtraud Tarr (In: Hartlieb 2007, S. 20).

Wenn nicht nur unsere Festplatte im Kopf, sondern auch unser Terminkalender, unser Büro und vielleicht unser Leben überhaupt viel zu voll sind von überflüssigem Ballast, Ungeordnetem und »Dingen«, die nerven, kann uns das die Luft zum Atmen, die Lust zum Handeln und unsere Lebensfreude überhaupt nehmen. Wir wissen nicht, wo wir eigentlich anfangen sollen. Wir haben den Überblick für das Wesentliche und den Raum für Nährendes verloren.

Die gute Nachricht lautet, dass erstaunlich viel Energie freigesetzt werden kann, wenn wir unser Leben entrümpeln, auch wenn es nur an einer winzigen Stelle geschieht. Wenn wir aufräumen und das ausmisten, was nervt, belastet und Energie raubt, das, was wir nicht lieben und nicht wirklich brauchen: das Zuviel ebenso wie das Durcheinander, der überflüssige Krempel, unsere Altlasten und lästigen Pflichten. Wenn Sie jetzt abwinken und meinen, dazu fehle Ihnen die Zeit, kann ich Ihnen aus eigener Erfahrung versichern: Schon wenige Minuten Entrümpeln können befreiend wirken, Kraft spenden und Handlungsspielräume eröffnen. Und so paradox es klingen mag: Gerade wenn Ihnen alles zu viel ist, wenn Sie irgendwie »feststecken« oder wenn Sie »geladen« sind und meinen, vor Wut platzen zu können, ist ein optimaler Zeitpunkt, sich an einer kleinen Stelle Ihres Lebens von etwas Ballast oder etwas, das Sie nervt und überlastet, zu befreien. Ihre aufgeladene, negative Energie wird freigesetzt und produktiv in positive Bahnen gelenkt. Sie werden sich wundern, wie befreiend und wohltuend Sie sich nach dieser kleinen Aktion fühlen.

Doch bitte beachten Sie auch hierbei: Übernehmen Sie sich auf keinen Fall. Beginnen Sie an einer kleinen, überschaubaren Ecke oder Stelle in Ihrem Leben, wo Sie schnell ein Erfolgserlebnis haben. Entsorgen, »verschieben« oder ordnen Sie eine begrenzte Anzahl von nervenden Gegenständen, belastenden Terminen oder Verpflichtungen, die in kurzer Zeit Erleichterung verschaffen. Hören Sie auf damit, wenn Ihre Freude daran nachlässt.

Sie haben eine Fülle von Ansatzpunkten, sich in allen Lebensbereichen zu entlasten und damit Ihre Gesamtbelastungen zu reduzieren und für äußeren FreiRaum zu sorgen.

- Wenn Sie ein Chaos in Ihrem Kopf haben, können Sie an einer kleinen, überschaubaren Stelle in Ihrem Büro, im Flur, im Bad oder in der Küche anfangen, das, was Sie am meisten nervt und am wenigsten Zeit beansprucht, auszumisten, aufzuräumen und freien Platz zu schaffen. In Ruhe und in wohl portionierten, kleinen Einheiten, nur so lange, wie es Ihre Motivation und Freude erlauben. Das spendet Energie und hebt Ihre Stimmung, da Sie in kurzer Zeit ein Ergebnis sehen. Es schafft Überblick, innerlich Klarheit und Raum für Inspiration. Probieren Sie es aus.
- Ich habe erstaunlich positive Erfahrungen damit gemacht, täglich »mehr nebenbei« kurz auszumisten: Wenn ich in der Arbeit feststecke und meiner angestauten Energie Raum gebe, indem ich in wenigen Minuten etwas entsorge oder aufräume, was mich gerade stört. Ich gewinne nicht nur Abstand zu den Dingen und neue Energie, sondern häufig auch eine Inspiration, die mich wieder bei meinem eigentlichen Projekt voranbringt.
- Wenn Ihnen alles zu viel wird, können Sie beginnen, Ihren Terminkalender zu entrümpeln, und sich fragen: Welche Termine kann ich absagen oder verschieben? Welche kann ich mit weniger Aufwand und Kraft vorbereiten und wahrnehmen? Welche privaten Verabredungen kann ich unter Vorbehalt und mit Fragezeichen vereinbaren und kurzfristig verschieben, falls mir alles über den Kopf wächst?
- Wenn Ihnen alles zu viel ist und Sie nicht wissen, wo es weiter langgeht in Ihrem Leben, kann es manchmal Wunder wirken, wenn Sie in einem ganz anderen Bereich – beispielsweise materielles Gerümpel – in privaten oder beruflichen Räumen, Schränken und Schubladen entsorgen. Wenn Sie radikal die eigenen Räume ausmisten, sich von Altlasten befreien und vielleicht sogar räumlich verkleinern. So entlasten Sie sich unter Umständen auch von finanziellem Ballast und gewinnen mehr kostbare

Lebenszeit für das, was Ihnen am Herzen liegt. Dadurch kann interessanterweise auch Raum gemacht werden für Neues in ganz anderen Lebensbereichen, für das, was in Ihrem Leben lebendig werden möchte.

- Wenn Ihr Leben zu voll ist und Sie mit beruflichen und privaten Anforderungen überlastet sind, kann die Checkliste (s. S. 30) zu allen Lebensbereichen Ihnen Impulse geben, wo es Sinn macht anzusetzen, damit Sie sich wirksam entlasten. Eine professionelle Begleitung, die Sie mit einer unvoreingenommenen Außensicht unterstützt, kann es Ihnen erleichtern, Ihre Hauptbelastungsfaktoren zu identifizieren und die Ansatzpunkte zu finden, wo der Hebel am wirkungsvollsten anzusetzen ist, sowie erste kleine Schritte zu tun, um Ihre Gesamtbelastung spürbar zu reduzieren und Raum zu schaffen für das, was Sie nährt und Ihnen Kraft gibt.
- Im Alltag kann es Sie innerlich weiten und Klarheit schaffen, wenn Sie zu Beginn Ihrer Arbeit, zum Beispiel eines Coachings oder eines Kurses, im Außen FreiRaum und Platz etwa auf Ihrem Schreibtisch oder im Arbeitsraum schaffen, damit Sie sich klarer und zentrierter dem widmen können, was für Sie wesentlich ist.
- Sie können Ihre Energie und Freude aufrechterhalten, wenn Sie täglich öfter zwischendurch für FreiRaum sorgen und Aufräumen und Ausmisten in wohl dosierten Portiönchen nach Ihrem persönlichen Rhythmus zwischen produktive Tätigkeiten streuen (s. Schlüssel 8).
- Schaffen Sie in Ihrem Terminkalender kleine Auszeitinseln, FreiRäume mit »Nichts« und Handlungsspielräume, für das, was Sie dann in diesem Moment brauchen, was dann für Sie stimmig ist und Ihnen guttut. Das kann für ein ganz neues Lebensgefühl sorgen.

Literaturtipps: Folgende Bücher haben mich insbesondere sehr konkret und praktisch inspiriert: »Das Inspirationsbuch 2008. Leichter sein« von Gabriele Hartlieb (2007) enthält eine Fülle praktischer Anregungen und Beispiele verschiedenster Autoren zum Ausmisten, Vereinfachen und Erleichtern Ihres Lebens. Eine detaillierte und äußerst nützliche Handlungsanleitung, wie das Beseitigen von materiellem, geistigem und emotionalem Gerümpel erfolgreich, dauerhaft und vor allem freudvoll gelingt, liefert Karen Kingston in ihrem Buch »Feng Shui gegen das Gerümpel des Alltags« (2001). Ich war selbst erstaunt, wie lustvoll ausgemistet werden kann und in welch kurzer Zeit sichtbare Erfolgserlebnisse zu erzielen sind und welch weitreichende positive Auswirkungen das auf das gesamte Leben haben kann, wenn man ein paar bewährte Prinzipien beachtet.

Hier ein paar kleine, ermutigende Hinweise für das Entrümpeln materieller Besitztümer für Sie:

- Zuerst alle Räume durchlaufen und eine Liste anfertigen mit all den Gegenständen, die ausgemistet werden möchten, zum Beispiel Kleiderschrank, Kommode, Besenschrank.
- Auf der Liste pro Raum all die Gegenstände mit einem roten Punkt markieren, die am meisten nerven.
- Dann suchen Sie sich den Raum oder die Ecke aus, wo Sie am schnellsten ein Erfolgserlebnis sehen. Beginnen Sie »klein«.
- Hören Sie sofort auf mit dem Ausmisten, wenn es Ihnen keinen Spaß mehr bereitet.
- Erlauben Sie sich Nichtperfektionismus. Sie können nichts falsch machen.

Beispiel: Als ich 2008 mein großes Haus in Windeseile leerzuräumen hatte, hat mir folgender Gedanke beim Ausmisten geholfen: »Ins Grab kann ich auch nichts mitnehmen.«

Der »Krempel-Test« von Karen Kingston besteht aus drei Fragen:

- Steigert es meine Energie, wenn ich an es denke oder es anschaue?
- Liebe ich es aus vollem Herzen?
- Ist es wirklich nützlich?« (Kingston 2001, S. 138).

Schlüssel 4: Allem erlauben, da zu sein – das Veränderungspotenzial der Akzeptanz

In diesem Kapitel erfahren Sie, wie Sie

- sich in schwierigen (Stress-)Situationen von typischen Energiekillern und Veränderungsblockaden lösen, wie beispielsweise die Fixierung auf negative Gedanken und Gefühle und »Kämpfen« gegen das, was Sie nicht ändern können,
- sich nicht länger beherrschen und ausbremsen lassen von »lästigen« Gedanken, unangenehmen Emotionen und Körperempfindungen und sie
- zusammen mit dem Partialisieren (Schlüssel 3) umwandeln können,
- Kraft gewinnen, indem Sie sich Erlaubnisse geben und lernen, sich Ihre Bedürfnisse zu erfüllen.

»Lass mich das, was ich nicht ändern kann, gelassen hinnehmen. Gib mir den Mut, das zu ändern, was ich ändern kann und gib mir die Weisheit, zwischen beiden Dingen zu unterscheiden.«

Ob der PC abstürzt, der angekündigte Handwerker uns hängen lässt, wir den ersehnten Auftrag nicht bekommen, Stresssignale uns peinigen, der Drucker, unser Körper, unsere Arbeit(sfähigkeit) oder etwas anderes in unserem Leben nicht (mehr) so funktioniert, wie wir uns das vorgestellt haben, das Altern, eine Krankheit oder Krise uns beutelt: Das Leben konfrontiert uns immer wieder mit etwas, das wir zu einem großen Teil nicht ändern können und das Leid in uns auslöst. Meist reagieren wir im Bruchteil einer Sekunde unbewusst mit einer negativen Bewertung, negativen Gedanken und Gefühlen. Damit erschweren wir uns die Situation und ziehen Energie ab.

Belastende Gedanken und Empfindungen umwandeln lernen

Ob beim Innehalten, bei Störungen, bei Signalen von Stress und Überlastung, am PC, im Seminar oder Gespräch: Üblicherweise möchten wir belastende Gedanken oder Gefühle lieber schnell wieder loswerden und manchmal am liebsten auf den Mond schicken. Doch leider bewirken wir damit das Gegenteil. Wenn wir gegen »unliebsame Zeitgenossen« in uns wie Ungehaltensein, Antriebslosigkeit, Ärger oder Angst ankämpfen, raubt das viel

Energie. Energie folgt der Aufmerksamkeit. Je stärker Sie lästige Gedanken oder Empfindungen ablehnen und sie weghaben wollen, sie ignorieren und sich mit Aktivitäten ablenken oder über die Signale hinweggehen, umso heftiger und findiger verschaffen sich die meist hartnäckigen »Mitbewohner« in uns Gehör – und nicht selten in noch unerträglicheren »Gewändern« – in für uns beruflich und existenziell bedeutsamen Situationen, in denen wir sie gar nicht brauchen können und sie uns manchmal zu vorschnellen Reaktionen bewegen, die wir hinterher bereuen. Je mehr wir die Signale unseres Organismus bekämpfen oder verdrängen, umso stärker melden sie sich: Sie rauben uns nachts den so wichtigen Schlaf oder morgens unsere gute Stimmung beim Aufwachen, wenn sie im Gewand von Monstern auftauchen.

Das Paradox der Veränderung

So paradox es für unseren Verstand auch klingt: Die »Dinge« verändern sich in uns, wenn wir sie nicht verändern wollen. Es ist eigentlich ganz einfach und zugleich nicht immer leicht umzusetzen. Sie haben bereits erfahren, wie Sie in Sekunden mit dem Partialisieren (Schlüssel 3) FreiRaum und einen wohltuenden Abstand zu den unangenehmen »Zeitgenossen« in sich gewinnen und erleichternd aufatmen können. Ein weiterer Schlüssel zu unserer Handlungskraft besteht darin, allen (Erlebens-)Teilen (Gedanken, Empfindungen und Gefühlen) in uns zu erlauben, da zu sein. Je mehr es Ihnen gelingt, auch die eher unangenehmen und weniger reizvollen »Zeitgenossen« in Ihnen da sein zu lassen, um so schneller verschwinden und wandeln sie sich.

Experiment: Da sein lassen und Zuwendung schenken

Suchen Sie sich einen bequemen Platz und machen Sie es Ihrem Körper so gemütlich wie möglich, wie Sie es in den vorangegangenen Übungen erlernt haben ... Lassen Sie sich Zeit, sich in Ruhe wohlwollend körperlich wahrzunehmen, wie Sie da sind ... und erkunden neugierig, welche Empfindungen und Gefühle Sie bemerken. Sie können bei den Füßen beginnen und langsam mit Ihrer Aufmerksamkeit den Körper aufwärts durchwandern ... Wenn Sie beispielsweise Kälte in den Füßen bemerken, sagen Sie sich: »Aha, die Füße sind kalt. Ein Teil in mir fühlt sich kalt an« ... Fragen Sie sich, ob Sie dieser Empfindung erlauben können, da zu sein ... Wenn Sie Anspannung in sich bemerken, sagen Sie sich: »Aha, da ist Anspannung in mir. Ein Teil in mir ist angespannt« ... Fragen Sie sich, ob Sie dieser Empfindung erlauben können, da zu sein ... Wenn Sie ein ungutes Gefühl oder Ärger in sich bemerken, sagen Sie sich: »Aha, da ist jetzt ein ungutes Gefühl oder Ärger in mir. Ein Teil in mir fühlt sich nicht so gut oder ist ärgerlich« ... Fragen Sie sich, ob Sie dieser Empfindung erlauben können, da zu sein ... Warten Sie etwas ab und schauen Sie, was sich verändert, wenn Sie dieses begrenzt reizvolle Teil-Erleben einfach da sein lassen können und nichts damit tun müssen ... Spazieren Sie weiter durch Ihren Körper und nehmen Sie weitere Empfindungen, Gefühle, Gedanken, Vorstellungen und Bilder wahr ... Wenn sich etwas unangenehm anfühlt, fragen Sie sich wieder innerlich: »Kann ich diesem Teil gestatten, da zu sein?« ...

Vielleicht hilft es Ihnen auch, sich Ihres Herzens bewusst zu werden und seine Qualitäten einzuladen. Betrachten Sie die angespannten, bedürftigen oder schmerzhaften Teile in sich mit warmen Augen ... Versuchen Sie, ihnen ein wenig freundliche Zuwendung und Aufmerksamkeit zu schenken. Vielleicht können Sie den bedürftigen Teilen in Ihnen mit Mitgefühl, Verständnis oder Nachsicht begegnen ... und vielleicht sogar zulächeln ... Schauen Sie in Ruhe, was sich in Ihrem inneren Erleben dadurch ändert.

Sie können sich abschließend innerlich fragen: Was war neu oder bedeutsam für Sie?

Begrüßen und nur verweilen erleichtert erstaunlich schnell

Das folgende Beispiel zeigt in Ausschnitten eines Focusing-Prozesses, wie rasch sich mit diesem Schlüssel in Kombination mit dem Partialisieren die verschiedenen unangenehmen, auch widersprüchlichen Empfindungen und Gedanken, ebenso wie der innere Kritiker wandeln können und sich in nur 25 Minuten sogar ein Erkenntnisschritt und körperliche Erleichterung einstellen und die Gesamtbefindlichkeit sich deutlich heben kann.

Beispiel: Die Lehrerin, die unter Ischias litt, hatte »die Schnauze voll«. Ich bat sie, ihren Ischias zu einem Teil zu machen und ebenso den Teil in ihr, der die Schnauze voll hatte. Ich fragte sie, ob sie beide Teile da sein lassen könne ... Ich lud sie ein, in die bewusste Beobachterposition zu gehen und allem, was in ihr war, mit warmen Augen Zuwendung zu schenken. Je mehr es ihr gelang, die Empfindungen in sich zu einem Teil zu machen, sie da sein zu lassen und sich ihnen eine Weile zuzuwenden, desto rascher wandelten sie sich. Sie bemerkte ihre entzündeten Augen und machte sie zu einem Teil. Es stieg Ärger in ihr auf über ihre »neunmalkluge Freundin, die fragte: ›Was wollen die Augen nicht sehen?‹« ... Sie machte auch diesen Ärger in sich zu einem Teil und versuchte, ihn da sein zu lassen. Es half ihr, ihren Schmerzen und ihrem Ärger mitfühlend zuzulächeln. Ihre ewige Meckerin, ihre innere Kritikerin machte sich bemerkbar mit »Stell dich nicht so an. Du hast Schuld, wenn du krank bist. – Was hast du schon wieder nicht richtig gemacht?« Sie bedankte sich freundlich für ihre Anstrengungen, sie zu beschützen und schickte sie in die Kaffeepause. Die Gefühle beruhigten sich und die Klientin, die zu Beginn so aufgebracht war, beruhigte sich gleichermaßen ... Ein weiterer Teil meldete sich, der sich überfordert fühlte und ein weiterer, dass sie es sich nicht eingestehen wollte. Plötzlich erinnerte sie eine Szene in der Schule, als sie vor den Kindern über ihren Ischias einen Witz machte. Sie spürte, dass ihr das nicht gut getan hatte, da sie ihn selbst nicht ernst genommen und ihrem Rücken damit keinen Gefallen getan hatte ... Da löste sich etwas in ihr ... Ein Erkenntnisschritt erleichterte sie körperlich: Sie nahm die Härte ihrer Belastungen und ihr Alter wahr. Und plötzlich empfand sie Dankbarkeit, dass ihr Körper sie »flachlegt und sie ausruhen lässt« ... Ihre gesamte Befindlichkeit verbesserte sich deutlich.

Es ist verblüffend, wie schnell sich manchmal unangenehme Empfindungen wandeln und die oft darunterliegenden unerfüllten Bedürfnisse sich zeigen, wenn es gelingt, die angespannten oder leidenden Teile in uns zu einem Etwas zu machen (Schlüssel 3) und ihnen nur freundlich-neugierig etwas Aufmerksamkeit zu schenken und Gesellschaft zu leisten, ohne einzugreifen und etwas mit ihnen zu machen.

Wichtig ist, ihnen respektvoll zu begegnen wie einem Kind. »Mit Gefühlen soll man umgehen wie mit einem Kind [...] Man sieht ihm freundlich zu und aufmerksam. Man hört, was es klagt, man leidet mit ihm, wenn es leidet. Denn Gefühle sind die lebendigsten Kräfte in uns, und keine andere Kraft in uns bringt so Lebendiges hervor. Ein Kind hat auch Wünsche, berechtigte, gute, schöne, die nicht zu erfüllen sind. Dann nehmen wir es auf den Arm und sind traurig. Aber wir schicken es nicht weg. Ein Kind kann verstehen, dass es nicht alles haben kann. Aber lieben muss man es ...« (Zink 2005, S. 17 f.).

Sich zulächeln. Wenn Sie vor einem bedeutenden oder herausfordernden Vortrag, Gespräch oder Seminar bemerken, dass Sie unruhig oder aufgeregt sind, können Sie sich selbst sagen: »Aha, da ist jetzt Unruhe in mir. Ein Teil in mir ist unruhig. Die Unruhe darf da sein«, und: »Aha, da ist jetzt Aufgeregtheit in mir. Ein Teil in mir ist aufgeregt. Es ist okay, dass etwas in mir aufgeregt ist«. Vielleicht können Sie der Unruhe und Aufgeregtheit in Ihnen mitfühlend zulächeln. Probieren Sie aus, ob und wie Sie das erleichtert.

Die Belastungen anerkennen. Manchmal erleichtert es, die Schwierigkeit oder Herausforderung der Aufgabe anzuerkennen und zu würdigen. Dann gelingt es eher, sich Empfindungen von Unruhe oder Stress einzugestehen und den unsicheren Teilen in sich zuzulächeln.

Auch in einer Stressphase oder Krise kann es erleichtern, die eigenen Signale von Erschöpfung, Kraftlosigkeit oder Überlastung anzunehmen, wenn Sie sich die Belastungsqualität oder -quantität der eigenen Tätigkeit oder die eigenen eingeschränkten Ressourcen durch Alter oder Krankheit vor Augen führen und sich der Arbeitsmenge, des besonderen Schwierigkeits- oder Beanspruchungsgrads einer (neuen) Herausforderung oder der eigenen beeinträchtigenden Bewältigungsmöglichkeiten bewusst werden, sie anerkennen und würdigen.

Beobachten und erkunden statt bewerten. In meinen Coachings und Gruppen hilft es vielen, sich ganz bewusst in die Beobachterposition zu begeben, wie es bei Schlüssel 2 (s. S. 63 ff.) beschrieben wird. Dann fällt es viel leichter, sich freundlich den bedürftigen Teilen zuzuwenden und ganz unvoreingenommen-neugierig zu erkunden, was sie beeinträchtigt, schmerzt oder ausbremst.

Sich des Herzens bewusst werden. Für viele, vor allem bemerke ich das bei Frauen, ist es nützlich, sich des eigenen Herzens bewusst zu werden und sich mit dem Herzen wahrzunehmen (Michael Ende) und den bedürftigen Teilen zuzulächeln.

Möglich ist auch, den zunächst ungeliebten Teil wie beispielsweise die Angst in den Arm zu nehmen oder vor sich auf den Schoß zu setzen wie ein verletztes Kind: »Hallo Angst. Da bist du ja wieder. Es ist okay, dass du da bist.«

Sie sind eingeladen, in einer kleinen Arbeitssituation, in der sich in Ihnen Widerstand, Lustlosigkeit oder andere Frühsignale melden, auszuprobieren, inwieweit dieser Schlüssel Sie entlasten kann und Sie Ihre Handlungskraft zurückgewinnen.

Übung: Warnsignale umwandeln

Sobald Sie zum Beispiel am Schreibtisch merken, dass Widerstand, Unlust (Unruhe, Ungehaltensein, Gereiztheit) sich in Ihnen ausbreiten, unterbrechen Sie Ihre Arbeit und sagen sich: »Aha, da ist jetzt Widerstand, Unlust oder ... in mir. Ein Teil in mir hat keine Lust oder ...« Warten Sie, bis Sie in den Modus der bewussten Beobachterposition gewechselt haben und spüren Sie, dass Sie mehr sind als das Gefühl ... Fragen Sie sich, ob Sie diesem Teil, der Widerstand oder Ungehaltensein verspürt und keine Lust hat, erlauben können, da zu sein ... Wenden Sie sich dem »unlustigen« Teil in sich neugierig-erkundend zu und leisten ihm freundlich eine Weile etwas Gesellschaft ... Vielleicht möchten Sie erkunden, wie sich diese Teile fühlen ... Vielleicht gelingt es Ihnen, dem widerständigen oder anderen sich unwohl fühlenden Teilen in Ihnen mit neugierigen und warmen Augen interessiert, mitfühlend und verständnisvoll Aufmerksamkeit zu schenken ... Schauen Sie, was sich in Ihnen »tut« ...

Hat sich etwas an Ihrem Atem, Ihren Gefühlen, Gedanken oder Ihrer Gesamtbefindlichkeit verändert? Wenn das beim ersten Mal nicht klappt, verurteilen Sie sich nicht. Es braucht Übung. Manchen fällt es auch leichter, wenn sie sich am Anfang bei dieser Übung professionell begleiten lassen.

Einfühlsam fragen: Was brauchst du? Vielleicht braucht es auch mehr und möchte Sie auf etwas aufmerksam machen. Dann ist es nützlich, sich dem bedürftigen Teil zuzuwenden und ihn einfühlsam zu befragen. Das kann sein, wenn das Gefühl oder die Stimmung bleibt oder öfter wiederkommt.

Wenn Sie in sich situativ Widerstand gegenüber Ihrer Arbeit oder ein anderes Warnsignal spüren, können Sie sich einfühlsam dem bedürftigen Teil in sich zuwenden und nach innen fragen: Was macht dich widerwillig? Seien Sie einfach da und hören Sie zu. Später können Sie fragen: Was brauchst du? Was wünschst du dir? Warten Sie wieder eine Weile, was vielleicht auftaucht. Im Notfallköfferchen (s. S. 156 ff.) wird aufgezeigt, wie Sie schwierigen Teilen in sich Raum geben.

Beispiel: Eine Klientin beklagte sich über einen »Infekt, der sie störte, nervte und daran hinderte, voranzukommen«. Eine Lehrerin litt nach anstrengender Schulzeit unter Ischias: »... will ich nicht«. Ein lehrender Klient beklagte sich über »diese doofen psychosomatischen Beschwerden« und eine Beratungs- und Trainingsklientin über »die blöde Angst« – »Es gibt doch gar keinen Grund«, meinte ihr innerer Kritiker.

Der Königsweg in schwierigen Zeiten: mit dem ganzen illustren inneren Orchester in Frieden sein

Eine hohe Kunst ist es, in herausfordernden Situationen und Zeiten, wo wir nicht so klar sehen, wo wir uns im Kreis drehen, uns verzetteln, den Eindruck haben, wir kommen überhaupt nicht voran, wissen nicht, wo es langgeht, mit dem ganzen inneren, illustren Orchester »in Frieden zu leben«. In Situationen der Verzweiflung, in denen starke Emotionen uns zu vereinnahmen drohen. Auch da besteht der Königsweg darin, all den unliebsamen und negativen Zeitgenossen, den bedürftigen und schwarzseherischen Teilen, die sich hängen lassen und schwach fühlen, in uns ihre Daseinsberechtigung zu geben und sie einfach nur da sein lassen, ohne sie weghaben zu wollen.

Gerade in diesen schwierigen Zeiten brauchen diese unsicheren, hilflosen und bedürftigen Teile in uns unsere Zuwendung oder zumindest unsere Anerkennung.

Schwierige innere Beziehungspartner in uns anerkennen. Manchmal fordert uns das Leben auch heraus mit schrecklichen und beängstigenden Erlebnissen, Verletzungen und Schicksalsschlägen, die uns überfordern bei dem Bestreben, uns freundlich und liebevoll annehmend manchen Erlebensteilen in uns anzunähern. Die Lösung liegt nicht darin, sich Gewalt anzutun und unter Druck zu setzen: »Ich muss alles in mir annehmen.« – »Druck [...] wird unweigerlich zu einer Versagenserfahrung führen« (Renn 2006, S. 68). Klaus Renn schlägt vor, diese »schwierigen inneren Beziehungspartner« in uns anzuerkennen als ersten Schritt, sie zu integrieren und uns nicht von ihnen überfluten zu lassen. Und ihnen sinngemäß mit der Haltung zu begegnen: »Ich erkenne an, dass du da bist, auch wenn es mir schwerfällt, dir Zuwendung zu schenken. Ich habe Angst (oder Hass, Scham, Ekel oder anderes) vor dir.« Wenn Sie diese schwierigen Erlebensteile in sich nicht bekämpfen, behalten Sie die Regie. Weitere Übungen finden Sie bei Klaus Renn (2006, S. 68 ff.).

Wie schon beim Schlüssel 3 (FreiRaum) ausgeführt, benötigt auch der innere Kritiker eine »Spezialbehandlung«, wie das folgende Beispiel auf der nächsten Seite aufzeigt.

Beispiel: Schreibblockaden auflösen oder Kritikerattacken erkennen und ihnen die Macht nehmen: Über Wochen haben mich Schreibblockaden bei der Manuskripterstellung gelähmt und gequält und Ängste in mir ausgelöst, ob ich es schaffen werde. Hatte ich ein Festgefahrensein im partnerschaftlichen Focusing aufgelöst und gehofft, ab jetzt liefe es, tauchte die nächste Blockade auf. Erst bei dem intuitiven Griff zu einem Buch und eher zufälligen Aufschlagen eines Kapitels, ließ mich folgender Satz aufhorchen: »Eine Kritikerattacke führt dazu, dass wir uns blockiert und festgefahren fühlen« (Kersig 2009, S. 106).

Ich erkannte, dass heftige Kritikerattacken mir das Schreiben schwermachten. Sie waren für mich nicht leicht erkennbar, da sie sich in Form von diffus unangenehmen Gefühlen zeigten, die keine klare innere kritische Stimme hatten: Nach wenigen geschriebenen Sätzen wurde ich in Sekundenschnelle meist unwirsch und schnellte schlecht gelaunt vom Sitz hoch und verließ ärgerlich den Raum. Wieder einmal war ich einer unbewussten festen Vorstellung meines Verstandes auf den Leim gegangen: »Wenn ich einmal eine Schreibblockade aufgelöst habe, setze ich mich an den PC und dann fließt es fortan mühelos ...«.

Ich erkannte einmal mehr, wie wichtig es ist, allen Teilen in mir zu erlauben, da zu sein, tiefer hinzusehen und unvoreingenommen zu erkunden, was mich blockiert. Nachsichtig und mitfühlend mit den Teilen zu sein, die sich abquälen. Nur durch das unvoreingenommene Verweilen mit diesen Teilen und mit dem Unklaren des Ganzen, durch das Mich-Öffnen dem Nichtwissen ging mir plötzlich auf, welche Ängste sich hinter meinen inneren kritischen Teilen verbargen. Mir wurde klar, dass das eine große, neue Herausforderung ist, mich mit meinen eigenen Werkzeugen einer größeren Öffentlichkeit zu zeigen und mich damit verletzlich und auch angreifbar zu machen.

Sobald ich das erkannt hatte und die Schwierigkeit dieser neuen Herausforderung würdigen konnte, fiel es mir leichter, freundlicher mit mir zu sein. Umso eher konnte ich mir die Erlaubnis geben, auch einmal durchzuhängen, nicht weiterzuwissen und damit zu leben, dass die Seiten nicht so superschnell und zielgerichtet eine nach der anderen aus mir herausflossen.

Die inneren Kritikerstimmen wurden leiser, und ich konnte ihnen leichter Einhalt gebieten, wenn ich sie erkannte. Es fiel mir leichter, meine Angst, mich zu zeigen, etwas falsch zu machen, nicht gut genug zu sein, zu einem Teil zu machen und ihr zu erlauben, da zu sein. Ich konnte mein Herz öffnen für die ängstlichen Teile in mir und die, die mich blockieren und im Kreis drehen lassen. Ich war in der Lage, freundlicher zu mir zu sein und mir Erlaubnisse zu geben.

Sich Erlaubnisse geben

Ein wichtiger Meilenstein auf meinem langen Weg raus aus der Burnout-Spirale war und ist, mir Erlaubnisse zu geben. In einer der ersten Coachingsitzungen bei Professor Dr. von Meibom war dies eine zentrale Botschaft. Sie betonte immer wieder, dass ich »das kostbarste Instrument meiner Mission« sei. Das erinnerte mich immer wieder daran, auf mich aufzupassen und für mich zu sorgen.

Mir Erlaubnisse zu geben bedeutet, auch Fehler machen zu dürfen, sich Umwege und Verzettelungen zu erlauben, sich die »kleinen« Bedürfnisse zu erfüllen wie einen Cappuccino und das, was das eigene Herz erfreut, sich auch Pausen, Zeit für sich und Durchhänger zu gönnen und zu schwitzen, wenn man nicht weiterweiß, und es sich schön machen zu dürfen, einfach so.

Ich möchte Sie gern ermutigen, sich darin zu üben, sich mehr Erlaubnisse zu geben und auf sich zu hören. Erfüllen Sie sich selbst die kleinen Bedürfnisse, die Ihr Inneres anmeldet, als bedeutenden Schritt, sich wichtig zu nehmen und für sich zu sorgen. Und das zu leben, was in Ihnen lebendig werden möchte.

»Das Ungetane war es, das sich keiner der Todgeweihten je verzeihen konnte. Alle hatten es Marianne auf dem Sterbebett gestanden, was sie im Leben nicht getan hatten, was sie versäumt hatten zu leben«
Nina George 2011, S. 23

Schlüssel 5: Den Fokus lenken auf das, was stärkt und einer Lösung näherbringt

Kraft der gezielten Aufmerksamkeitslenkung

Dieser Schlüssel zeigt mehrere Ansatzpunkte auf,

- wie Sie sich sowohl im »ganz normalen Leben« als auch in schwierigen (Stress-) Situationen und beim Auftauchen von Warnsignalen von kraftraubender Verurteilung, Negativfixierung, Defizitbrille und Schwarzseherei verabschieden können und
- lernen, Ihre Aufmerksamkeit gezielt auf das zu lenken, was für Sie hilfreich ist, Sie bereichert und einer Lösung näherbringt.

Worauf blicken wir – gewohnheitsgemäß und meist unbewusst? Was kommt Ihnen in den Sinn, wenn Sie aufwachen? Auf dem Weg zur Arbeit? Wenn Sie Ihre Wohnung, Ihren Garten oder Balkon betreten? Stärkt und bereichert es Sie und Ihr Umfeld? Ich möchte Ihnen ein kleines Experiment vorschlagen.

Ein kleines Experiment

Suchen Sie sich einen guten Tag aus, an dem Sie sich freundlich-wohlwollend aus der Beobachterposition begleiten und – so, als ob Sie sich noch nicht kennen – neugierig erkunden, worauf Sie Ihre Aufmerksamkeit richten, ohne zu bewerten: beim Wachwerden, beim Aufstehen, beim Gang ins Bad, in die Küche, beim Frühstück, auf dem Weg zur Arbeit, während der Arbeit und danach, wenn Sie mit sich allein sind oder mit anderen im Kontakt: Wohin gehen Ihre Gedanken spazieren? Wovon lassen Sie Ihre Aufmerksamkeit steuern oder ablenken? Welche Gedanken oder Gefühle folgen? Worauf lenken Sie Ihren Fokus? … Und spüren Sie eine Weile in sich hinein, wie sich das jeweils anfühlt. … Fragen Sie sich, ob es Sie oder andere stärkt oder einer Lösung näherbringt. … Und lassen Sie sich Zeit dabei.
An einem anderen Tag probieren Sie aus, Ihre Aufmerksamkeit auf das zu richten, was gut ist, was schon gut klappt und funktioniert, was Ihr Auge und Ihre Sinne erfreut und das Zusammensein mit anderen bereichert …
An einem anderen Tag können Sie auch in Situationen, wo etwas hakt und klemmt, erkunden, was hilfreich sein könnte, um Sie einer Lösung näherzubringen …

Die Aufmerksamkeit auf das richten, was »nährt«

Beispiel: Eine Frau aus meiner »Burnout – nein danke«-Gruppe berichtete nach einer Sitzung erfreut, dass sie inspiriert durch ein Gruppen-Focusing zu den kleinen Momenten, die uns in unserem Alltag »nähren«, ganz anders als früher in ihren Garten trat. Während sie bisher unbewusst zunächst ihren Blick auf das richtete, was in ihren Augen noch nicht perfekt beziehungsweise noch nicht erledigt war, schaute sie auf einmal bewusst zuerst auf die schöne Blütenpracht ihrer Pflanzen, das kräftige Grün der Sträucher und Bäume, erfreute sich am Vogelgezwitscher, genoss es und saugte für einen Moment die Schönheit ihres kleinen, lebendigen und bunten Gartenparadieses in sich auf.

Wir rauben uns viel Lebenskraft und Freude, wenn wir gewohnheitsgemäß unbewusst den Blick eher darauf lenken, was an uns, an anderen, am Wetter oder am Leben nicht in Ordnung ist oder nicht so klappt, wie wir uns das vorstellen: auf das berühmte halbleere statt halbvolle Glas. Wenn wir unseren Blick anziehen lassen von dem, was erledigt werden möchte, anstatt uns immer wieder bewusst zu machen, was wir schon geschafft haben und uns an den vielen kleinen Dingen zu erfreuen, die in Ordnung, gut und schön sind.

Sich positiv aufladen – üben, üben, üben

Nochmals zusammenfassend: Mit Schlüssel 1 (Innehalten) und 2 (Selbstbeobachtung) können Sie sich darin üben, sich mit warmen Augen in der Focusing-Haltung freundlich-fürsorglich und unvoreingenommen zu begleiten und eine positive Beziehung zu sich, zu anderen und zum Leben aufzubauen. Sie können dem »Nährenden« und dem, was sich für Sie gut und richtig anfühlt, auf die Spur kommen und sich dessen bewusst werden. So können Sie dem aktiv und gezielt mehr Raum geben.

Sie können sich darin trainieren, die »positiv gefärbte«, freundlich-konstruktive »Stärkungsbrille« aufzusetzen anstelle der weit verbreiteten »Defizitbrille«. Jeden Morgen können Sie sich selbst freundlich zulächeln und sich mit einem kurzen stärkenden Ritual positiv einstimmen auf den Tag, indem Sie sich dessen bewusst werden, was alles gut klappt und funktioniert in Ihrem Körper und in Ihrem Leben und sich dafür bedanken. Jeden

Abend vor dem Zubettgehen können Sie kurz den Tag Revue passieren lassen und sich selbst stärken, indem Sie gezielt das in Erinnerung rufen, was alles gut gelaufen ist, was Sie bewältigt und »gestemmt« haben und was Sie Schönes erlebt haben (vgl. Download »Stärkende, flankierende Maßnahmen und Rituale«).

Vor einem schwierigen Gespräch, einer herausfordernden Aufgabe oder wenn Sie eher »schlecht drauf« sind, können Sie sich gezielt aufladen mit positiver, Ihr Selbstvertrauen stärkender Energie.

Übung: Sich positiv aufladen mit der Stärkungsatmung

Finden Sie eine entspannte, gemütliche Körperhaltung und einen Platz, an dem Sie sich wohlfühlen. Erlauben Sie zunächst Ihrem Körper, sich ganz zu entspannen ... Wenden Sie dann Ihre ganze wohlwollende Aufmerksamkeit Ihrem Atem zu. Begleiten Sie mit Ihrer Achtsamkeit den ganzen Weg des Ein- und Ausatemstroms wie bei der Entlastungsatmung (s. Schlüssel 3, S. 79). Lassen Sie Ihren Atem entspannt und frei fließen und warten Sie, bis die Einatmung von allein wiederkommt.
Dann beschäftigen Sie Ihren Verstand und sagen sich bei der Einatmung: »Einatmend nehme ich positive, frische Lebensenergie, Kraft, Vertrauen, Zuversicht, Selbstvertrauen (oder was immer Sie brauchen), in mich auf ... Ausatmend lasse ich Anspannung, Negativität (Unsicherheit, Ängste, Kraftlosigkeit und so weiter) aus meinem Körper weichen ...«.
Wählen Sie die Worte, die für Sie passend sind, die Sie brauchen, um sich positiv aufzuladen für die anstehende Situation, und lassen Sie bei der Ausatmung all das aus Ihrem Körper weichen, was Sie daran hindert, sich der Situation gewachsen zu fühlen ... Der Akzent liegt bei dieser Übung auf den selbststärkenden Sätzen und der Einatmung. Experimentieren Sie damit, welche Worte Sie in verschiedenen Situationen unterstützen.

Wenn Sie bemerken, was ist, haben Sie die Wahl und das Steuer in der Hand. Mit Schlüssel 1 (Innehalten) und Schlüssel 2 (Selbstbeobachtung) lernen Sie, aus der Beobachterposition eher Warnsignale zu registrieren und zu bemerken, dass etwas »nicht stimmt« und geändert werden möchte, zum Beispiel, dass Sie durch Termindruck, negative Äußerungen anderer oder eigene negativen Gedanken Ihr Gleichgewicht verlieren. Wenn Sie bemerken, was los ist, haben Sie die Wahl. Sie können bewusst den Fokus auf das lenken, was Sie beruhigt, stabilisiert, entlastet und wieder in Ihre Balance und Handlungskraft bringt. Zu bemerken, was ist, und freundlich mit sich sein, sind zwei wichtige Meilensteine. Statt sich in der Negativspirale zu verlieren, können Sie in den lösungsorientierten Modus wechseln und focusingorientiert mit warmen Augen erkunden und ausprobieren, was Ihnen jetzt wirklich weiterhilft.

Was hilft, wenn es hakt? Die Schlüssel 1–4 liefern Ihnen eine Fülle an Möglichkeiten, was Sie tun können, aus den automatisierten, selbstschädigenden Stress- und Gewohnheitsmustern auszusteigen. Wenn Sie wach sind und bemerken, dass Sie wie die meisten in Sekundenbruchteilen ein inneres oder äußeres Ereignis unbewusst bewerten und verurteilen, brauchen Sie sich nicht automatisch herunterziehen zu lassen.

Sie können das stressige Ereignis mit Partialisieren zu einem »Etwas« machen – und Ihre verurteilenden Gedanken auch (Schlüssel 3). Sie brauchen beides nicht zu bekämpfen und damit Energie zu verlieren, sondern können beidem mit Schlüssel 4 erlauben, da zu sein. Meist verändern sich die Gedanken und Gefühle rasch und Sie gewinnen Ihre Balance und das Steuer in der Hand zurück.

Dem Krafträuber Verurteilung die Macht entziehen. Wir erhöhen unsere Stressbelastungen oft dadurch, indem wir unangenehme Geschehnisse negativ bewerten und verurteilen. Dadurch wird das sympathische Nervensystem noch stärker erregt, die Muskeln verspannen sich, Hormone werden ausgeschüttet und so weiter. Negative Gefühle verstärken sich. Unser Verhalten wird beeinträchtigt, unsere Wahrnehmung und Denkfähigkeit werden stark eingeengt (Tausch 1998, S. 228).

Manchmal hilft es, sich bewusst zu machen, dass ein Ereignis an sich ganz einfach neutral ist: »Die Art, wie Sie das, was Ihnen widerfährt, deuten und einordnen, bestimmt darüber, wie Sie fühlen und handeln« (Rowshan 1999, S. 36).

Wer weiß, wozu es gut ist? Wenn etwas nicht klappt, was wir uns wünschen oder etwas schiefläuft in unserem Leben, kann es hilfreich sein, es nicht sofort zu verurteilen und uns und unsere Kraft in Katastrophenszenarien zu verlieren, sondern sich zu sagen: »Wer weiß, wozu es gut ist?« Oder sich in Krisensituationen zu fragen: »Was könnte das Gute im Schlechten sein?« Manchmal entdecken wir erst im Nachhinein einen Sinn. Folgendes Märchen aus Asien veranschaulicht, wie nützlich diese Haltung sein kann.

Beispiel: Der alte Mann und das Pferd

Ein alter, armer Mann lebte in einem Dorf. Die Menschen waren neidisch, weil er ein wunderschönes weißes Pferd besaß. Könige boten viel Geld, es zu kaufen. Der Mann sagte: »Nein. Einen Freund verkauft man nicht.«

Eines Morgens war das Pferd nicht im Stall. Die Leute aus dem Dorf sagten: »Dummer, alter Mann. Welch Unglück. Das Pferd ist gestohlen. Hätte er das Pferd doch besser verkauft!« Der alte Mann erwiderte: »Geht nicht so weit. Sagt einfach: Das Pferd ist nicht im Stall. Das ist Tatsache. Alles andere ist Urteil. Ob Glück oder Segen, wer weiß, was folgen wird?« Die Leute lachten den Alten aus.

Eines Abends kehrte das Pferd zurück und brachte ein Dutzend wilder Pferde mit. Es war nicht gestohlen worden, sondern nur in die Wildnis ausgebrochen. Die Leute sagten: »Stimmt. Es war kein Unglück, sondern Glück.« Der Alte sagte: »Ihr geht wieder zu weit. Das Pferd ist zurück. Wer weiß, ob es ein Segen ist oder nicht? Ihr lest nur ein Wort in einem Satz – wie könnt Ihr über das ganze Buch urteilen?«

Der Sohn des alten Mannes begann, Pferde zu trainieren ... Er fiel vom Pferd, brach sich ein Bein. Die Leute sagten: »Welch Unglück. Dein einziger Sohn kann seine Beine nicht gebrauchen. Er war die einzige Stütze deines Alters. Jetzt bist du ärmer als je zuvor.« Der Alte sagte: »Ihr seid besessen von Urteilen. Geht nicht so weit. Sagt nur, dass mein Sohn sich die Beine gebrochen hat. Niemand weiß, ob es ein Unglück oder Segen ist. Das Leben kommt in Fragmenten, und mehr bekommt Ihr nicht zu sehen.«

Es begab sich, dass das Land ein paar Wochen später einen Krieg begann. Alle jungen Männer wurden zum Militär eingezogen, nur der Sohn des alten Mannes nicht. Der ganze Ort war von Klagen und Wehgeschrei erfüllt. Sie kamen zum alten Mann und sagten. »Du hattest Recht. Es hat sich zum Segen erwiesen.«

Der alte Mann: »Ihr hört nicht auf zu urteilen. Sagt nur: Man hat eure Söhne in die Armee eingezogen. Doch nur Gott, nur das Ganze weiß, ob dies ein Unglück oder ein Segen ist.«

(aus: Rajneesh Neo-Tarot, gekürzte Fassung, zitiert nach: Tausch 1998, S. 222 f.)

Erkunden, was hilft, anstatt zu grübeln. Üblicherweise grübeln die meisten, wenn ihnen etwas Unangenehmes widerfährt: Warum ist das so, wieso widerfährt es mir, was habe ich falsch gemacht? Ihr Verstand analysiert und interpretiert. Tut Ihnen das gut – und vor allem: Bringt Sie das wirklich einer Lösung näher?

Probieren Sie aus, wie es für Sie ist, wenn Sie stattdessen, sobald Sie etwas Unangenehmes erfahren, Sie in der Arbeit steckenbleiben oder ein Warnsignal wie Ungehaltensein oder Gereiztheit Sie plagt, mit Schlüssel 1 kurz innehalten und in sich hineinhorchen. Manchmal reicht auch schon ein Seufzen oder achtsames Atmen, um über die verlängerte Ausatmung Körper, Geist und Gefühle zu beruhigen und im Vollbesitz Ihrer Kräfte weiterzumachen. Wenn negative Emotionen Sie zu überfluten drohen, können Sie sich auch mit einer FreiRaum-Übung (Schlüssel 3) entlasten und Abstand gewinnen (Entlastungsatmung, Entlastungsschütteln, Abgeben an Naturlandschaft, Wohlfühlort aufsuchen, Päckchen packen und herausstellen).

Plagen Sie negative, selbstabwertende oder verurteilende Gedanken (des inneren Kritikers, Richters oder Antreibers), können Sie Ihre Aufmerksamkeit davon abziehen, Stopp sagen und sich selbst stärken mit Mutmachsätzen, wie zum Beispiel »Ganz ruhig ... Langsam. Eins nach dem anderen ... Es ist alles okay. Es findet sich immer eine Lösung ... Es gibt immer mehr als zwei Möglichkeiten ... Du schaffst es ... Alles wird gut ...«

Erkunden, wo es leicht geht – den inneren Kompass befragen. Entscheidend ist, dass Sie bei Signalen zuerst das Aufgewühlte in sich beruhigen und sacken lassen, indem Sie ganz bewusst und gezielt Ihre Aufmerksamkeit vom Belastenden weg auf etwas anderes richten, auf diese Weise FreiRaum gewinnen und sich körperlich, emotional oder mental stabilisieren und beruhigen. Denn nur so können Sie wieder auf die Gesamtintelligenz Ihres Organismus zugreifen und mit dessen Hilfe klarer sehen und die Situation leichter bewältigen.

Mit Mini-Focusing (Schlüssel 6) können Sie Ihren inneren Kompass befragen, was los und jetzt wichtig und richtig ist.

Probieren Sie aus, was Ihnen in der jeweiligen Situation nützt, was sich stimmig anfühlt und wo es leichter weitergeht.

Sich auf die nächsten Schritte konzentrieren statt auf den »Berg« zu starren. Kennen Sie das auch, dass Sie in einer Stresssituation manchmal dazu neigen, auf den »Berg« zu schauen und sich in Katastrophenszenarien und Zukunftsängsten zu verlieren? Das zieht ziemlich viel Energie ab. Vielen hilft es in solchen Situationen, sich an erfolgreich bewältigte Situationen zu erinnern.

Herausfordernde Projekte sind leichter zu bewältigen, wenn Sie Klarheit bezüglich der groben, richtigen Richtung mit Ihrem inneren Kompass gewinnen und Ihre volle Aufmerksamkeit dann auf die nächsten, kleinen Schritte konzentrieren. Wie oft machen wir uns Zukunftssorgen, die uns viel Kraft kosten! Häufig tritt das nicht ein, was wir befürchteten. Folgende Geschichte veranschaulicht, wie wir es uns leichter machen können.

Beispiel: Erkenntniswanderung

Im Mai 2005 ergab es sich, dass ich in der vierten Woche meiner Auszeitreise Anne kennenlernte und mit ihr eine Wasserfallwanderung in einem schönen Flussbett, einem sogenannten Barranco unternahm. Der Barranco schlängelte sich durch das kraftvolle Vulkangebirge. Es ging stetig bergauf. Immer war nur ein Teil des Wegs einsehbar. Er war nicht genau ausgezeichnet. Es gab mehrere Möglichkeiten, mal rechts oder links oberhalb des Barranco, mal im Flussbett zu gehen, je nachdem, wie hoch der Wasserstand war und welche Wege sich unseren Augen erschlossen. Es gab leichtere und schwierigere Pfade. Wir liefen auf kleinen und größeren Kieselsteinen und Felsen.

Auf abschüssigen, unsicheren und schmalen sowie steil abfallenden Wegen bekomme ich manchmal Angst, den Boden unter den Füßen zu verlieren und abzustürzen. Sicherheitshalber lief ich zunächst hinter Anne her und dachte, dass das für mich einfacher sei.

Mehrmals hielten wir an und wussten nicht, wo es weiterging. Wir schauten, so weit das Auge reichte. Furcht stieg manchmal in uns hoch. Aus der Ferne sah es mehrfach so aus, als ob es nur ein oder zwei »gefährliche« Alternativen geben würde. Wir näherten uns den furchterregenden Stellen. Und – siehe da – es zeigten sich uns meist leichtere, vorher nicht einsehbare Möglichkeiten. Wir schauten uns an und lachten. Wie schnell wir Angst bekommen, wenn wir zu weit hoch auf den Berg blicken – wie im Leben. Wenn wir uns zunächst nur auf die nächsten Schritte konzentrieren und an einer unklaren Stelle in Ruhe genau hinschauen, erschließen sich meist leichtere Optionen.

Was ich auch bemerkte: Wenn ich allein ging, schaute ich genauer hin, wo ich langlief, und ging achtsamer. Ich wunderte mich, wie viel sicherer ich mich fühlte, wenn ich mich auf mich selbst verließ. Wenn ich in Ruhe genau hinschaute und einen kleinen, festen Schritt nach dem anderen machte, wie es mir ein erfahrener Bergsteiger beigebracht hatte, dem ich mich mit meiner Angst anvertraute. Er sagte: »Mache nur kleine Schritte, dicht beieinander, langsam, einen nach dem anderen. Setze den ganzen Fuß fest auf, dann gehst du sicherer und behältst leichter dein Gleichgewicht.«

Wenn wir gerade in für uns bedrohlichen (Stress-)Situationen das Tempo verlangsamen, uns Klarheit über die grobe, richtige Richtung verschaffen und dann auf die nächsten Schritte konzentrieren, einen kleinen, festen Schritt nach dem anderen machen, haben wir mehr Halt. Wenn eine Stolperfalle oder Stromschnelle auftaucht, ist es sinnvoll, in Ruhe genau hinzuschauen und zu erkunden, wo es am leichtesten und sichersten langgeht. So können wir den Fokus gezielt lenken.

Schlüssel 6: Mit Mini-Focusing innere Klarheit gewinnen

Mini-Focusing ist das Herzstück der acht Schlüsselwerkzeuge. Es ist das Navigationsinstrument, das Ihnen Orientierung und Klarheit geben kann über das, was jetzt an der Reihe ist, was für Sie »richtig« und wichtig ist, über die nötige Kurskorrektur und den nächsten stimmigen Schritt, wenn Sie etwas abgedriftet oder ins Schleudern geraten sind.

In diesem Kapitel lernen Sie

- die drei Schritte kennen, wie Sie über Ihren Verstand hinaus ungenutzte, tiefere Ressourcen in sich aktivieren können, um gezielt die Gesamtintelligenz Ihres Organismus inklusive Ihrer Intuition »anzuzapfen«,
- sich mit Mini-Focusing in unklaren und komplexen Situationen in Kürze Zugang zu Ihrem inneren Kompass zu verschaffen und wie Sie erfahren können, was im Augenblick für Sie richtig und stimmig ist.

Wenn etwas nicht rundläuft, wenn wir feststecken, unsicher oder verwirrt sind und nicht weiterwissen, analysiert und zerfasert unser Verstand meist die Problematik in zahllose, verwirrende Details. Statt in die üblichen Stressmuster und Aktionismus zu verfallen und zeitraubend die Situation zu analysieren, Pro- und Kontralisten zu erstellen, können wir uns mit Mini-Focusing in konkreten Situationen helfen, in einigen Sekunden oder Minuten einen stimmigen Erkenntnis- oder Handlungsschritt aus unserem inneren Kompass kommen zu lassen, der nicht nur körperlich erleichtert und sich gut und richtig anfühlt, sondern auch innere Klarheit herbeiführt.

Zu Beginn des zweiten Teils haben Sie bereits einiges über die Möglichkeiten von Focusing, die sechs Schritte und den Felt Sense, also die innere körperliche Resonanz auf »etwas«, das Sie erleben, gelesen.

Der Felt Sense enthält das körperliche Wissen, was nicht stimmt und wie es richtig wäre. Das Faszinierende an (Mini-)Focusing ist, dass der Felt Sense dabei sowohl das körperliche Wissen enthält von dem, was nicht stimmt, als auch von dem, wie es richtig wäre. »A felt sense is a knowing of what´s wrong and an implying of what would be right« (Ann Weiser Cornell auf der Internationalen Focusing-Konferenz in Pforzheim 2010, zit. nach Ringwelski 2010, S. 5). Gendlin hat bei seinen Forschungsstudien eine Fortschrittsordnung entdeckt: »Jeder Körper weiß, wie gelebt werden sollte« (Gendlin/Wiltschko 2004, S. 34) und »Jeder lebendige Körper impliziert den nächsten Schritt« (S. 37). Eine Fortsetzungsordnung »ist eine Ordnung, die ganz genau auf das antwortet, was und wie man fragt. Diese Antwort ist nicht beliebig, aber sie ist immer reicher als jede logische Form« (S. 183).

Ich habe Mini-Focusing in meiner »Not« auf meiner Auszeitreise zufällig entdeckt. Was ich auf dieser Erkundungstour am meisten vermisst hatte, war das wöchentliche telefonische, partnerschaftliche Focusing, bei dem zwei in Focusing Erfahrene wechselseitig in je 30 Minuten Orientierung zu einem selbst gewählten Thema erhalten. Das folgende Beispiel zeigt, wie stimmige Entscheidungen in Kürze kommen können:

Beispiel: Als ich beim Wandern in einer einsamen Gegend ratlos an einer Weggabelung stand und nicht wusste, welcher Weg der richtige war, hielt ich intuitiv inne. Ich nahm in Ruhe die Situation als Ganzes wahr und ließ sie auf mich wirken. Ich ging in der Vorstellung zunächst in den einen Weg, dann in den anderen hinein. Ich verweilte eine Zeitlang offen mit dem Noch-Nicht-Gewussten, mit dem Unklaren des Ganzen. Dabei spürte ich in mich hinein, wie es sich für mich innerlich anfühlte, wenn ich mich auf den einen oder den anderen Pfad begäbe, bis plötzlich aus meinem Körper ein klarer Handlungsimpuls auftauchte, der sich körperlich gut anfühlte.

Inzwischen praktiziere ich Mini-Focusing täglich mit großem Vergnügen. Es ermöglicht mir, über das partnerschaftliche Focusing hinaus zu einer Fülle konkreter Themen in verschiedenen Anforderungs- und Entscheidungssituationen im ganz normalen Arbeitsalltag in Kürze Antworten aus meinem inneren Kompass kommen zu lassen, die mein tägliches Leben sowie mein Umfeld enorm erleichtern und bereichern. Mini-Focusing soll keinen professionell begleiteten Focusing-Prozess und kein partnerschaftliches Focusing ersetzen, sondern ergänzen. Es soll auch Menschen, die keine Focusing-Ausbildung absolviert haben, zu lernen helfen, wie sie gezielt die Gesamtintelligenz ihres Organismus befragen und ihren Alltag dadurch einfacher und stimmiger machen können. Bei manchen komplexen Fragestellungen braucht es einen 30-minütigen oder längeren Focusing-Prozess, bei dem uns ein ausgebildeter Focusing-Partner, Focusing-Berater oder -Therapeut begleitet. Die achtsame, focusingorientierte Unterstützung eines anderen erleichtert es, Schritte aus dem eigenen Körper entstehen zu lassen.

Drei Schritte zum inneren Kompass

Erster Schritt: Bei sich, im eigenen Körper ankommen (Schlüssel 1). Mini-Focusing funktioniert nur, wenn Sie ganz bei sich sind. Das gelingt meiner Erfahrung nach am leichtesten, wenn Sie die Augen schließen, eine gemütliche Körperhaltung einnehmen und sich zuerst äußerlich körperlich spürend wahrnehmen. Sie können entweder Ihren Körper durchwandern oder Ihre Aufmerksamkeit direkt gezielt auf die Kontaktflächen Ihres Körpers mit dem Boden, der Sitz- oder Liegeunterlage, der Stuhllehne oder etwas anderem lenken und Ihren Körper so spürend wahrnehmen. Es unterstützt, zusätzlich den Atemstrom wahrzunehmen. Schließlich schicken Sie Ihre Aufmerksamkeit in Ihr Körperinneres und erspüren sich von innen. Mit etwas Übung wird auch Ihnen dies leicht gelingen.

Kurzvariante der Übung: Focusingorientiert im Körper ankommen

Schließen Sie Ihre Augen, wenn es angenehm ist, um ablenkende Außeneinflüsse möglichst auszublenden. Machen Sie es Ihrem Körper und Kopf so gemütlich wie möglich. Schenken Sie sich selbst und Ihrem Körper Ihre ganze wohlwollende Aufmerksamkeit, ohne etwas zu bewerten: Spüren Sie die Berührung Ihrer Fußsohlen mit dem Boden. Wandern Sie langsam in Ruhe weiter aufwärts mit Ihrer Aufmerksamkeit ... Spüren Sie, wo Ihr Körper Kontakt hat zur Sitzfläche, zur Lehne oder zu etwas anderem, wo Ihre Hände die Oberschenkel oder Armlehnen berühren ... Schenken Sie Ihrem Atemstrom Ihre ganze Aufmerksamkeit und nehmen Sie wahr, wie er gerade ist ... Nichts muss getan oder verändert werden ... Dann sind Sie eingeladen, mit Ihrer Aufmerksamkeit bei der nächsten Einatmung ins Körperinnere zu spazieren. Lassen Sie sich die Zeit, die Sie brauchen, um in Ihrem Inneren anzukommen. – Es braucht meist einige Atemzüge – Erkunden Sie freundlich und neugierig, wie Sie innerlich da sind ... mit allem, was da gerade in Ihnen ist ... an Gefühlen und Empfindungen, wie diffus, unklar, angenehm oder unangenehm auch immer sie sich anfühlen ... Vielleicht können Sie allem erlauben, da zu sein ... Alles ist in Ordnung ... Wie ist die innere Atmosphäre oder Gestimmtheit in Ihnen? Lassen Sie sich Zeit ... Vielleicht spüren Sie ein feines, lebendiges Kribbeln oder Pulsieren in sich. Wenn nicht, ist das auch in Ordnung.

Zweiter Schritt: FreiRaum schaffen (Schlüssel 3). Wenn Sie bemerken, dass sich Ihre Aufmerksamkeit an etwas Belastendem in Ihnen oder außerhalb festsaugt, sie sich auf ein Problem, eine unangenehme körperliche oder emotionale Empfindung oder Gedanken fixiert, dann ist es erforderlich, Ihren körperlichen Raum davon freizumachen (Schlüssel 3), um den nötigen Abstand zu dem problematischen Etwas und Zugang zu Ihren tieferen, ungenutzen Ressourcen (wieder) herzustellen. Sie können die unangenehmen Erlebensinhalte durch Partialisieren zu Teilen machen oder mit der Entlastungsatmung hinausatmen. Sie können sie auch neben sich oder vor Ihrem Körper abstellen, bis Sie innerlich aufatmen und einen stimmigen Abstand zu dem unangenehmen »Etwas« in Ihnen empfinden (s. S. 87). – Sobald Sie FreiRaum haben, können Sie zum nächsten Schritt übergehen.

Dritter Schritt: Einen Felt Sense zu »Etwas« kommen lassen (Schlüssel 6). Wenn Sie in Ihrem Körper anwesend sind und FreiRaum haben, können Sie zu einem »Etwas« (einer Frage, einem Thema, einem Problem, einer Situation) die »Antwort« beziehungsweise einen stimmigen Handlungsschritt Ihres inneren Kompasses aus Ihrem Körper kommen lassen. Wichtig ist dabei, sich Zeit zu lassen, die innere körperliche Resonanz auf das »Etwas« zu erspüren und diesem vagen Gespür eine ganze Weile Ihre ganze achtsame und annehmende Aufmerksamkeit zu schenken. Sie können es zunächst ausprobieren, indem Sie Ihrem Inneren gezielt eine Frage stellen.

Übung: Ihr Inneres gezielt fragen: Wonach ist mir?

Finden Sie eine gemütliche, entspannte Körperhaltung. Vielleicht möchten Sie Ihren Kopf ablegen und die Augen schließen ... Nehmen Sie sich Zeit, Ihren ganzen Körper wohlwollend spürend wahrzunehmen, ohne etwas zu bewerten. Wandern Sie mit Ihrer Aufmerksamkeit durch den Mund-Rachen-Raum in den Brust-Bauch-Raum ... Es braucht meist einige Atemzüge, um dort anzukommen ... Vielleicht möchten Sie zunächst erkunden, wie es sich von innen anfühlt, wie Ihre innere Gestimmtheit oder Atmosphäre ist ... Lassen Sie jetzt eine Frage Richtung Körpermitte fallen und eine Weile in sich wirken, beispielsweise: Wonach ist mir jetzt? ... Dann verweilen Sie mit dieser Frage freundlich, neugierig-offen eine ganze Zeitlang, geduldig, ohne diese Frage innerlich zu diskutieren und eine vorgefertigte Meinung parat zu haben. Öffnen Sie sich dem Nichtwissen, dem Noch-nicht-Gewussten, und warten dabei interessiert und geduldig mehrere Sekunden bis zu einer Minute auf das, was vielleicht auftauchen will. Gestatten Sie sich, dass auch nichts passieren darf ... Was geschieht

in mir? … Bleiben Sie mit Ihrer Aufmerksamkeit im Brust-Bauch-Raum. Was spüre ich da? – Alles ist okay, was kommt oder auch nicht – Vielleicht taucht ein kaum wahrnehmbares, unscheinbares, diffuses Gespür oder eine vage Ahnung auf … Wo genau spüre ich etwas? … Bleiben Sie dabei. Wie fühlt es sich genau an? … Vielleicht steigt ein unklares Bild auf … Wenn nichts kommt, ist es auch in Ordnung … Beobachten Sie, was genau gerade in Ihnen geschieht. Vielleicht kommen Worte oder ein überraschender Körper- oder Handlungsimpuls. Was auch immer kommt, heißen Sie es willkommen. Es ist auch in Ordnung, wenn nichts auftaucht …
Wenn kein vager oder deutlicher Impuls kam, verzagen Sie nicht. Wiederholen Sie die Übung zu einem günstigeren Zeitpunkt oder lassen Sie sich mehr Zeit. Es braucht Übung, Zugang zu unserem inneren Kompass zu bekommen. Bei manchen klappt es sofort, bei anderen später.

Wie haben Sie die Übung erlebt? War es nur fremd und seltsam, da es für Sie ungewohnt ist? War es enttäuschend, da Sie nicht gleich ein Erfolgserlebnis hatten? Ich wünsche Ihnen, dass Sie schon einen kleinen Geschmack davon erhalten haben, wie erleichternd es sich anfühlen kann, wenn Sie Impulse aus Ihrem Inneren erhalten und nicht immer wissen »müssen«, was ansteht. Wenn Sie sich die Freiheit nehmen, Ihren Kopf »abzulegen« und Ihr Inneres zu fragen. Wenn Sie sich gestatten, offen zu erkunden statt in den oft festgefahrenen eigenen Vorstellungen »kleben« zu bleiben. Vielleicht haben Sie sich nicht genügend Zeit gegönnt, oder die achtsame, annehmende und absichtslose Focusing-Haltung fällt Ihnen noch nicht so leicht.

Sollten Sie zu den Menschen gehören, die ihre Arbeit wichtig nehmen und sich und den eigenen Bedürfnissen nicht so viel Beachtung schenken, schlage ich Ihnen vor: Halten Sie öfter an. Gönnen Sie sich in der Mittagspause, nach der Arbeit und am Wochenende kleine Momente, um innezuhalten.

Kurzvariante der Übung: Wonach ist mir? Innere Bedürfnisse aufspüren

Nehmen Sie sich freundlich körperlich wahr und fragen sich innerlich Richtung Körpermitte: Wonach ist mir jetzt? Wichtig ist dabei, dass Sie diese Frage eine Weile in sich wirken lassen, sich dem Noch-nicht-Gewussten öffnen und in aller Ruhe mit dem Unklaren des Ganzen verweilen – in einer erkundenden Haltung, innerlich achtsam und unvoreingenommen. Lassen Sie sich dabei überraschen, was Sie in sich und an sich entdecken, welchen Bedürfnissen Sie dabei auf die Spur kommen.

Diese einfache Übung kann dazu beitragen, geübter darin zu werden, öfter in sich hineinzuhorchen und mehr und mehr auf die tiefen Bedürfnisse und den inneren Kompass zu hören, anstatt sich von einer To-do-Liste oder den Vorschriften des inneren Kritikers, Kontrolleurs oder Antreibers regieren und knechten zu lassen. Je öfter Sie üben – auch an Wochenenden, an anforderungsarmen Tagen, im Urlaub – umso eher reagiert Ihr innerer Achtsamkeitsmuskel, der ebenso wie andere Muskeln Training braucht. Sie werden staunen, was Sie dabei für spannende Entdeckungen machen können.

Falls Sie beim Üben im Alltag etwas belastet oder überlastet, ist die Frei-Raum-Übung im Stehen (Schlüssel 3) eine nützliche Alternative (s. S. 83).

Den inneren Kompass gezielt befragen – bereichernde Varianten

Wie Sie gesehen haben, besteht die einfachste Form des Mini-Focusing darin, gezielt eine Frage an Ihr Inneres zu richten. Je konkreter das Problem beziehungsweise die Situation und je präziser die Fragestellung ist, umso leichter ist es, einen Felt Sense dazu zu bekommen.

Ich schlage Ihnen einige Fragen vor, mit denen Sie in verschiedenen Situationen experimentieren und es sich leichter machen können. Wenn Ihnen die »Dinge« über den Kopf wachsen, wenn Sie etwas belastet oder es Ihnen nicht so gut geht, verschnaufen Sie einen Moment und lassen diese Fragen Richtung Körpermitte fallen und dort eine Weile in sich wirken:

- Wie kann ich es mir leicht(er) machen?
- Wie kann ich mich entlasten?
- Was stärkt mich jetzt?
- Was täte mir jetzt gut?
- Was ist jetzt wirklich wichtig?
- Was könnte ein kleiner, guter Schritt sein?

Wählen Sie diejenigen Fragen aus, die für Sie hilfreich und stimmig sind. Leisten Sie dem zunächst vagen, inneren Gespür, der körperlichen Antwort auf die jeweilige Frage eine Weile freundlich Gesellschaft. Lassen Sie sich überraschen, was aus Ihrem Inneren aufsteigt. Beobachten Sie es genauer, und begrüßen Sie alles, was kommt.

Weitere Anwendungsmöglichkeiten

Bei Warnsignalen erkunden, was nicht stimmt und was es braucht. Sie können Mini-Focusing auch beim Auftreten eines Frühsignals von Überlastung anwenden. Sie können den Felt Sense gezielt befragen und ihm eine Weile freundlich Gesellschaft leisten und Klarheit gewinnen, was los ist. Vorher ist allerdings erforderlich, dass Sie mithilfe von Schlüssel 1, 3 oder dem Notfallköfferchen herunterkommen, sich »abkühlen« und wieder Boden unter den Füßen gewinnen.

Wie Sie das Innehalten als Ankerplatz nutzen, hat Schlüssel 1 Ihnen bereits aufgezeigt. Vielleicht erinnern Sie sich, dass Sie am Ende der Übung Ihr Körperinneres fragen, was los ist, um herauszufinden, was nicht stimmt. Sie können schon kurz danach Ihren inneren Kompass fragen, was es braucht und was nötig ist, damit es wieder stimmt. Wann immer Sie in einer Situation verwirrt oder ratlos sind, können Sie sofort Ihr Inneres fragen, was los ist, und was ein guter, nächster Schritt wäre, und eine Weile warten, bis die Antwort kommt.

Statt sich selbst zu verurteilen, wenn es etwas nicht klappt, gibt es eine erfreuliche Handlungsalternative: Sie können spielerisch erkunden, was richtig sein könnte. Vielleicht möchten Sie am Wochenende, wenn Sie etwas mehr Muße haben, sich auf ein kleines Experiment einlassen.

Übung: Spielerisch erkunden, was richtig sein könnte

Üben Sie einfach eine Tätigkeit aus, nach der Ihnen gerade ist. Erkunden Sie dabei spielerisch, was für Sie jetzt richtig sein könnte. Schenken Sie sich selbst und Ihrem inneren Erleben dabei Ihre ganze Aufmerksamkeit. Wenn Sie in Kontakt zu sich sind und sich körperlich wahrnehmen, spüren Sie, während Sie beschäftigt sind, in sich hinein, wie das für Sie ist. Wenn es sich irgendwie schwer, zäh und nicht gut anfühlt, probieren Sie etwas anderes aus. Ändern Sie irgendetwas an der Aktivität, an der Körperhaltung oder der Art und Weise der Ausführung. Werden Sie langsamer oder widmen Sie sich einem anderen Teilaspekt, der Ihnen leichter von der Hand geht. Summen Sie bei der Tätigkeit oder variieren und spielen Sie mit Tempo, Energielevel, Körperhaltung oder mit Bewegung. Halten Sie inne, wenn etwas nicht stimmt … Fragen Sie sich, was geändert werden möchte … Spüren Sie wieder in Ihren Körper hinein. Erkunden Sie neugierig-offen, ob sich das für Sie jetzt stimmig anfühlt.

Es erleichtert und belebt das Alltagsleben ungemein, wenn es gelingt, in der Focusing-Haltung offen und neugierig wie ein Kind spielerisch zu erkunden, was sich richtig anfühlt, statt sich zu verurteilen, wenn Sie es nicht wissen.

Bei widerstreitenden Zeitgenossen in uns oder wenn eine Entscheidung ansteht. Manchmal sind wir innerlich zerrissen. Widersprüchliche Bedürfnisse, Anteile und Interessen in uns machen es schwer, die richtige Entscheidung zu treffen. Der Kopf will viel und oft alles. Der Körper sagt uns, wann es genug ist und was wirklich stimmig ist. Mini-Focusing hilft zu spüren, was wirklich richtig und stimmig für uns ist.

Beispiel: Eine Klientin war nach einem wuseligen Tag um 20 Uhr zur Meditation verabredet, die ihr wichtig war und auf die sie sich eigentlich sehr freute. Sie bemerkte aber, dass sie ziemlich »fertig« war. Sie »ging« in ihrer Vorstellung in die Situation hinein, sich vorzubereiten, sich auf den Weg zu begeben, zu fahren, anzukommen, ein einhalb Stunden zu praktizieren, danach zurückzufahren und um 23 Uhr wieder zu Hause zu sein. Sie spürte in sich hinein. Es fühlte sich anstrengend und ermüdend an, noch so lange unterwegs zu sein. Ihre Kraft schwand in ihrer Vorstellung. Sie »ging« dann in Ihrer Vorstellung in die Situation hinein, zu Hause zu bleiben und allein zu meditieren. Sie spürte in sich hinein, wie sich das anfühlte. Dabei merkte sie nach einer Weile, dass sie erleichtert aufatmete. Es fühlte sich für sie stimmig an, den Termin abzusagen, auch wenn ihr das nicht leicht fiel und unbequem war.

Das Unklare des Ganzen in sich arbeiten lassen. Es gibt noch eine weitere Variante, wie Sie stimmige Schritte aus der Gesamtintelligenz Ihres Organismus kommen lassen können. Wenn keine klare Antwort oder Lösung kommt, können Sie sich etwas anderem widmen. Gleichzeitig lassen Sie das Unklare des Ganzen in sich weiterwirken. Ich habe gute Erfahrungen damit gemacht, leichten Aufräum- oder Routinearbeiten nachzugehen und gleichzeitig mit 50 Prozent meiner Aufmerksamkeit innerlich achtsam in meinem Körper zu sein. Oft meldet sich irgendwann überraschend ein Felt Shift, ein klarer Impuls, ein Lösungsschritt oder eine (Teil-)Erkenntnis.

In einer (Belastungs-)Situation einen kleinen, erleichternden Schritt aus dem Körper kommen lassen. Mini-Focusing ist gut geeignet, um mithilfe Ihres inneren Kompasses in Kürze zu einer konkreten Situation als Ganzes den nächsten stimmigen Handlungsschritt aus Ihrem Körper kommen zu lassen. Das ist sowohl möglich in einer Realsituation wie einem Seminar, in einer Beratungs- oder Coachingsituation, als auch in der Vorstellung, zum Beispiel möglichst zeitnah vor einem schwierigen Gespräch.

Ich übe Mini-Focusing mit den Männern und Frauen in Seminaren anhand einer kleinen konkreten, belastenden Situation, zu der sie sich einen entlastenden Schritt wünschen. Vielleicht möchten Sie es auch üben. Wählen Sie zunächst eine möglichst aktuelle kleine, konkrete Situation aus. Sorgen Sie bitte für FreiRaum, indem Sie das Belastende neben sich abstellen oder herausstellen oder, mit der Entlastungsatmung herausatmen.

Übung: Einen kleinen, entlastenden Schritt entstehen lassen

Machen Sie es sich in der focusingorientierten Art so gemütlich wie möglich. Sie wissen schon, wie. Suchen Sie Ihren Wohlfühlort auf, lassen Sie und sich dort nieder und verankern Sie sich … Mit einem Bein in Ihrem Wohlfühlort gut verankert, führen Sie sich die belastende Situation wie auf einer Filmleinwand vor Augen. Betrachten Sie sich selbst wie im Film mittendrin … Was machen Sie gerade? Wie bewegen Sie sich? Wie ist Ihre Stimmung? … Bleiben Sie mit einem Bein in Ihrem Wohlfühlort … Lassen Sie die Situation als Ganzes da draußen auf der Leinwand auf sich wirken. Lassen Sie sich Zeit dabei … und lassen Sie folgende Frage Richtung Körpermitte fallen: Was könnte ein kleiner Schritt sein, der entlastet und es mir leichter macht? Lassen Sie die Frage eine Weile in sich »arbeiten«, ohne sie innerlich zu diskutieren. Spüren Sie in Ihren Körper, Ihren Brust- und Bauchraum hinein … Was geschieht in Ihnen? … Öffnen Sie sich dem Nichtwissen. Verweilen Sie eine ganze Zeitlang mit dem Unklaren des Ganzen … Gestatten Sie sich, dass Sie nichts herausfinden müssen. Seien Sie neugierig, welche Resonanz zu dieser Frage kommt, und warten Sie, was auftaucht … Lassen Sie sich ungefähr eine Minute Zeit … Achten Sie auf winzige, kaum merkliche Veränderungen … vielleicht eine vage körperliche Empfindung. Wo genau spüren Sie etwas? … Verweilen Sie mit dem, was sich bemerkbar macht. Beobachten Sie es. Wie genau fühlt es sich an? … Greifen Sie nicht ein … Vielleicht formt sich ein Bild, eine vage Idee oder ein überraschender Körper- oder Handlungsimpuls. Was auch immer kommt, heißen Sie es willkommen …

Woran erkennen Sie, dass es klappt? Es gibt kein Richtig oder Falsch. Entscheidend ist, den »Eingang« in den Körper zu finden, vom Alltagsbewusstsein in den Raum der inneren Achtsamkeit. »Man muss nur lernen, in sich hineinzukommen und bei dem zu bleiben, was innerlich da ist und von innen kommt. Dann fängt ein innerer Prozess an sich zu bewegen, und dann geht es ganz leicht« (Gendlin 2004, S. 29).

Sie erkennen es daran, dass Sie sich körperlich spüren, nicht in Details, sondern eher defokussiert als Ganzes. Sie könnten dann zum Beispiel im Bauchraum eine Art kribbelnder, pulsierender Energie spüren. Sie werden fast automatisch langsamer und Ihre Gedanken auch. Der überraschende Erkenntnisschritt oder Handlungsimpuls, ein Felt Shift, erleichtert Sie körperlich. Das ist ein gefühlter Veränderungsschritt, der »nicht nur mehr Erkenntnis [bringt], er verändert auch die Gesamtbefindlichkeit hin zu körperlichem Wohlbefinden, Entspannung und Energiesteigerung (Stumm/Wiltschko/Keil 2003, S. 119). Der Felt Shift lässt Sie aufatmen. Sie spüren eine innere Klarheit, nicht selten erleben Sie eine Art Energieschub. Wichtig ist, dass Sie mehrere Sekunden bis zu einer Minute lang, geduldig mit dem Unklaren des Ganzen innerlich achtsam und absichtslos verweilen.

Womit fühlen Sie sich sicher und wohl? Um die für Sie richtige berufliche Selbstdarstellung, für Sie stimmige Seminarausschreibungen oder Methodenauswahl zu finden, können Sie sich auch bei der Entscheidung und Formulierung mit Mini-Focusing nach innen fragen: Womit fühle ich mich wohl und sicher?

Früher habe ich mich oft mit dem unrealistischen und unbewussten Anspruch überfordert und unter Druck gesetzt, eine Thematik umfassend zu bearbeiten und im Seminar zu vermitteln oder damit, alle Erwartungen von Kundinnen, Kunden oder Teilnehmenden erfüllen zu »müssen«.

In meiner Focusing-Ausbildung habe ich gelernt, dass ich es mir leichter mache und dabei professioneller und glaubwürdiger auftrete, wenn ich mich innerlich frage, mit welcher Arbeitsweise, welchen Seminarausschreibungen, welcher Methodenauswahl oder welchem Beratungsangebot ich mich sicher und wohl fühle. Was ist wirklich meins? Was passt zu mir und entspricht mir? Ich brauche nicht Übungen anzuleiten, die mir nicht liegen und mir nicht entsprechen. Ich arbeite kompetenter und für meine Kundinnen und Kunden zufriedenstellender, wenn ich mich auf das beschränke, was ich beherrsche, was mir leicht von der Hand geht und was ich liebe.

Mit Mini-Focusing Grenzen erspüren und ziehen. Wenn Auftraggeber oder Klienten Erwartungen an mich formulieren, habe ich gute Erfahrungen damit gemacht, mit Mini-Focusing eine Zeitlang in mich hineinzuhören, was ich wirklich leisten kann, was ich erfüllen möchte und welchen »Preis« ich dafür zahlen und erhalten möchte, bevor ich vorschnell zusage und mich verbiege, um die Erwartungen komplett zu erfüllen, die an mich herangetragen werden. Das gilt auch für private Beziehungen. Die erlebte Überforderung hat mich gelehrt, dann, wenn Menschen sich etwas von mir wünschen, zuerst einmal einen Moment innezuhalten, zu schweigen und nach innen zu hören, was in welcher Dosis, in welchem Zeit- und Honorarrahmen sich für mich stimmig und richtig anfühlt – und auf mein Inneres zu hören.

Wo zieht es Sie hin? Was ist wirklich Ihrs?- Den für Sie richtigen Kurs aufspüren. Es wurde erläutert, wie Sie mithilfe von Schlüssel 2 erkunden können, wo es Sie hinzieht und was sich mehr Raum wünscht.

Wenn Sie gelernt haben, einen Felt Sense in sich entstehen zu lassen und mit ihm etwas zu sein, haben Sie ein kraftvolles Navigationsinstrument in der Hand, das Ihnen Ihren Weg und den für Sie richtigen Kurs in allen Lebensbereichen zeigt: Ob Sie im Internet, auf Reisen oder im »wahren« Leben etwas erleben, ob Sie am Schreibtisch sitzen, einen Text schreiben, einer Haus- oder Gartenarbeit nachgehen, Sport treiben, ein Seminar oder Coaching leiten oder Menschen begegnen – Sie können jederzeit Ihre körperliche Resonanz zu etwas, einer Person, einer Tätigkeit oder einer Situation erspüren und erkunden, was für Sie stimmig und richtig ist.

Komplexe Situationen tiefer wahrnehmen und stimmige Schritte aus dem Körper kommen lassen. Sie können komplexe und schwierige (Beratungs-) und (Gruppen-)Situationen feiner wahrnehmen, wenn Sie ganz da und innerlich »angeschlossen« sind an Ihren inneren Kompass. Wenn Sie in Kontakt zu sich sind *und* in Kontakt zu den Personen, mit denen Sie arbeiten. Wenn Sie in Ihrem Körper »angedockt« sind, sind Sie fast automatisch langsamer und nehmen Situationen, die Sie erleben, differenzierter wahr. Dabei pendeln Sie mit Ihrer Aufmerksamkeit von sich zu Ihren Gesprächs- oder Seminarpartnern und zurück. Sie halten immer wieder für Sekunden inne, um die Situation als Ganzes auf sich eine Weile wirken zu lassen. So können Sie die Situation *und* Ihre innerliche körperliche Resonanz tiefer wahrnehmen. Wenn Sie so mit Ihrer Aufmerksamkeit in der Körpermitte sind, können Sie von dort auch leichter stimmige Interventionen, Fragen und Inputs aus der Gesamtintelligenz Ihres Organismus kommen lassen.

Der nächste Schlüssel zeigt, wie Sie anders arbeiten. Im dritten Teil wird geschildert, wie Sie mit Mini-Focusing komplexe und schwierige Seminar- und Beratungssituationen tiefer erfassen und leichter meistern.

Schlüssel 7: Anders arbeiten – ressourcenschonend und -aktivierend zugleich

Arbeit kann krank machen oder beglücken. Es liegt in Ihrer Macht, dem »Krankmachenden« in Ihrer Arbeit den Boden zu entziehen und dem »Nährenden« mehr Raum zu geben. Folgende Fragen, die Sie sich stellen können, sind dabei wichtig:

- Sind Sie am für Sie richtigen Platz? Stimmt das Umfeld?
- Ist es die für Sie »richtige Dosis«, oder ist es einfach zu viel?
- Arbeiten Sie in der für Sie geeigneten Arbeitsweise? Stimmen Gangart, Tempo, Energielevel, Arbeitsrhythmus und die Art, wie Sie arbeiten, wie Sie sich steuern und wie Sie Schwerpunkte setzen?

Bei diesem Schlüssel liegt das Augenmerk auf dem letzten Punkt: Arbeiten Sie in der für Sie geeigneten Arbeitsweise? Es werden – ergänzend zu den bisherigen Schlüsseln – einige Ansatzpunkte aufgezeigt, wie Focusing Sie dabei unterstützen kann, wie Sie

- sich weniger Gewalt, Überanstrengung und Quälerei beim Arbeiten antun und sich nach und nach von Krafträubern wie Nonstopp-Tun, Hetze, Multitasking und Zwang verabschieden und
- während des Arbeitens »nährender« mit Ihrer Arbeit und sich selbst umgehen, um zu einer gewaltfreien, leichteren und für Sie stimmigeren, freudvolleren Art des Arbeitens zu finden. So können Sie nicht nur fit und leistungsfähig bleiben, sondern auch gleichermaßen die komplexen, rasch wechselnden Anforderungen gesamtintelligent meistern – zum Wohl des Ganzen.

Was mich auf meiner Erkundungstour nach Wegen aus der Erschöpfung so erstaunte, war die Entdeckung, dass die Wurzeln des Ausgebranntseins nicht nur darin bestanden, dass ich zu viel gearbeitet hatte und mich die Bandbreite meiner Tätigkeiten (und Zielgruppen) überforderten. Ich entdeckte auch, dass die Art und Weise, wie ich gewohnt war zu arbeiten, mir erstaunlich viel Kraft raubte und sich als ein zentraler Energie- und Lebensfreudekiller in meinem Leben herausstellte.

Kraftzehrend arbeiten

Kennen Sie das auch? Wenn Sie im »Erledigenmodus« sind – Ihre Ziele oder To-do-Listen vor Augen – und eher ernst und so konzentriert wie möglich alles abarbeiten, von dem Wunsch nach Zeitersparnis beseelt und dem Willen, so schnell und effektiv wie möglich die Dinge hinter sich zu bringen? Sie sind dann eher angespannt und unter Strom. Sie hetzen von einer Aufgabe zur anderen und gehen dabei manchmal mehrere Sachen parallel an (Multitasking). Es soll ja so schnell und gut wie möglich gehen. Sie ärgern sich, wenn Sie selbst, der PC oder der Mensch am anderen Ende des Telefons nicht so (schnell) funktioniert, wie Sie sich das vorstellen. Wenn Sie ganz im Kopf und bei Ihren Projekten sind, nehmen Sie den Körper gar nicht oder kaum wahr. Sie bekommen kaum mit, ob es Ihnen zu viel wird und Körper und Gehirn nach einer Pause verlangen.

Mir ist es so ergangen, dass ich mich durch die Aufgaben und den Tag »durchbiss«, um das zu erreichen, was ich mir in den Kopf gesetzt hatte. Das raubt mir unendlich viel Kraft und laugt mich aus. Meine gute Stimmung sinkt spätestens dann, wenn ich das Anklopfen meines Organismus ignoriere und auf eine kleine Verschnaufpause verzichte. Mit dem Arbeitsergebnis bin ich selten zufrieden und obendrein abends fix und fertig, sodass ich meist zu nicht mehr in der Lage bin, als energielos am Fernseher abzuhängen oder mich mit etwas anderem abzulenken, um meinen unangenehmen Empfindungen aus dem Weg zu gehen. Viele meiner Klienten schildern mir, wie sie sich ähnlich durch den Tag quälen.

Weniger kraftraubend arbeiten – dem »Nährenden« Raum geben

Der Kopf will viel und hat nicht selten eine (unbewusste) Vorstellung davon, wie es gehen »soll«, manches Mal gespeist vom inneren Antreiber (Kritiker, Kontrolleur). Der Kopf wundert sich, wenn es nicht so geht, wie er es sich vorstellt. Der Körper weiß, was und wie es wirklich geht. Und wann genug ist. Erinnern Sie sich? Der Felt Sense enthält sowohl das, was nicht stimmt, als auch das, wie es richtig ist. Der Körper zeigt uns sowohl, wie wir weniger kraftraubend und gewaltfrei mit uns und der Arbeit umgehen, als auch, wie wir dem »Nährenden« Raum geben.

Die ersten sechs Schlüssel zeigen schon eine Fülle von Ansatzpunkten auf. Üben Sie sich darin, die Schlüssel nach und nach beim Arbeiten anzuwenden. Lernen Sie, auf sich selbst zu hören, auf Ihren Körper und Ihren inneren Kompass, anstatt Ihrem inneren Antreiber das Terrain zu überlassen.

Das Wichtigste in Kürze:

- Halten Sie immer wieder während der Arbeit – vorbeugend – kurz inne, um den Körper von Anspannung zu lösen und den Kopf freizubekommen. So zentrieren Sie sich wieder (Schlüssel 1) und bekommen Zugang zur Gesamtintelligenz Ihres Organismus.
- Seien Sie wach, wenn Sie beschäftigt sind. Nehmen Sie sich selbst dabei liebevoll »an die Hand« und passen Sie auf sich auf, damit Sie sich nicht übernehmen (Schlüssel 2).
- Sobald etwas nicht rundläuft und ein Warnsignal auftaucht, halten Sie inne (Schlüssel 1), um aus schädlichen Stressmustern auszusteigen.
- Gewinnen Sie Ihren FreiRaum, Ihre Balance und Handlungskraft mit den Schlüssel 3, 4 und 5 zurück.
- Wenn etwas unklar ist, »schauen« Sie focusingorientiert genauer und tiefer hin, wo es hakt. Horchen Sie mit Mini-Focusing (Schlüssel 6) in sich hinein, was los ist, was es braucht und was jetzt wichtig und richtig ist.

Die Kraft des »nährenden« Tuns entdecken

»Was in Liebe getan wird, wird gut getan.«
Vincent van Gogh

In den Kapiteln zu den Schlüsseln 2 (Selbstbeobachtung) und 6 (Mini-Focusing), aber auch 3 (FreiRaum), finden Sie bereits etliche Anregungen, dem auf die Spur zu kommen, was Sie energetisiert und in Ihre Kraft bringt, wie Sie es sich leichter machen und Ihrem inneren Kompass folgen können.

Jetzt möchte ich Sie einladen, etwas von dem Flair zu schnuppern und zu entdecken, wie viel lebendiger und leichter es sich anfühlt und wie es Sie nährt, wenn es Ihnen gelingt, focusingorientiert zu arbeiten: Wenn Sie im Kontakt sind mit sich und dem, was Sie tun und erleben – aus dem FreiRaum heraus. Wenn Sie im Kontakt sind mit dem Gegenstand, den Sie bearbeiten, mit dem, was Sie berührt und Ihnen am Herzen liegt. Wenn Sie dabei innerlich körperlich »angedockt« sind, verlangsamen Sie fast automatisch. Lust und Schaffensfreude steigen dann wie von selbst im Innern auf. Wenn Sie im Kontakt sind mit den Menschen, für die Sie arbeiten – sei es bei der Formulierung von Seminarausschreibungen oder Flyern, bei der Vorbereitung von Seminaren oder Beratungen oder während Sie sie durchführen. Wenn Sie sich immer wieder winzige bis kleine Pausen gönnen, nichts tun, nur aus dem Fenster schauen oder nach draußen gehen, dann arbeitet es meist weiter in Ihnen ... Und irgendwann kann ein Einfall oder ein anderer Impuls kommen, der sich wie ein Energieschub anfühlt und Sie quasi zum nächsten Arbeitsschritt »hinschubst«.

Hemingway empfiehlt, dann aufzuhören, wenn man weiß, wie es weitergeht. Sollten Sie die Wahl haben: Probieren Sie aus, in Ihrer Arbeit dann für einen Moment innezuhalten, wenn es fließt. Sie werden staunen, wie viel mehr Energie, Arbeitsfreude und Lebensqualität Sie gewinnen.

Focusingorientiert arbeiten – wie geht das?

Da Raum und Zeit fehlen, dieses Thema detailliert auszuführen, möchte ich Sie einladen, mit den folgenden drei zentralen Ansatzpunkten zu experimentieren:

- mit und aus dem FreiRaum heraus zu arbeiten,
- Kontakt herzustellen zu sich, zur Aufgabe und zu den Menschen, für die Sie arbeiten, zu dem, was Ihnen am Herzen liegt, um aus Ihrem inneren Kompass heraus für Sie und die Situation stimmige Arbeitsschwerpunkte und -schritte entstehen zu lassen und Ihre Arbeitsweise zu finden,
- aus der Focusing-Haltung heraus Ihre besonderen Gaben in der Arbeit auszudrücken und zu erkunden, wie Sie dem »Nährenden« Raum geben und es sich leichter machen können.

Schaffen Sie (Frei)Raum zu Beginn Ihrer Arbeit

Starten Sie in Ihren Arbeitstag, indem Sie FreiRaum schaffen. Wandeln Sie bitte die Übungen gegebenenfalls so ab, wie es zu Ihnen und zu Ihrer Situation passt. Probieren Sie an einem anforderungsarmen Arbeitstag aus, wie es sich anfühlt, wenn Sie sich erlauben, erst einmal an Ihrem Arbeitsplatz anzukommen. Schaffen Sie vor Arbeitsbeginn Raum, sodass Ihr »Körper frei atmen und tiefer offen sein kann« (Gendlin 2004, S. 56).

Übung: Äußeren FreiRaum schaffen – sich erlauben, sich wirklich wohlzufühlen

Vielleicht möchten Sie damit experimentieren, wie es sich anfühlt, in den Arbeits- oder Seminartag zu starten, wenn Sie sich erlauben, zunächst die Bedingungen im äußeren Raum so herzustellen, dass Sie selbst sich möglichst wohlfühlen: Vielleicht möchten Sie Ihren Schreibtisch leer beziehungsweise den Seminarraum so aufräumen und das wegräumen, was Sie nervt, damit Sie eine klare, ungetrübte Sicht haben und eine Atmosphäre erhalten, die Ihnen guttut. Fragen Sie sich: Was brauche ich noch an Raum um mich, damit ich aufatmen kann? Finden Sie einen guten Platz und richten Sie sich ein, wie es für Sie angenehm ist.
Wenn Sie im Coaching oder Seminarraum sind, erkunden Sie, wie Sie Beziehungs-FreiRaum zu den Menschen, mit denen Sie arbeiten, schaffen können. Finden Sie einen stimmigen, guten und für Sie richtigen Abstand, um gut arbeiten zu können. Falls noch etwas dazwischensteht, kann es hilfreich sein, das anzusprechen, was die Beziehung »trübt«. Nehmen Sie jetzt den Raum bewusst wahr und spüren Sie in sich hinein, was sich in Ihnen verändert hat.

Schaffen Sie auch inneren FreiRaum zum Start in den Arbeitstag, wie Sie es bereits bei Schlüssel 3 kennengelernt haben (s. S. 83 f.). Achten Sie mehrmals täglich, beispielsweise vor jedem Coaching, auf FreiRaum und einen stimmigen Abstand zu dem, was Sie bearbeiten, sowie zu dem, was Sie belastet und Ihnen auf die Pelle rückt, damit Sie wieder Zugang zu Ihren Kräften bekommen.

Ein zu voller Terminkalender und Zeitdruck sind Gift für focusingorientiertes Arbeiten. Schaffen Sie daher unbedingt »luftige« FreiRäume und Zeitblöcke mit etwas Luft drumherum, in denen Sie Raum haben zum kreativen Tun.

Bevor Sie vorschnell Termine oder Aufgaben zusagen, die an Sie herangetragen werden, lassen Sie die Anfrage eine Weile in sich wirken. Spüren Sie in sich hinein, ob Ihnen genügend Raum und Zeit dafür, für sich und das bleibt, was Ihnen wichtig ist. Sie sparen Zeit und Nerven und gewinnen Klarheit und Kraft, wenn Sie sich focusingorientiertes Arbeiten gestatten und die Rahmenbedingungen dafür schaffen. Wenn beispielsweise Termine näherrücken und Sie spüren, dass es Ihnen zu viel wird, zögern Sie nicht, Ihren inneren Kompass zu befragen, was entsorgt, verschoben oder vereinfacht werden kann.

Den inneren Kompass positiv auf Ihre Arbeit einnorden

Stimmen Sie sich morgens positiv auf sich und Ihren Arbeitstag ein und norden Sie Ihren Kompass direkt auf das ein, was Ihnen wirklich wichtig ist. Das kann so aussehen, dass Sie sich zunächst FreiRaum und klare Sicht verschaffen: einen Überblick und Klarheit über die anstehenden Aufgaben, Projekte und Termine an diesem Tag und in naher Zukunft (beispielsweise für den Rest der Woche) – beruflich und privat. Vielleicht möchten Sie die liegen gebliebenen Unterlagen auf dem Schreibtisch sichten, aufräumen und ordnen, sodass Sie auch im Außen FreiRaum haben und Klarheit gewinnen. Probieren Sie dann aus, auf focusingorientierte Art zu sich zu kommen.

Mini-Form: Kontakt zu sich finden

Nehmen Sie sich wohlwollend körperlich wahr. Finden Sie eine entspannte Sitzhaltung. Schließen Sie die Augen ... Sie wissen schon ... Nehmen Sie Ihren Körper in Ruhe wahr ... Spüren Sie die Berührungspunkte der Fußsohlen mit dem Boden, die Auflageflächen Ihres Körpers auf dem Sitz. Lassen Sie alle überflüssige Anspannung los ... Nehmen Sie Ihren Atemstrom spürend wahr ... Lassen Sie Ihren Atem frei fließen, bis Sie zur Ruhe gekommen sind, sich körperlich spüren und Kontakt zu sich gefunden haben (s. Schlüssel 1).

Kontakt zum Thema aufnehmen: Stimmige Prioritäten aufspüren. Nehmen Sie dann Kontakt auf zu Ihrem Thema oder zu den Projekten, die anstehen.

Übung: Stimmige Prioritäten aufspüren

Bleiben Sie in entspannter Körperhaltung mit geschlossenen Augen oder halten Sie den Blick gesenkt. Wenn Sie sich äußerlich körperlich spüren, spazieren Sie mit Ihrer Aufmerksamkeit in den Brust- und Bauchraum ... Lassen Sie sich Zeit, um dort anzukommen und sich von innen zu spüren ... Bleiben Sie mit 50 Prozent Ihrer Aufmerksamkeit im Inneren. Dann »streifen« Sie vor Ihrem inneren Auge das anstehende Projekt oder die bevorstehenden Aufgaben, eher defokussiert jeweils als Gesamtes wie bei der Übung »Päckchen packen« (Schlüssel 3), der Reihe nach kurz, nur mit einem Etikett versehen: »Alles über ...«, eher unangestrengt und nur kurz, was Ihnen in den Sinn kommt ... Spüren Sie dabei nach innen, ob etwas in den Vordergrund rückt, sich etwas zeigen möchte oder nach Aufmerksamkeit verlangt.

Lassen Sie dann den Ihnen zur Verfügung stehenden (Zeit-)Rahmen für Ihr(e) Projekt(e) als Ganzes in Ihrem Innern eine Weile wirken , ohne etwas Bestimmtes zu wollen … Fragen Sie sich in Richtung Körpermitte: Was ist mir wirklich wichtig? Was liegt mir am Herzen? … Seien Sie neugierig, was an innerer Resonanz kommt, was Sie spüren und was in Ihrem Inneren geschieht. Vielleicht zeigen sich noch ungeformt und unklar einzelne Aufgaben, Prioritäten und Schritte. Verweilen Sie mit dem, was sich innerlich bemerkbar macht … Leisten Sie dem aufmerksam und freundlich Gesellschaft, was sich jetzt vielleicht klarer herauskristallisiert … in Form von Bildern oder Handlungsimpulsen … Warten Sie ab, was als Erstes auftaucht … Wenn Sie noch keinen Kontakt zu sich und zu der Aufgabe haben, der Sie sich als Erstes widmen möchten, können Sie auch zunächst für FreiRaum sorgen.

Sie sind eingeladen zu experimentieren, wie Sie dem Kraftraubenden den Boden entziehen und dem Raum geben, was Sie nährt und Ihnen Freude bereitet. Ihre Haltung, Ihre Gangart, Ihr Tempo, Ihr Energielevel und Ihre Präsenz können Felder sein, um Ansatzpunkte zu entdecken. Starten Sie mit einer einfachen Tätigkeit. Wählen Sie dafür einen Zeitpunkt, wenn Ihnen danach ist. Zwingen Sie sich zu nichts.

Übung: Gewaltfrei arbeiten – dem »Nährenden« Raum geben

Gehen wir davon aus, dass Sie Ihre Küche, das Bad oder andere Räume reinigen oder aufräumen. Halten Sie zunächst inne. Spüren Sie sich körperlich … Sorgen Sie für FreiRaum … Sie wissen schon … Nehmen Sie in Ihrer Vorstellung Kontakt zu der Tätigkeit auf und zu den Menschen, für die Sie sie ausüben. Fragen Sie sich: Was ist mir wichtig? Oder: Was liegt mir am Herzen? … Möchten Sie es sich und/oder Ihren (Geschäfts-) Partnern sauber und schön machen, um sich wohlzufühlen? Oder, oder … Möchten Sie sich körperlich »austoben«, wenn sich etwas in Ihnen angestaut hat … oder sich Ausgleich bei einer meditativ ausgeführten, geistig wenig beanspruchenden Tätigkeit suchen? … Spüren Sie in sich hinein, was für Sie Sinn macht …
Finden Sie bewusst eine entspannte Körperhaltung. Seien Sie ganz da. Wach und entspannt … Beginnen Sie in Ruhe, einen Handgriff nach dem anderen. Spielen Sie mit Langsamkeit, verschiedenen Energieleveln und Rhythmen, … variieren Sie bewusst das Anforderungsniveau an Ihren Körper, Ihren Geist und Ihr Herz … und probieren Sie aus, womit Sie sich gut fühlen … Beobachten Sie sich dabei freundlich-fürsorglich. Spüren Sie in sich hinein, wie es Ihnen damit geht … Fragen Sie sich: Wie kann ich es mir leichter machen? Sie können mit Summen, Singen, Musik oder tänzerischen Bewegungen experimentieren … Spüren Sie Ihre Hände am Staubsauger oder am

Reinigungstuch oder ... Machen Sie sich bewusst, wofür und für wen Sie das tun ... Spüren Sie in sich hinein, wie sich das anfühlt. Sobald Sie Eile, eine Unbehaglichkeit oder sinkende Motivation oder Energie feststellen, hören Sie auf und halten inne. Fragen Sie sich, was nicht stimmt und was geändert werden möchte ...

Innerhalb Ihrer Gestaltungs- und Zeiträume können Sie mit Focusing auf einer tieferen Ebene herausfinden, wie beispielsweise ein Seminar aussehen kann, das Ihnen entspricht, was Ihr Ding ist und Ihre Augen zum Leuchten bringt, welche Inhaltsschwerpunkte und Methoden für Sie stimmig sind. Allerdings kann ich Ihnen nicht versprechen, dass es möglich ist, focusing-orientiert arbeiten zu lernen, ohne ein einführendes Seminar zu besuchen. Mit folgender Übung können Sie einen Geschmack davon bekommen.

Übung: Eine stimmige Seminarausschreibung entstehen lassen

Wenn Sie einen für Sie stimmigen Text für ein Seminar entwerfen möchten, das Ihnen entspricht, bei dem Sie das, was Ihrs ist, ins Zentrum rücken können, stellen Sie zunächst Kontakt zu sich, dann zum Thema und zu den Menschen her, für die Sie das Seminar anbieten.

Spüren Sie in Ihren Brust- und Bauchinnenraum hinein. Sie können sich innerlich fragen: Was ist mein persönlicher Bezug zum Thema? Was liegt mir am Herzen? Was ist mir wichtig, »rüberzubringen«? Was ist wirklich »meins«? ... Spüren Sie nach innen ... Lassen Sie in Ruhe einen Felt Sense entstehen ... Warten Sie etwas länger ab, was sich zunächst vage und unscheinbar anfühlt ... Verweilen Sie interessiert-neugierig mit dem noch unklaren Gespür ... Beobachten Sie es gespannt und genau ... Bleiben Sie mit Ihrer achtsam-annehmenden Aufmerksamkeit dabei, was an Mosaiksteinchen kommt und sich zeigen möchte: an noch ungenauen Bildern, Empfindungen, an Situationen, Erlebnissen, die Sie berühren ... Verweilen Sie mit dem Unklaren des Ganzen ... Sie können auch gezielt Fragen stellen ... Schreiben Sie es auf, wenn es sich genauer zeigt. Stellen Sie sich die Teilnehmenden vor und versetzen Sie sich in ihre Situation(en) hinein. Stellen Sie sich vor Ihrem inneren Auge konkret vor, mit was für Problemen und wie sie ins Seminar kommen. Was bewegt sie? Mit welchen brennenden Problemen und konkreten Situationen haben sie zu kämpfen? Welche Bedürfnisse und Sehnsüchte treibt sie um? ... Was ist das, was Sie Ihnen geben können und möchten? ... Was ist das Herz davon?

Je konkreter es Ihnen gelingt, das festzuhalten, was Ihnen am Herzen liegt und Sie bewegt, und je geduldiger Sie mit Ihrer inneren Resonanz und dem zunächst Unklaren verweilen, bis sich seine Bedeutung genauer entfaltet, umso mehr innere Klarheit gewinnen Sie. Lassen Sie sich überraschen, zu welcher möglicherweise anderen, stimmigeren Qualität des Arbeitens das führen kann, die Ihnen eher entspricht und sich leichter, erquicklicher und »menschenfreundlicher« anfühlt.

Literaturtipp: In dem Buch »Focusing und Philosophie« können Sie erfahren, wie mit Focusing und dem Felt Sense eigenes Denken und das Entwickeln einzigartiger Konzepte möglich wird (Wiltschko 2008, S. 15 ff.). Vier Punkte, die der westlichen Arbeitsweise eher nicht entsprechen, sind dabei der Boden, der es ermöglicht: Langsamkeit, sich dem Nichtwissen öffnen, sich Zeit lassen und Verweilen mit dem Unklaren des Ganzen und nach innen hören statt »machen, machen«.

Mit dem »Durcheinander«, dem fruchtbaren Nährboden des Neuen verweilen. Wann immer Sie Unklarheit, Ungehaltensein oder Lustlosigkeit empfinden, halten Sie inne (Schlüssel 1). Lassen Sie das Durcheinander im Kopf und vielleicht auch die Unruhe im Körper erst einmal sacken. Wenn Sie mit dem Durcheinander, dem fruchtbaren Nährboden, mit dem Unklaren und Nichtwissen in Ihnen eine Zeitlang verweilen, kann aus dem Kompost das erblühen und sich zeigen, was in Ihnen lebendig werden möchte. Erlauben Sie sich, zu sich zu kommen.

Innehalten – Kontakt zu sich herstellen. Wenn Sie keinen klaren Impuls empfinden, das anzupacken, was Ihnen oder Ihrem Kopf als Priorität vorschwebt und Sie sich eher mit E-Mails oder anderen unwichtigen Dingen ablenken, hilft Ihnen vielleicht folgende Übung, um sich zu zentrieren und mit Ihrem inneren Kompass herauszufinden, was Sie wieder in Ihre Handlungskraft bringt:

Übung: Kontakt zu sich finden

Sagen Sie sich: »Ich schenke mir und meinem Körper meine ganze Aufmerksamkeit. Ich nehme mich ganzkörperlich spürend wahr, bis ich den Kontakt meiner Fußsohlen mit dem Boden spüre, die Auflageflächen meines Körpers auf meinem Sitz. Ich mache es meinem Körper so gemütlich wie möglich, bis ich guten Kontakt zum Boden und zur Sitzfläche spüre – Ich nehme meinen Atem wahr und lasse ihn frei fließen. Ich lasse mich in die Ausatmung mit halb geöffneten Mund hineinfallen und atme so lange aus, wie es möglich ist, und lasse die Einatmung ganz von selbst, ganz leicht und natürlich durch die Nase wiederkommen … Ich atme dabei hörbar so lange aus, wie es geht … und setze diese Übung so lange fort, bis sich die Ausatmung verlängert hat und sich über meinen Atem mein Körper, mein Geist und auch meine Gefühle beruhigt haben …«

Wenn Ihr Kopf jetzt frei und klarer ist und Sie entspannter sind, können Sie erkunden, was einer druckfreien Arbeitsweise im Wege steht.

Übung: Ihr Inneres fragen, was Ihrem Arbeitsfluss im Wege steht

Wenn Sie sich körperlich spüren, wandern Sie mit Ihrer Aufmerksamkeit in Ihren Körper, in den Brust- und Bauchraum. Wenn Sie dort angekommen sind und sich von innen her spüren, wenden Sie Ihre Aufmerksamkeit der Reihe nach in aller Ruhe den anstehenden Aufgaben sowie Ihren »Baustellen« als Ganzes zu – nicht im Detail, sondern eher defokussiert … Spüren Sie bei jedem Projekt beziehungsweise jeder »Baustelle« in sich hinein. Fragen Sie Richtung Körpermitte: Was steht im Wege? … Was genau verlangt nach Aufmerksamkeit? Welche innere Resonanz spüren Sie? … Bleiben Sie bei dem vagen Gespür. Beobachten Sie es … Verweilen Sie mit jedem Projekt und jedem Thema, das sich meldet, eine Weile – auch mit dem, was sich eher diffus zeigt. Widmen Sie dem Unklaren des Ganzen Ihre volle und wohlwollende Aufmerksamkeit. Sie können auch fragen: Was könnte ein nächster, kleiner Schritt sein? … Seien Sie neugierig, was aus Ihrem Inneren sich zeigt – offen erkundend, absichtslos und ohne Eile, bis nach einer halben bis ganzen Minute vielleicht eine Einsicht oder ein Handlungsimpuls kommt, der sich körperlich erleichternd anfühlt …

Wenn Ihnen das nicht möglich ist, schaffen Sie FreiRaum. Oder Sie fangen mit einer Tätigkeit an und erkunden und annehmend-absichtslos, ob es fließt und wie es sich anfühlt. Wenn das misslingt, versuchen Sie etwas anderes und erkunden, wie es wieder leichter fließt (s. auch Schlüssel 6).

Die erkundende und annehmend-absichtslose Focusing-Haltung ist ein entscheidender Ansatzpunkt, um dem Nährenden in der Arbeit Raum zu geben, was geht, wo es leicht geht und wie es für Sie stimmig ist und zu den Menschen und der Situation passt.

Erinnern Sie sich an die Erkenntniswanderung? Manchmal tauchen Stromschnellen und Stolpersteine wie Störungen oder Signale auf, die uns und unsere Geschicklichkeit im Leben ganz schön herausfordern. Schauen

Sie genau und tiefer hin, wo es hakt und was es braucht. Erkunden Sie, wo es leichter langgeht. Konzentrieren Sie sich dann auf jeden einzelnen Schritt. Gehen Sie achtsam einen festen, kleinen Schritt nach dem anderen.

Lassen Sie sich durch asiatische Selbstverteidigungskünstler inspirieren, die ihre Bewegungskunst wie einen Sport begreifen. Sie sind präsent und achtsam. Sie schauen in Ruhe genau hin und probieren klug den einfachsten, leichtgängigen Weg unter Einsatz minimaler Körperkraft aus – ständig geschmeidig und beweglich.

Beim Focusing ist es wie bei der Erkenntiswanderung: Ein Schritt ergibt sich aus dem eben gegangenen. Je konkreter die Situation ist, je unmittelbarer Sie sie real oder in der Vorstellung erleben, umso leichter bildet sich ein Felt Sense und erschließt sich die Lösung.

Beispiel: Focusingorientiert einen stimmigen Flyer entstehen lassen: Einer selbstständigen Klientin war ein Auftraggeber weggebrochen. Sie kam zu mir, um ihre Seminartätigkeit mit Focusing auf neue Füße zu stellen und ihre verschiedenen Werkzeuge zusammenzuführen. Nach zwei Sitzungen der Klärung (Was möchte Neues lebendig werden? Was ist »Ihr Ding«? Was sind für Sie stimmige Themenschwerpunkte und erfolgversprechende Zielgruppen?) präsentierte sie mir einen selbstgestalteten Flyer, mit dem sie ihre Zielgruppe anziehen, neugierig machen wollte, um ihr neues Standbein aufzubauen.

Wie finden Sie »Ihrs« und Worte, die berühren?

- Erster Schritt: Kontakt zu sich aufnehmen, Augen schließen, sich ganzkörperlich wahrnehmen, über Kontakt-/Auflageflächen mit Boden-/Sitzunterlage, über Atem eventuell Belastendes ausatmen und überflüssige Anspannung loslassen – bei sich ankommen.
- Zweiter Schritt: Nach innen in den Brust- und Bauchraum mit der Aufmerksamkeit gehen, FreiRaum schaffen, in den Körper wandern, innere Gestimmtheit, Atmosphäre erkunden – Wohlfühlort im Körper aufsuchen, sich niederlassen und dort gut verankern.
- Dritter Schritt: Vom Wohlfühlort aus Kontakt zum Projekt und dem Unklaren des Ganzen herstellen.

Übung: Einen stimmigen Flyer entstehen lassen

Lassen Sie sich an Ihrem Wohlfühlort nieder, machen Sie sich es bequem, … Während Sie sich dort gut verankern (und mit 50 Prozent Ihrer Aufmerksamkeit im Wohlfühlort bleiben), werfen Sie von da aus einen Blick auf all das, was Sie anbieten möchten, auf die Mosaiksteinchen, die klar sind, auf das, was Ihnen dabei am Herzen liegt … und auf Ihren Flyer, mit dem Sie Menschen ansprechen möchten …, eher defokussiert (nicht im Detail), … und lassen Sie das alles zu einem Ganzen werden … Verweilen Sie mit dem Unklaren des Ganzen. Lassen Sie die Frage, was sich noch zeigen möchte, in Richtung Körpermitte fallen und eine Weile in sich wirken. … Nicht innerlich diskutieren! Das kann eine halbe bis eine Minute dauern, bis eine vage körperliche Empfindung, eher klein und unscheinbar sich bemerkbar macht in Ihrem Körperinneren (meist Bauch-, Brustraum), noch unklar …, eine vage Ahnung. Bleiben Sie dabei und achten Sie darauf, welche Bilder, Körperempfindungen oder Wortfetzen in Ihnen auftauchen, und heißen Sie alles willkommen, was kommt, sich zeigt oder auch nicht … Wenn Ihnen beispielsweise das Bild von den Menschen kommt, die Ihren Flyer in Händen halten, können Sie weitere Fragen in Richtung Körpermitte fallen und eine Weile (bis zu einer Minute) in sich wirken lassen: Was möchte da herüberkommen in dem Flyer? … Oder: Was liegt mir am Herzen, dass dieser Mensch davon haben soll? … Was soll in ihm vorgehen oder passieren, wenn er den Flyer sieht oder in seinen Händen hält? Aufschreiben, notieren, welche Worte Ihnen kommen … Weitere mögliche Fragen: Was möchte ich, dass der Leser von meinem Angebot haben sollte? … Verweilen, warten, … Noch einmal nach innen gehen und sich fragen: Gibt es noch etwas, das fehlt? Noch etwas, das im Flyer sichtbar werden möchte? … Fragen Sie sich am Ende: Was möchte gesichert werden? Was könnte ein weiterer Schritt sein? – Halten Sie Ihre Erkenntnisse in Stichworten fest …

Vielleicht haben Sie die Möglichkeit, dass Sie jemand begleitet und die Stichworte notiert, wenn Sie sie laut äußern.

Literaturtipp: Im Focusing-Journal Juni 2008 finden Sie weitere Anregungen, wie Sie mit Focusing schreiben können (Zillesen 2008, S. 9 ff.).

Focusingorientiert Genauern – bei der Texterstellung. Um einen ansprechenden Text unter anderem für Ihren Flyer zu finden, der »Ihrs« trifft und wirklich berührt, ist das focusingorientierte »Genauern« nützlich, um exakt die Worte zu finden, die genau das treffen, was Ihnen am Herzen liegt und womit Sie Ihre Zielgruppen anziehen. Nehmen Sie focusingorientiert Kontakt zu sich auf.

Übung: Genauern – die für Sie »richtigen« Worte finden

Wenn Worte kommen, spüren Sie in sich hinein – eine ganze Weile. Nehmen Sie Ihre innere körperliche Resonanz im Brust- und Bauchinnenraum wahr. Wie fühlt sich das Wort oder der Satz von innen an? Sie können auch in Richtung Körpermitte fragen: Ist es das richtige Wort, trifft es genau das, was mir wichtig ist? … Lassen Sie sich Zeit … Warten Sie ab, was innerlich geschieht. Wenn Sie eine körperliche Erleichterung zum Beispiel in Form eines Aufatmens verspüren, einen sogenannten Felt Shift, empfinden Sie innere Klarheit und spüren: Ja, das ist es! (s. auch S. 166 f.)

Den richtigen Zeitpunkt zu finden, macht es leichter. Bei meinem mehrmonatigen Experiment »Auf wie wenig Raum kann ich kostensparend besser leben?« bin ich einer Frau begegnet, die mir ihr Geheimnis anvertraute, wie sie es schafft, unliebsame Dinge leichter und freudvoller zu erledigen. Sie wäscht beispielsweise ihre Gardinen nicht dann, wenn sie es sich vorgenommen hat, sondern dann, wenn der Zeitpunkt günstig ist und es sich für sie leicht und mühelos anfühlt und vielleicht sogar etwas Freude bereitet.

Gehen Sie unliebsamen Tätigkeiten dann nach, wenn es Sie wenig Kraft kostet. Brechen Sie Ihr Wunschprojekt wie zum Beispiel ein eigenes Buch zu schreiben, nicht übers Knie. Seien Sie geduldig und erkunden Sie, wann der richtige Zeitpunkt dafür gekommen ist. Aus eigener Erfahrung habe ich »ihn« daran erkannt, dass es sich mühelos ergeben hat und mir quasi in den Schoß gefallen ist. Und ich spürte, wie es mich innerlich energetisierte, als es darum ging, den Projektpass für das Buch zu entwerfen.

Aktivitätswechsel und der richtige Mix macht es. Sie arbeiten leichter und energievoller, wenn Sie die Art der Tätigkeit und den Beanspruchungsgrad immer wieder intuitiv und bewusst wechseln, sobald Ihre Energie und Motivation sinken: vom Sortieren, Ordnen, systematisch Arbeiten, Seminare vorbereiten zum kreativen Teil übergehen und sich dann wieder Leichteres oder Routiniertes wie Aufräumen, Organisatorisches oder ein Telefonat gönnen – mit zwischendurch eingestreuten Momenten des Innehaltens.

Unter »Rhythmisieren« (s. S. 136) erfahren Sie, wie der richtige Mix und kleine, wohldosierte Portiönchen zu einer leichteren, energiesparenden und freudvolleren Arbeitsweise führen. Ganz wichtig: Hören Sie auf Ihren inneren Kompass und Rhythmus und führen Sie eine Tätigkeit nur so lange aus, wie es leicht und schmerzfrei geht und Freude bereitet. Sobald die Energie oder Lust sinkt, stoppen Sie, halten Sie inne, gönnen Sie sich eine winzige Pause und wechseln Sie den Raum oder die Tätigkeit.

Das Wie ist entscheidend. Erkunden Sie, wie es ist, wenn Sie ganz da sind und sich spüren. Probieren Sie aus, wie Ihnen die Aktivitäten oder Bewegungen guttun. Wenn Sie Ihrem inneren Fluss, Energielevel und Rhythmus folgen. Wenn Sie Yoga, Gymnastik, Walken oder Joggen betreiben, beobachten Sie den Unterschied. Ob Sie sich die Bewegung gönnen, weil Ihnen danach ist. Sie spüren, dass es ihnen guttut und Sie ganz dabei sind, mit Ihrer ganzen Aufmerksamkeit den Weg der Bewegungen verfolgen und sie so ausführen in der Langsamkeit und mit dem Energielevel, dass es sich gut anfühlt, Sie dabei Ihren Körper spüren und die Dehnung oder Bewegung genießen. Oder ob Sie sich dazu zwingen, weil Sie es sich in den Kopf gesetzt haben.

Da lang, wo es leicht geht und sich stimmig anfühlt. Nach meiner Erfahrung sind erfolgreiche Arbeitsergebnisse – auch bei klaren Zeitvorgaben – nicht eine Frage von Disziplin, Überwindung des inneren Schweinehunds, von Schnelligkeit und effektivem Arbeiten im herkömmlichen Sinne. Sondern das Ergebnis von innerer Ruhe und Klarheit, von bewusstem und achtsamem Tun und vor allem davon, auf sein Inneres zu hören. Wenn Sie Ihrem inneren Fluss und Rhythmus folgen und auf Ihren inneren Kompass hören und sich immer wieder kleine Momente des Innehaltens gönnen. So kommen Sie schneller, leichter und freudvoller an Ihr Ziel, ohne sich auszulaugen.

Beispiel: Wenn ich beispielsweise beim Schreiben dem folge, wo es leicht geht und klar ist, anstatt – wie ich es anfänglich getan habe – dem zu folgen, was ich mir in den Kopf gesetzt hatte, also chronologisch vom ersten Kapitel an eines nach dem anderen. Wenn ich konsequent aufhöre zu schreiben, wenn es schwergängig wird und Energie, Motivation und Klarheit schwinden. Und konsequent das tue, wonach meinem inneren Kompass ist und an der Stelle weitermache, wo es leicht geht und etwas klar ist, wo die Energie und Freude fließt, dann leiste ich viel mehr in weniger Zeit.

Es klingt genauso paradox wie: »Wenn Du es eilig hast, gehe langsam« (Seiwert 1999).

Schlüssel 8: Rhythmisieren – die Kraft des gesunden Wechsels

Mithilfe dieses Schlüssels erfahren Sie, wie Sie

- durch rhythmisierenden Wechsel der Anforderungen an Ihr Gehirn, Ihren Körper und Ihre Seele und
- durch rhythmisierende Strukturierung Ihres Tages und Ihrer Tätigkeiten und sogar des Kontakts in Gesprächen und Gruppen Ihren gesunden Takt finden, mit dem Sie Energie- und Zeitverluste sparen und für Ihre Balance sorgen und
- zusammen mit Schlüssel 1 sich kleine, wirksame Erholungsinseln und wohltuende Abwechslung schaffen, produktiver und energievoller arbeiten und mental, emotional, körperlich und sozial fit bleiben.

In dieser Welt voll komplexer und schnell wechselnder Anforderungen ist es nicht nur für die Erhaltung Ihrer Gesundheit wichtig, den inneren Rhythmus zu beachten. Es macht auch das Leben leichter und freudvoller. Wir sind wie Pflanzen und Tiere »Rhythmuswesen«. So wie unser Blutkreislauf, unsere Verdauung und unsere Atmung einem natürlichen Rhythmus folgt, so benötigen wir den Wechsel von Wachsein und Schlafen, von Anspannung und Entspannung, von Aktivität, leistungsfreien Zeiten und Nichtstun wie die Luft zum Atmen. Unser Körper signalisiert den Takt.

Den eigenen, gesunden Rhythmus finden

Das wird umso wichtiger, je mehr wir Tätigkeiten ausüben, die in erster Linie einseitig den Verstand und logisches Denken beanspruchen und sitzend durchgeführt werden.

Selbst bei Tätigkeiten, die wir gerne ausüben, bedarf es mindestens eines weiteren Elements, um die eigene Energie *und* die Schaffensfreude hochzuhalten. Neben mehrmaligem täglichen Innehalten (Schlüssel 1) und einer gewaltfreien, stimmigeren Art zu arbeiten (Schlüssel 7), ist ein gesundes Rhythmisieren von Tag und Tätigkeiten ein dritte entscheidende Säule, leistungsfähig zu bleiben und für Arbeitszufriedenheit zu sorgen. Lassen Sie sich vom Atemrhythmus inspirieren, der Ihnen den Weg weist, wie es leichter und tiefer fließt. Der gesunde Atemrhythmus gleicht einer Wellenbewegung: Dem aktiven Einatmen folgt eine Phase des passiven Ausatmens, der sich eine kurze Pause des Nichtatmens anschließt, in der sich das vegetative Nervensystem beruhigt. Auf den Arbeitsprozess übertragen entspricht dem aktiven Einatmen das aktive, produktive Tun und dem Ausatmen das Loslassen: FreiRaum schaffen, sich entlasten, Aufräumen oder Ordnung schaffen. In der dritten Phase gönnen wir uns eine kurze Pause, in der wir nichts tun analog dem Nichtatmen, es uns gemütlich machen und wach und entspannt nach innen horchen, wenn die Luft raus ist.

Die kraftvolle Dynamik des Dreierrhythmus

Sie sind eingeladen, an einem Tag mit FreiRäumen mit einem rhythmisierenden Wechsel der Beanspruchung Ihres Hirns, Körpers und Herzens spielerisch zu experimentieren. Erkunden Sie, welcher Rhythmus Ihnen guttut.

Übung: Spielerisch experimentieren mit rhythmisierendem Wechsel der Beanspruchung von Körper, Hirn und Herz

An einem Tag, an dem wenig zu tun ist, können Sie mit einer produktiven Tätigkeit beginnen, wie beispielsweise Gartenarbeit oder einem Projekt, mit dem Sie etwas erreichen wollen. Begleiten Sie sich freundlich-fürsorglich aus der Beobachterposition. Sobald Ihre Energie oder Motivation etwas nachlässt, hören Sie auf und wechseln zu einer anderen Tätigkeit, die Ihr Hirn, Ihren Körper und/oder Ihr Herz auf eine andere Art beansprucht. Sie können in sich hineinspüren, nach welcher Tätigkeit Ihnen ist, welche sich jetzt gut und stimmig anfühlt ... Sobald Sie bemerken, dass Ihre Energie und Motivation wieder sinken, hören Sie auf ... Gönnen Sie sich eine kleine Pause präsenten Nichtstuns oder Innehaltens (s. Übungen bei Schlüssel 1). Fragen Sie sich, wonach Ihnen jetzt ist und spüren Sie in sich hinein. Gestalten Sie die kleine Erholungspause so, wie es Ihnen gerade entspricht. Gehen Sie dem nach, was Ihnen Freude bereitet. Sobald Ihre Arbeitslust zurückkehrt, nehmen Sie Ihre unterbrochene oder eine andere Tätigkeit wieder auf. Erkunden Sie, inwieweit der Atemrhythmus Ihnen helfen kann, Ihren eigenen, gesunden Rhythmus zu finden. Halten Sie anschließend inne. Schließen Sie die Augen und nehmen Sie in Ruhe Ihren Körper, Ihre Befindlichkeit und Ihre Stimmung wahr. Fragen Sie sich: Wie bin ich jetzt da? Was war hilfreich an diesem Experiment?

Hören Sie auf Ihren Körper, Ihre Arbeitslust und Ihre inneren Impulse, soweit Sie die FreiRäume dazu haben. Erkunden Sie, wie viel leichter, freudvoller und produktiver Sie arbeiten, wenn Sie Ihrem Rhythmus folgen: Wechseln Sie beispielsweise vom Sortieren, Ordnen, sich Überblick und FreiRaum verschaffen zum systematischen Arbeiten, vom strukturierenden zum eher kreativen Teil, wenn Sie Seminare, Beratungsgespräche vorbereiten oder Konzepte schreiben. Sobald Ihre Energie und Motivation sinken, halten Sie inne, spüren in sich hinein, wonach Ihnen ist. Experimentieren Sie damit, von produktiv-kreativen Tätigkeiten überzugehen zu eher leichteren oder routinierteren Aufgaben. Vielleicht telefonieren Sie zwischendurch, was andere Gehirnareale beansprucht. Streuen Sie immer wieder kleine Momente des Innehaltens zwischen kreativ-produktive Phasen ein. »Übrigens gehören auch Essen, Tasten, bewusstes Hören und Riechen zu den Tätigkeiten, die Ihre Gehirnfunktionen ausgleichen und ganzheitlich anregen.« (Wegerle 2011, S. 58)

Unliebsame Tätigkeiten gut platzieren und portionieren – der Freude Raum geben

Experimentieren Sie damit, eher unliebsame Tätigkeiten gut zu platzieren und zu portionieren. Wenn Sie die Wahl haben, gehen Sie ihnen dann nach, wenn es für Sie stimmig ist und Ihnen am wenigsten Energie raubt. Nicht dann, wenn Ihr Verstand es sich vorgenommen hat und Sie Widerstand überwinden müssen.

> **Beispiel:** Eine meiner Klientinnen berichtete hoch erfreut, wie viel freudvoller es für sie war, die Urlaubsvorbereitungen, die sie früher blockte und die ihr dann viel Energie raubten, diesmal entsprechend ihrem Gespür in kleine, wohl dosierte »Portiönchen« aufzuteilen.

Experimentieren Sie auch damit, den Körper beanspruchende Tätigkeiten wie Bügeln oder Putzen auf ungefähr 15 bis 30 Minuten zu beschränken, also nur, solange Ihr Rücken dazu sein Okay gibt. Eine weitere Energiespar-methode ist, es sich beim Ausüben etwas angenehmer zu machen. Wer Spaß daran hat, kann zum Beispiel Fegen oder Putzen mit eher tänzerischen Bewegungen auszuführen, zur Musik oder mit einem Lied auf den Lippen in einem ruhigeren, fließenderen und kraftsparenden Takt. Es darf auch Freude und Humor bei der Arbeit dabei sein. Sie können Ihren Arbeitsplatz auch zu einem Wohlfühlort gestalten, um es sich gut gehen zu lassen. Gendlin sagt, dass der Körper in der Situation ist und die Situation im Körper ist.

Hören Sie tunlichst mit (begrenzt reizvollen) Tätigkeiten auf, wenn die Energie und Lust sinkt und es zu viel Kraft kostet, den Widerstand zu überwinden. Arbeiten Sie nur so lang, wie es Freude macht, und wechseln dann in einen anderen Rhythmus. Das tut Ihrer Gesundheit gut und erhöht nicht nur Ihre Lebensqualität, sondern auch Ihre Arbeitsproduktivität.

Beispiel: Ein Berater berichtete, dass er zunächst freudvoll in seinem Garten arbeitete. Doch er hörte nicht auf seinen Körper und beendete die Arbeit erst dann, als sein Rücken schmerzte. Er fühlte sich erschöpft, die Stimmung sank auf den Nullpunkt, da er zu spät bemerkte, dass er sich übernommen hatte.

Mit rhythmisierendem Arbeiten Zeit und Misserfolge sparen und der Effektivitätsfalle entgehen

Die meisten Menschen sind morgens am frischesten und produktivsten und im Laufe des Tages noch einmal am Spätnachmittag beziehungsweise frühen Abend. Erforschen Sie Ihren persönlichen Biorhythmus. Widmen Sie sich, wenn möglich, Ihren wichtigsten (Herz-)Projekten, soweit sie Konzentration und Kreativität erfordern, bewusst dann, wenn Sie am fittesten sind.

Tun – FreiRaum schaffen – nichts tun

Experimentieren und erkunden Sie mithilfe von Schlüssel 2 unterschiedliche Möglichkeiten, Ihren Arbeitstag, Ihre Arbeitswoche, Ihre Wochenenden und Ihren Urlaub rhythmisch zu strukturieren, wie es Ihrer Arbeits- beziehungsweise Lebenssituation, Ihrem Typus und Ihrer jeweiligen Tagesverfassung und Befindlichkeit entspricht. Finden Sie heraus, welche Art von Rhythmus Sie mental und körperlich fit hält, sie energetisiert und Ihr Leben erleichtert und bereichert. Spüren Sie immer wieder in sich hinein, was sich jeweils für Sie stimmig anfühlt. Spielerisches Ausprobieren verschiedener Varianten macht das Leben leichter. Es erhöht nicht nur unsere ganzheitliche Leistungsfähigkeit und Freude am Tun, sondern auch unsere Flexibilität.

Übung: Den inneren Rhythmus erkunden – frei von Terminen

Wie wäre es, an einem Wochenende mit einem terminfreien Tag zu experimentieren? Untersuchen Sie – frei von Terminen –, wonach Ihnen ist, welche Art von Rhythmus Ihnen behagt. Lassen Sie sich überraschen, was passiert, wenn Sie sich präsentes Nichtstun gönnen. Leisten Sie Ihrem inneren Erleben freundlich Gesellschaft und warten Sie, bis ein (neuer) Impuls aus Ihrem Körper aufsteigt ... Wie fühlt es sich an, wenn Sie Ihrem inneren Impuls folgen? ...
Und hören Sie dann auf, wenn Ihre Energie nachlässt. Lassen Sie sich überraschen, welcher Impuls dann aus Ihrem Inneren auftaucht. Was tut dann gut? ... Erkunden Sie, was in Ihrem Inneren passiert, ohne einzugreifen. Spüren Sie immer wieder in sich hinein, wie das für Sie ist. Ändern Sie etwas, wenn es nicht mehr stimmt ... Viel Freude!

Kleinste Auszeitinseln im Alltag fest installieren – zweckfreie Zeit

Wie Bäume oder Pflanzen brauchen wir nicht nur Nahrung, die wir aufnehmen, sondern ausreichend Luft und leeren (Frei)Raum um uns, um uns in die Richtungen auszudehnen und zu wachsen, die für uns stimmig sind.

Eine meiner erstaunlichsten (Lebens)Erfahrungen ist, dass ich die spannendsten, schöpferischsten und beglückendsten Momente meist erlebt habe in den Sequenzen, wo ich mir nichts vorgenommen, mir Nichtstun gegönnt habe und meinen inneren Impulsen folgend auf den Weg gemacht habe dahin, wohin es mich zieht, ohne etwas erreichen zu wollen.

Um unser Potenzial voll zu entfalten und mit der gesamten Intelligenz und Kreativität unseres Organismus Lösungen für kniffelige Aufgaben zu finden und neue, ungewöhnliche Wege zu beschreiten, die uns einen enormen Energieschub schenken, sind Frei-, Handlungsspiel- und Zeiträume Gold wert.

Übung: Den inneren Morgenrhythmus aufspüren – Zeit für sich

Schenken Sie Ihrem inneren Erleben an einem Wochenende oder im Urlaub morgens beim Aufwachen Ihre ganze Aufmerksamkeit, wenn Sie noch nicht ganz wach und Ihr Kopf noch nicht im Erledigenmodus angekommen ist. Lassen Sie sich richtig viel Zeit dabei, Ihrem inneren Erleben freundlich Gesellschaft zu leisten – unvoreingenommen-neugierig, mit dem Forschergeist eines Kindes. Spüren Sie genau, wonach Ihnen ist … Hören Sie auf Ihre inneren Impulse … Vielleicht möchten Sie sich noch einmal auf die Seite drehen … und in Ihre warme Decke kuscheln … oder aus dem Fenster ins Grüne schauen? Vielleicht möchten Sie sich auch einen Tee machen und wieder ins Bett legen und sich einen schönen Roman gönnen? … Spüren Sie mit viel Langsamkeit dem nach, was sich stimmig anfühlt und folgen Sie dem.

Ich wünsche Ihnen, dass Sie erleben, wie beglückend es sein kann, die feinen inneren Impulse zu bemerken, ihnen zu folgen und sich die kleinen Bedürfnisse zu erfüllen, wenn sie den Raum haben, sich zu zeigen. Erlauben Sie sich Übung, wenn es beim ersten Mal nicht den gewünschten Erfolg bringt.

Planen Sie feste Erholungsinseln und zweckfreie Zeiten für sich in der Woche und am Wochenende ein. Das kann beispielsweise so aussehen:

- bewusstes Abschalten mittags und nach der Arbeit,
- feste, entspannende und erholsame Rituale während der Woche: Morgenmeditation, ein Yogaabend, alle zwei Tage einen Spaziergang oder Walken oder was Ihnen Freude bereitet und guttut,
- einen terminfreien Tag in der Woche – den berühmten freien siebten Tag, an dem Sie nur danach gehen, wonach Ihnen ist,
- termin- und zweckfreie Frei-und Zeiträume innerhalb der Woche und am Wochenende, in denen Sie auf Ihren inneren Rhythmus hören können,
- als Ausgleich zur Arbeit ein Highlight in der Woche und eines am Wochenende, auf das Sie sich freuen können,
- bewusste Begrenzung Ihrer Arbeitszeit, der Abendtermine und Wochenendverabredungen: beispielsweise maximal zwei Abendtermine mit einem freien Abend dazwischen und maximal zwei Verabredungen am Wochenende, soweit Sie es beeinflussen können.

Den für Sie stimmigen Rhythmus finden. Erlauben Sie sich vor und nach Ihrer Urlaubsreise, vor und nach intensiven Fortbildungen und Begegnungen Zeiten, um in Ruhe zu Hause anzukommen sowie anschließend Raum zum Verdauen und Wiederankommen in einem anderen Umfeld.

Auszeitinseln im Alltag installieren. Auch außerhalb des Urlaubs ist es wichtig, sich kleine Erholungsinseln und schöne Highlights zu gönnen: Erkunden Sie, was für Sie stimmig ist. Eine Möglichkeit ist, sich regelmäßige kurze Spaziergänge in der Natur gönnen. Die morgendliche Meditation und/oder Yogaübungen nach dem Wachwerden oder eine Meditations- beziehungsweise Yogagruppe können Ihnen als Oase der Ruhe dienen. Ein Frühstück, ein Mittagessen in Ruhe und nach der Arbeit eine kleine Zeit des Abschaltens, Nichtstuns und vor dem Einschlafen ein kleines stärkendes Ritual können feste Erholungs- und Auftankinseln für Sie sein (s. Download »»Stärkende, flankierende Maßnahmen und Rituale«). Gut tut meist auch ein schönes Highlight am Wochenende.

Kontakt zum anderen – Kontakt zu sich

Erleben Sie, wie wohltuend und lebensbereichernd es sein kann, in beruflichen sowie privaten Beziehungen und Begegnungen einen gesunden rhythmischen Wechsel zu finden: zwischen dem Allein- und mit anderen Zusammmensein, zwischen bei sich und beim anderen sein.

Experimentieren Sie damit, sich zu Beginn einer Begegnung Zeit des Ankommens bei sich und beim anderen zu gönnen und am Ende in Ruhe Abschied zu nehmen und das Erlebte nachklingen zu lassen. Probieren Sie aus, wie es für Sie ist, bei einem Gespräch zwischendrin einen Moment innezuhalten, dem Gesagten oder Gehörten nachzuspüren und es in Ruhe in sich wirken und verdauen zu lassen. Und dann erst Worte aus Ihrem Inneren kommen zu lassen. Wie ist es für Sie, wenn Sie nach einer intensiven Begegnung erst mal wieder bei sich ankommen, bevor Sie etwas anderes tun?

Probieren Sie aus, im Gespräch, in der Beratung oder im Seminar mit 50 Prozent der Aufmerksamkeit bei sich zu sein, in Ihrem Körperinneren, und mit 50 Prozent der Aufmerksamkeit beim anderen. Wenn Sie sich zwischendurch immer wieder gestatten, einen Moment zu schweigen, innezuhalten und mit Ihrer Aufmerksamkeit ganz zu sich zurückzukehren.

Pendeln – 50 Prozent bei sich, 50 Prozent beim anderen

Üben Sie, focusingorientiert mit Ihrer Aufmerksamkeit während der Begegnung von sich zum anderen und zurück hin- und herzupendeln und zwischendurch winzige Momente lang nichts zu tun, als in sich hineinzuspüren und Ihre innere Resonanz wahrzunehmen. Das Kriterium der für Sie richtigen Dosis, Intensität und Rhythmisierung in der Begegnung ist Ihr innerer Kompass. Spüren Sie in sich hinein, was sich gut und richtig anfühlt und wonach Ihnen ist. Probieren Sie aus, wie es für Sie ist, das, was Sie empfinden und für Sie stimmig ist und sich richtig anfühlt, wertschätzend und einfühlsam dem anderen rückzumelden, damit dieser weiß, woran er ist. Das ist im privaten Kontakt eher möglich.

Beispiel: Es erstaunt mich, wie es mich und meine berufliche Arbeit bereichert, wenn ich mich mehr traue, meine feinen Wahrnehmungen und meine innere Resonanz meinem Gesprächspartner, einer Seminarteilnehmerin oder der Gruppe empathisch mitzuteilen, wenn ich spüre, dass das für mich wichtig und dem Prozess dienlich ist. Wenn ich den Kontakt rhythmisierend gestalte, kann ich leichter meine eigenen Grenzen bemerken, einen Moment schweigen, eine Bedenkpause erbitten oder Nein sagen.

Ein Frühwarnsystem installieren

In diesem Kapitel erfahren Sie,

- wie Sie Burnout-Frühsignale mit I-S-S-I früher bemerken lernen und
- wie es leichter gelingen kann, die Bremse zu ziehen,
- wie Sie die Signale »lesen« und mit I-F-M in Stärke umwandeln können und
- welche drei Anker und Erinnerungssymbole Ihnen dabei zusätzlich helfen.

Burnout-Frühsignale mit I-S-S-I früher bemerken

I = Innehalten (Schlüssel 1). Der erste, entscheidende Schritt besteht darin, dass Sie vorbeugend das kurze Innehalten als regelmäßige Praxis in Ihrem täglichen Leben fest installieren und sich dadurch darin üben, bewusst das Steuer Ihres Lebens in der Hand zu halten und die Anklopfzeichen Ihres Organismus früher und feiner wahrzunehmen. Gönnen Sie sich täglich alle anderthalb bis zwei Stunden bewusst eine 3-, 15- oder 90-Sekunden-Pause, in der Sie sich selbst Aufmerksamkeit schenken und nur Ihren Körper oder Ihren Atem spürend wahrnehmen. Sie können mit dreimal täglich beginnen: vor oder zu Beginn Ihrer Arbeit, in der Mittagspause und nach der Arbeit oder vor dem Zubettgehen. Sie können sich einen Wecker stellen, wie das eine meiner Klientinnen »gerettet« hat, handlungsfähig zu bleiben, als es ihr sehr schlecht ging. Sie können auch wach sein und bei jedem Wechsel Ihrer Tätigkeit, beispielsweise vor einer Seminar- oder Coachingeinheit und anschließend, bei jeder Arbeitsstörung beziehungsweise danach, ein paar Sekunden innehalten, tief durchatmen und sich selbst Zuwendung schenken. Gönnen Sie sich zwei bewusste Atemzüge nach Bearbeitung eines E-Mails sowie beim ersten und zweiten Telefonklingeln und greifen Sie erst dann zum Hörer, um in Ruhe konzentrierter zuhören zu können. Sie können auch nach dem Telefonat einen Moment lang nichts tun und das Erlebte sacken lassen, bevor Sie klarer mit dem nächsten Arbeitsschritt beginnen.

S = Selbstbeobachtung (Schlüssel 2). In einem zweiten Schritt üben Sie sich darin, sich selbst wie eine gute Freundin oder ein guter Freund wach und freundlich aus der Beobachterposition zu begleiten, wenn Sie arbeiten und beschäftigt sind. Und dabei passen Sie wachsam und liebevoll darauf auf, dass Sie sich nicht überanstrengen, übernehmen und abquälen.

S = Signal »Stopp!«. Sobald sich bei Ihnen ein Signal meldet und Sie bemerken, dass Sie sich anspannen, in Stress geraten oder etwas mit Ihnen oder bei der Aktivität nicht mehr stimmt, ziehen Sie die Bremse und unterbrechen Ihre Arbeit für einen Moment. Sei es, dass Ihre Energie und Motivation sinkt oder Sie nicht wirklich vorankommen. Sei es, dass Sie hektisch werden und sich anspannen. Sei es, dass Sie ungehalten, gereizt oder ärgerlich werden. Oder sei es, dass Sie unkonzentriert werden und sich verzetteln oder den roten Faden verlieren.

I = Innehalten. Bei einem Signal halten Sie sofort inne. Sie gehen mit Ihrer Aufmerksamkeit weg von dem, was Sie gerade tun, hin zu sich selbst. Am Schreibtisch können Sie sich zurücklehnen, die Augen schließen und sich selbst 100 Prozent Ihrer Aufmerksamkeit schenken. Im Seminar oder Beratungsgespräch ist es vielleicht möglich, Ihren Blick kurz zu senken und mit mindestens 50 Prozent Ihrer Aufmerksamkeit zu sich zurückzukehren und Ihren Körper spürend wahrzunehmen. Indem Sie Ihrem Körper und vielleicht Ihrem Atem Aufmerksamkeit schenken und sich selbst ganzkörperlich spüren, erhalten Sie Abstand zum Geschehen und manchmal fast von selbst wieder Kontakt zur Gesamtintelligenz Ihres Organismus. Wichtig ist, dass Sie sich einige Sekunden Zeit dafür nehmen. Sind Sie sehr aufgebracht, können Sie sich über die Körperhaltung oder -bewegung stabilisieren, über das hörbare Ausatmen beruhigen und FreiRaum gewinnen sowie mental mit Mutmachsätzen stärken. Schauen Sie sich die ganze Palette der Möglichkeiten an, wie Sie innehalten, sich beruhigen und stabilisieren können (s. Schlüssel 1 »Innehalten«, S. 48 ff., Schlüssel 3 »FreiRaum«, S. 79 ff. und »Notfallköfferchen«, S. 151 ff.).

Schließlich können Sie unvoreingenommen innerlich achtsam erkunden, was Sie ausbremst und daran hindert, im Fluss zu sein. Sie können Ihre Veränderungsblockaden auflösen, indem Sie alles, was Sie belastet, mit Schlüssel 3, FreiRaum, zu einem Teil machen und diesen leidenden und bedürftigen Teilen in Ihnen mit Schlüssel 4 erlauben, da zu sein.

Die Signale »lesen« und mit I-F-M in Stärke umwandeln

Erstens: Innehalten (I). Mit Schlüssel 1 »Innehalten« gehen Sie mit Ihrer Aufmerksamkeit zu sich nach innen, um bei sich anzukommen. Wenn Sie sich körperlich spürend einfühlsam wahrnehmen und guten Bodenkontakt hergestellt haben, erlauben Sie sich, alle überflüssige Anspannung loszulassen.

Zweitens: FreiRaum schaffen (F). Falls Gedanken, innere Bilder, emotionale oder körperliche Empfindungen Sie zu überwältigen drohen, schaffen Sie zunächst FreiRaum und beruhigen und stabilisieren Sie sich mit Schlüssel 3. Sie sagen sich zum Beispiel: »Ein Teil in mir ist jetzt aufgeregt.« Sie beruhigen sich mit der Entlastungsatmung und versuchen, den bedürftigen Teilen in Ihnen zu erlauben, da zu sein, und ihnen zuzulächeln.

Drittens: Mit Mini-Focusing einen Handlungsschritt kommen lassen (M). Dann gehen Sie mit Ihrer Aufmerksamkeit nach innen, in den Brust- und Bauchraum. Fragen Sie sich: Was ist los? Verweilen Sie offen und unvoreingenommen eine Weile und warten Sie, was aus Ihrem Körperinneren auftaucht. Begrüßen Sie freundlich, was immer sich zeigt ... Sie können sich dann fragen: Was braucht es? Oder: Was wäre jetzt ein guter, kleiner Schritt? Oder: Wie kann ich mich entlasten oder es mir leichter machen? ... Sie verweilen wieder achtsam, annehmend und absichtslos eine Weile mit dem Unklaren des Ganzen, wie im Kapitel zum Mini-Focusing (Schlüssel 6) beschrieben, welche Erkenntnis-, Handlungs- oder Lösungsschritte aus Ihrem inneren Kompass kommen.

Wie es leichter gelingen kann, die Signale zu bemerken und die Bremse zu ziehen

Die drei Anker: im Spürkontakt sein mit Körper, Atem und Tun.

Körperkontakt. Der wichtigste Anker ist, Kontakt zu sich, zum eigenen Körper zu haben und zu spüren – über die Kontaktflächen (mit Boden, Sitz, Gegenständen). Dann bin ich »angedockt« an meinen inneren Kompass und die Gesamtintelligenz meines Organismus. Ich nehme feiner und differenzierter wahr, wenn etwas nicht stimmt und nach Korrektur verlangt. Dann kann ich leichter spüren, wenn ich mich anspanne, müde oder durstig werde. Wenn ich den Kontakt zu mir verloren habe, kann ich meine Fußsohlen am Boden, mein Gesäß auf dem Sitz wahrnehmen oder meine Handflächen aneinander legen oder eine Hand auf das Brustbein und eine andere auf den Bauch legen. – Körper spüren.

Atemkontakt. Wenn ich meinen Atem spüre, bemerke ich eher, wenn Stress mich den Atem anhalten oder kurzatmiger werden lässt und ich mit weniger Sauerstoff versorgt werde. Ich kann meinen Einatem- und Ausatemstrom mit meiner Aufmerksamkeit begleiten, ihn spürend wahrnehmen und mich über den Atem in mir verankern. So stelle ich den Kontakt zu mir her. Das geht leichter, indem ich hörbar ausatme.

Tunkontakt. Wenn ich ganz da bin, verbunden mit dem, was ich tue, ganz dabei, so ist das eine weitere Möglichkeit, mich zu verankern und eine dritte Ebene, leichter Signale während des Arbeitens zu bemerken, wenn etwas nicht stimmt und ich nicht in Kontakt bin mit dem, was ich tue und mit den Menschen, für die ich etwas tue. Verbindung herstellen zu dem, was ich tue und zu den mir »Anvertrauten«, hilft, so früh wie möglich sowohl die Warnsignale, als auch die leisen Töne und inneren Wegweiser zu bemerken. Im Kapitel zum Schlüssel 7 »Anders arbeiten« wird erläutert, wie Sie das tun.

Erinnerungssymbole: Schilder – Glocke – Ampel – Türklinke

Sie können Schilder, Post-its, Postkarten oder Steine mit Worten beschriften oder bemalen, die Sie ansprechen und die Sie im Alltag auf das aufmerksam machen, was Ihnen wichtig ist: »Innehalten«, »Körper spüren« »Atme« oder »Lächle«. Im Download »Stärkende, flankierende Maßnahmen und Rituale« finden Sie weitere Beispiele. Platzieren Sie die für Sie bedeutsamen Erinnerungssymbole an für Sie wichtigen und zentralen Stellen in Ihren Arbeits- und Privaträumen, an Pinnwänden, am PC oder in Ihrem Terminkalender.

Eine Kirchenglocke oder ein Schulgong kann uns dazu einladen, einen Moment innezuhalten und Hirn und Körper eine Miniauszeit zu gönnen, indem wir nur dem Klang der Glocke lauschen oder auch unseren Atemstrom mit unserer Aufmerksamkeit begleiten. Anschließend können wir erfrischt und zentriert unser Tagewerk fortsetzen.

Statt uns über eine rote Ampel zu ärgern, kann sie zum Zeichen werden, uns zu erlauben, einen Moment innezuhalten und nichts zu tun. Sie können die Augen schließen und Ihrem Körper erlauben, sich ganz zu entspannen. Sie können Ihre Aufmerksamkeit auch bewusst nach draußen auf etwas Schönes in der Natur oder Umgebung richten – einen Baum, eine schöne Blüte, ein interessantes Wolkengebilde am Himmel oder ein lachendes Kind, deren Anbick Sie nähren.

Wenn Sie einen Raum verlassen, kann die Berührung Ihrer Hand mit der Türklinke Sie darauf aufmerksam machen, ganz im Hier und Jetzt anzukommen. Beim Verlassen des Raums halten Sie gehend inne in Ihrem Tagesgeschäft. Sie richten Ihre volle Aufmerksamkeit auf Ihren Gang und jeden einzelnen Schritt. Sie setzen einen Fuß nach dem anderen achtsam und fest auf den Boden und gehen bewusst ganz in Ruhe. So kommen Sie im Gehen in Ihrem Körper und in einer langsameren, entschleunigteren Gangart an.

Beispiel: Eine meiner Klientinnen hat zwei Post-its mit »Innehalten« und »50 Prozent bei sich« in ihren Terminkalender geklebt. Sie sollten sie daran erinnern, innezuhalten und im Kontakt mit ihren schwierigen Klienten immer wieder mit 50 Prozent ihrer Aufmerksamkeit zu sich zurückzukehren, um bei sich zu bleiben und sich nicht vereinnahmen zu lassen.
Eine andere Teilnehmerin notierte ein »I« und heftete es gut sichtbar dorthin, wo es tagsüber immer wieder in ihr Blickfeld geriet.

Das Notfallköfferchen, das hilft, wenn es brennt – mit vier Rettungsankern

In diesem Kapitel können Sie erfahren, wie Sie

- die Zügel auch in schwierigen, herausfordernden Situationen und Stressphasen in der Hand behalten,
- sich nicht von belastenden Gedanken und Gefühlen überwältigen lassen,
- handlungsfähig bleiben oder es wieder werden,
- aus selbstschädigenden und sozial schädlichen Mustern und chaotischen Stressreaktionen aussteigen können,
- sich mit vier Rettungsankern selbst entlasten, beruhigen und stabilisieren,
- den Schalter von »hilflos« auf »steuerungsfähig« umlegen können,
- selbst herausfinden können, was los ist und was es braucht.

Was stärkt und trägt mich in belastenden und unsicheren Situationen?

»Hindernisse und Schwierigkeiten sind Stufen, auf denen wir in die Höhe steigen.«
Friedrich Nietzsche

Wenn Sie sich in einer besonderen Belastungs- oder Umbruchsituation befinden, die Sie herausfordert, und Sie im Nebel stochern und nicht wissen, wo es langgeht, sind zwei Dinge besonders wichtig:

Besonders pfleglicher Umgang mit sich selbst – sich selbst das geben, was Sie brauchen. Es kommt jetzt besonders darauf an, dass Sie einen freundlichen, liebevollen und nachsichtigen Umgang mit sich selbst pflegen – wie mit einer guten Freundin oder einem guten Freund. Wie das geht, lesen Sie beim Schlüssel 2. Erkennen Sie die Belastungen, die Schwierigkeiten oder Anforderungen Ihrer Situation sowie Ihre eigenen Leistungen an. Seien Sie freundlich mit sich und allen bedürftigen Anteilen in Ihnen. Erlauben Sie allem, da zu sein (Schlüssel 4). Schenken Sie diesen Anteilen und sich selbst Mitgefühl und Verständnis, auch wenn Sie k.o. und verzweifelt sind und ihr

Körper reagiert. Wichtig ist, dass Sie sich sein lassen und keine Anstrengung darauf verschwenden, einen anderen, »besseren« Menschen aus sich zu machen. Das raubt Ihnen zusätzlich Energie. Und mit der sollten Sie in belasteten Zeiten besonders haushalten. Kümmern Sie sich lieber fürsorglich um Ihre Bedürfnisse und geben Sie sich die Erlaubnis, durchhängen zu dürfen und nicht weiterzuwissen. Geben Sie sich selbst das, was Sie brauchen. Das stärkende Ich-bin-lebendig-Ritual »Blumen gießen morgens und abends« (s. Download »Stärkende, flankierende Maßnahmen und Rituale«) kann Sie jetzt sehr unterstützen. Erholen Sie sich von den Strapazen einer Stressphase, bevor Sie die nächste Aufgabe in Angriff nehmen.

Andere um Unterstützung bitten. Sie dürfen auch andere um Unterstützung bitten. Rückendeckung und nährende Begegnungen sind in dieser Zeit besonders wichtig. Wählen Sie sehr sorgfältig aus, mit wem Sie Ihre Zeit verbringen. Unterschiedliche Studien sowie die Weltgesundheitsorganisation verweisen darauf, wie wesentlich der soziale Rückhalt für die Gesunderhaltung ist. Mit sozialer Unterstützung werden alltägliche Belastungen und Lebenskrisen besser bewältigt.

Sie brauchen nicht alle Probleme der Welt selbst zu lösen. Das können wir auch gar nicht. Wir sind soziale Wesen und brauchen andere Menschen, nicht nur für das Überleben, sondern auch für unser Wohlbefinden – und zwar die »richtigen« Menschen, die uns guttun. Alle können wir uns nicht auswählen. Doch mit wem wir uns privat wann, wie lange und wie oft treffen, darauf haben wir Einfluss. Spüren Sie bei Begegnungen in sich hinein: Bei wem fühlen Sie sich wohl und angenommen? Wer schenkt Ihnen ein offenes Ohr, ein offenes Herz, Anteilnahme und Mitgefühl? Bei wem fühlen Sie sich verstanden und können auch mit Ihrem Leid da sein? Wen empfinden Sie als hilfreich?

Die Qualität Ihrer Beziehungen ist für Ihre Gesundheit entscheidend. Pflegen Sie daher regelmäßige soziale Kontakte mit gegenseitiger Anteilnahme, Fürsorge und Verlässlichkeit. Im Beruf sind es vertrauensvolle Zusammenarbeit, ein angstfreies und konstruktives, respektvolles Arbeitsklima (s. Wagner-Link 2010, S. 200 ff.).

Ergänzend zu den vorherigen Kapiteln werden im Folgenden vier zentrale Punkte benannt, mit denen Sie steuerungsfähig bleiben, sowie vier »Rettungsanker«, mit denen Sie Halt in sich finden und die Ihnen innewohnende Kraft Ihres Körpers, Ihres Herzens und Ihres Geistes aktivieren können.

Erstens: Freundlich mit sich sein und auf sich aufpassen. Um die Zügel in der Hand zu behalten, ist es wichtig, dass Sie sich freundlich und wach begleiten, damit Sie bemerken, wenn etwas aus dem Ruder läuft.

Schlüssel 1 »Innehalten« ist am wichtigsten, um wach und handlungsfähig zu bleiben, Schlüssel 2 »Selbstbeobachtung« hilft darüber hinaus, sich aus einer freundlich-fürsorglichen Beobachterposition selbst bewusster wahrzunehmen und die Anklopfzeichen Ihres Organismus zu vernehmen, die Sie auf eine erforderliche Kurskorrektur aufmerksam machen. Erlauben Sie sich gerade in Stresssituationen immer wieder winzige Momente, in denen Sie innehalten, durchatmen, sich zurücklehnen und zu sich kommen. Ziehen Sie die Bremse, sobald ein Warnsignal sich meldet (s. Schlüssel 1 und Kapitel zum Frühwarnsystem) und sorgen Sie für FreiRaum (Schlüssel 3).

Zweitens: Beobachten statt Bewerten und Bekämpfen. Um sich nicht von Ihren Schwierigkeiten erdrücken und von belastenden Gedanken und Gefühlen beherrschen zu lassen, ist es wichtig, sie nicht zu verurteilen und weghaben zu wollen. Lassen Sie sich allerdings auch nicht von ihnen auf der Nase herumtanzen. Sie behalten das Steuer in der Hand, wenn Sie konsequent eine freundliche Beobachterposition einnehmen und alle auftretenden und meist schnell wechselnden Gedanken, Gefühle und Körperempfindungen zu einem Teil machen (Schlüssel 3) und ihnen erlauben, da zu sein (Schlüssel 4). Erinnern Sie sich? Ein Teil in mir denkt: »So was Blödes, nicht schon wieder!« Ein zweiter Teil in mir ist ungehalten, ein dritter Teil ist wütend. Ein Teil denkt: »Das darf doch nicht wahr sein!« Ein anderer Teil denkt: »Wie soll ich das schaffen?« Ein weiterer Teil fühlt Beklemmen in der Brust. Halten Sie vor allem Ihren inneren Kritiker in Schach (s. Schlüssel 2 und 3).

»Krise ist ein ungemein produktiver Zustand. Man muss ihr nur den Beigeschmack der Katastrophe nehmen.«
Max Frisch

Drittens: Probieren, was rettet und hilft. Nach meiner Erfahrung gibt es kein allgemeingültiges Rezept. In verschiedenen Situationen können unterschiedliche Instrumente fruchten. Die eine oder andere Methode liegt einem mehr.

Je mehr Werkzeuge wir kennengelernt und erprobt haben, desto gößer ist die Auswahl, an die wir uns in kritischen Situationen erinnern. Experimentieren und erkunden Sie, welcher der vier folgenden Rettungsanker in Kombination mit einer oder mehrerer der folgenden Übungen oder einer der ersten sechs Schlüssel Ihnen jeweils hilft, FreiRaum wiederzuerlangen und das verlorene Gleichgewicht zurückzugewinnen.

Viertens: Auf den inneren Kompass hören. Der Gradmesser für das, was richtig ist, liegt in Ihnen. Spüren Sie immer wieder in sich hinein, während Sie beschäftigt sind oder etwas ausprobieren: Wie fühlt sich das für Sie an? Ändern Sie etwas oder probieren Sie etwas anderes, wenn sich etwas schräg, quälerisch oder nicht richtig anfühlt. Sie können auch innehalten und sich mit Mini-Focusing (Schlüssel 6) fragen: »Was stimmt nicht?« Oder: »Was braucht es?« Oder: »Was wäre jetzt gut?« Lassen Sie Ihrem inneren Kompass Zeit zu antworten. Lassen Sie sich focusingorientiert partnerschaftlich oder professionell begleiten, wenn Ihnen dies allein schwerfällt.

Erster Anker: Über den Körper Halt in sich selbst finden. Wenn Sie den Boden unter den Füßen zu verlieren drohen, können Sie sich über Ihren Körper stabilisieren. Finden Sie beispielsweise vor einem Vortrag, einem Seminar oder einem schwierigen Gespräch wie beim Qigong oder Tai Chi einen festen und zugleich beweglichen Stand sowie eine aufrechte, entspannte Haltung.

Übung: Festen Stand und Halt(ung) finden

Suchen Sie sich zunächst einen guten Platz, an dem Sie ungestört sind und sich wohl fühlen. Sie sind jetzt eingeladen, Ihrem Körper Ihre ganze Aufmerksamkeit zu schenken. Lassen Sie sich die Zeit, die Sie brauchen, in Ruhe auszuprobieren, wie Sie einen guten, festen und aufrechten Stand finden. Vielleicht helfen Ihnen dabei folgende Anregungen: Richten Sie Ihre Aufmerksamkeit zuerst auf die Füße und probieren Sie aus, wie es ist, wenn Sie beide Füße etwa hüftbreit parallel fest auf den Boden stellen. Spüren Sie, wie Ihre Fußsohlen den Boden berühren, und probieren Sie aus, bei welchem Stand Sie sich am sichersten und wohlsten fühlen. Wandern Sie mit Ihrer Aufmerksamkeit in die Knie und hoch zum Becken. Probieren Sie aus, wie es sich anfühlt, wenn Sie etwas in den Knien wippen und die Knie statt ganz durchgedrückt leicht gebeugt und beweglich sind. Wie fühlt sich das in der Hüfte, im Becken und an der Wirbelsäule an? Spazieren Sie mit Ihrer Aufmerksameit zu Wirbelsäule und Kopf. Versuchen Sie, Ihre Wirbelsäule so aufzurichten und den Kopf locker zu lassen, dass Gesicht und Nacken sich entspannen können. Vielleicht möchten Sie Ihre Schultern kurz anheben, um sie dann zu senken und zu entspannen. Die Arme hängen locker neben dem Körper herab. Tarieren Sie mit feinsten Bewegungen aus, wann sich Ihre Haltung aufrecht und fest anfühlt. Vielleicht bemerken Sie, wie sich das auf Ihre Befindlichkeit auswirkt.

Barbara Berckhan empfiehlt in ihrer Anleitung zur »Muthaltung«, sich einige Minuten an ein oder zwei schwierige, erfolgreich bewältigte Situationen zu erinnern und diese gewonnene Stärke in die Körperhaltung im Sitzen oder Stehen einfließen zu lassen und sich dabei zu entspannen (Berckhan 2001, S. 83). Wenn ich unsicher oder unruhig bin, hilft es mir, unmittelbar vor einem herausfordernden Auftritt im Fernsehen oder bei einer Tagung in Räumen oder in der Natur ein paar Schritte achtsam zu gehen. Ich mache dann folgende Übung:

Übung: Einen festen Tritt finden

Ich bin mit meiner ganzen Aufmerksamkeit in den Fußsohlen, mache langsam kleine, feste Schritte und begleite mit meiner ganzen Achtsamkeit den ganzen Weg des Abrollens des einen und dann des anderen Fußes. Wenn möglich, bringe ich Atem und Schritte in Einklang. Beim Einatmen gehe ich etwa drei Schritte, beim Ausatmen drei bis vier. Ich lasse den Einatem von allein kommen und folge dem Atem mit meinen Bewegungen. Nach einer Weile spüre ich Halt und Ruhe in mir.

Achte ich zusätzlich darauf, eine aufrechte Haltung einzunehmen, gut auszuatmen und mit kleinen, festen Schritten langsam vor das Publikum zu treten, fühle ich mich viel sicherer und ruhiger. Am schnellsten wirkt meist die focusingorientierte Art, Halt und Sicherheit in mir zu finden, wenn etwas in mir sich unsicher, unklar oder ängstlich fühlt.

Kurzvariante: Focusingorientiert - sich im eigenen Körper verankern

Sagen Sie sich: »Ich schenke mir und meinem Körper meine ganze wohlwollende Aufmerksamkeit. Ich lasse mir die Zeit, die ich brauche, meinen Körper spürend wahrzunehmen. Ich richte meine Aufmerksamkeit zunächst auf die Kontaktflächen meiner Fußsohlen am Boden, bis ich sie spüre, ... dann die Auflageflächen meines Körpers und meines Kopfes auf der Sitzfläche und der Rücklehne ...« Stellen Sie sich vor, wie Sie die ganze Last Ihres Körpers und Ihrer Seele an den Boden und den Sitz abgeben, die Sie halten und tragen. Spazieren Sie neugierig-unvoreingenommen mit Ihrer Aufmerksameit in Ihr Körperinneres ... (vgl. Schlüssel 1).

Diese kurze Übung hilft meist innerhalb von wenigen Sekunden, FreiRaum herzustellen, Halt zu spüren und sich getragen zu fühlen. Wenn ich diese Übung mache, spüre ich meist sofort ein lebendiges Pulsieren in meinem Körperinneren – dem Zentrum, aus dem heraus ich in allen schwierigen (Entscheidungs-)Situationen bisher immer richtige Antworten, Handlungsschritte, Interventionen für Seminare und Lösungen erhalten habe.

Parallel zum Körperspüren können Sie hörbar ausatmen und so zusätzlich über den Atem zur Ruhe finden. Sie können das bewusste Atmen auch anschließen oder nur den Atem als Rettungsanker benutzen.

Zweiter Anker: Über den Atem Körper, Geist und Gefühle beruhigen. Über den Atem können Sie in allen Lebenssituationen in Kürze Körper, Geist und Gefühle äußerst wirkungsvoll beruhigen: Sorgen Sie bewusst dafür, dass sich Ihr Ausatem verlängert. Und das geht so:

»In einem entspannten Körper kann kein ängstlicher Geist wohnen.«
Dr. Edmund Jacobson

Übung: Beruhigungsatmung

Atmen Sie durch die Nase unangestrengt ein und durch den leicht geöffneten Mund hörbar aus, und zwar so lange wie möglich, Warten Sie in Ruhe, bis die Einatmung von allein wiederkommt. Also leicht durch die Nase einatmen und sich unangestrengt in die Ausatmung hineinfallen lassen. So lange wie möglich locker ausatmen und abwarten, bis die Einatmung von ganz allein kommt. Fahren Sie damit so lange fort, bis über die Verlangsamung und Vertiefung des Atems auch Körper, Geist und Gefühle zur Ruhe gekommen sind.

Wenn Sie wenig Zeit haben, können Sie auch ein paar Mal geräuschvoll ausatmen oder seufzen und so für eine Verlängerung des Ausatmens sorgen. Wenn Ihr Geist sehr unruhig ist, hilft es, ihn stärker zu beschäftigen und zu lenken. So können Sie beispielsweise gezielt den ganzen Weg des Ein- und Ausatemstroms beobachten, von Anfang an über die Mitte bis zum Ende der Einatmung und danach der Ausatmung. Das erleichtert es, den Gedankenstrom zur Ruhe kommen zu lassen und dem Gehirn eine Erholungspause zu gönnen.

Sie können auch parallel zum Atmen von eins bis zehn zählen und anschließend von zehn bis eins. Oder Sie wählen die Entlastungsatmung und begleiten die Atmung mit Mutmachsätzen (s. unten und S. 79).

Dritter Anker: Sich mental und emotional stärken mit Mutmachsätzen. Wenn Ihre Gedanken und Gefühle verrückt spielen, können Sie sich die ermutigende Erfahrung von Hannes Lindemann zunutze machen. Er überquerte in den 1950er-Jahren im Alleingang mit einem Faltboot den Atlantik und erzielte mit einem systematisch positiven Selbstgespräch und dem Satz »Ich schaffe es« verblüffenden Erfolg. Ein halbes Jahr vor seiner Reise »hämmerte« er sich dreimal täglich diesen Satz ein. Zwei weitere Sätze: »Halte Kurs

West« und »Nicht aufgeben!« baute er in sein Unterbewusstsein ein. Das »Nicht aufgeben!« bezeichnet er als »seelisches Korsett«, das ihn in den dunkelsten Stunden seiner Überfahrt rettete (Eberspächter 1998, S. 64).

Beispiel: Ob Sie diffuse, unangenehme Gedanken, Gefühle oder Zukunftsängste quälen. Ob Sie schlecht drauf sind oder verzweifelt sind. Zukunftsängste und Schwarzseherei ziehen Energie ab und bringen Ihre Stimmung nach unten und Sie keinen Schritt einer Lösung näher. Sie können sich selbst mental und emotional stärken mit Mutmachsätzen, wie beispielsweise: »Es wird alles gut. Du schaffst das.«
Wenn Sie verzweifelt sind, nicht weiterwissen oder eine Krise Ihr Leben erschüttert, sagen Sie sich: »Es findet sich immer eine Lösung«, oder: »Es gibt immer mehr als zwei Möglichkeiten«, oder »Auch dies geht vorbei«.
Wenn ein unvorhergesehenes ärgerliches oder tragisches Ereignis Sie bedrückt, dessen Sinn sich Ihnen nicht erschließt, können Sie sich damit besänftigen: »Wer weiß, wozu es gut ist.« Oft erschließt sich die Bedeutung, der Lern- und Wachstumsgewinn von Krisen erst im Nachhinein. Wenn Sie bemerken, dass Sie sich anspannen oder überanstrengen, können Sie sich freundlich zureden: »Ruhig Blut. Ganz ruhig. Lass dir Zeit.« Wenn Sie hektisch werden und anfangen, sich zu verzetteln, können Sie sich unterstützen mit: »Langsam, ganz langsam. Eins nach dem anderen.«
Wenn Sie selbstabwertende und verurteilende Gedanken in sich bemerken oder sich klein machen, können Sie sich stärken durch: »Du bist gut so, wie du bist. Alles ist okay, du schaffst es.« Wenn Ihnen etwas misslingt, können Sie sich trösten mit: »Du darfst auch Fehler machen. Das kriegen wir schon hin.

Vierter Anker: Mit dem Herzen den bedürftigen Teilen Zuwendung schenken und ihnen zulächeln. Wenn alles in Ihnen tobt oder schreit und sich sträubt gegen das, was ist. Wenn es Ihnen schwerfällt, das anzunehmen, was nicht zu ändern ist, kann es guttun, wenn Sie sich des eigenen Herzens bewusst werden.

Vom Herzen her ist alles willkommen. Schenken Sie mit Ihrer Herzenswärme den bedürftigen Teilen in Ihnen Zuwendung, Mitgefühl, Nachsicht oder Verständnis. Das brauchen wir besonders in Zeiten, wenn wir erschöpft, orientierungslos oder geschwächt sind. Oder wenn uns ein Fehler unterlaufen oder etwas misslungen ist. Wir können uns mit der folgenden kleinen Übung darin schulen, uns unseres Herzens zu besinnen und seine Qualitäten einzuladen, es uns leichter und erträglicher zu machen.

Kurzvariante: Qualitäten des Herzens einladen

Wandern Sie mit Ihrer Aufmerksamkeit in Ihren Brust- und Bauchinnenraum und sagen Sie sich innerlich: »Einatmend bin ich mir meines Herzens bewusst, ausatmend lächle ich meinem Herzen zu ... Ich schenke mir jetzt dieses Lächeln und dieses liebevolle Angenommensein, das ich mir oft von anderen wünsche ... und nehme einfach nur wahr, was in mir ist ...« Vom Herzen her ist alles willkommen, alles darf da sein ... Wenn Sie ein Unwohlsein oder einen Schmerz in sich entdecken, können Sie diesen Teil in Ihnen mit dem Lächeln des Herzens umhüllen oder ihm vom Herzen her zulächeln und ihn vielleicht einfach da sein lassen ... Nichts muss getan und verändert werden ... Nehmen Sie wahr, was sich in Ihnen verändert.

Den inneren Kompass befragen: Was ist los? Was braucht es? Wenn Sie mithilfe der Rettungsanker Ihren FreiRaum und Ihr Gleichgewicht zurückerobert haben, können Sie mit Mini-Focusing (Schlüssel 6) erkunden, was los ist und was ein nächster, guter Schritt sein könnte. Ich habe die Erfahrung gemacht, dass es mir sofort besser geht, wenn ich in eine aktive Erkundungsrolle wechsle, anstatt mich vom Negativen beherrschen zu lassen. Denn so kann ich neugierig und offen erkunden, was sich genau in mir abspielt, was es braucht und wie ich mir selbst helfen kann – aus einer aktiven, selbstverantwortlichen Position heraus. Manchmal kann es auch wichtig sein, aus der Beobachterposition den bedürftigen, ängstlichen, hilflosen oder leidenden Teil einfühlsam zu befragen wie eine gute Mutter oder eine Freundin, die anteilnehmend, mit Mitgefühl liebevoll fragt, was die Tochter oder Freundin bedrückt, was ihr fehlt und was sie sich wünscht.

Vielleicht gibt es in Ihnen einen schwierigen Teil, dem Sie sich gerne zuwenden möchten. Suchen Sie sich zunächst einen guten, ungestörten Platz und machen Sie es Ihrem Körper so gemütlich wie möglich. Dann führen Sie folgende Übung durch und stimmen sie auf Ihre Bedürfnisse ab.

Übung: Schwierige Teile in sich einfühlsam befragen

Nehmen Sie freundlich Kontakt auf mit Ihrem Körper (Sie wissen schon ...). Suchen Sie Ihren Wohlfühlort auf und lassen Sie sich an diesem Ort nieder. Dann fragen Sie sich innerlich: Was brauche ich noch, um diesem Gefühl oder Teil in mir zu begegnen? ... Vielleicht hilft es, wenn Sie sich Ihrer Lebenserfahrungen und Fähigkeiten als Erwachsenem bewusst werden, sich Ihrer erfolgreich bewältigten Situationen erinnern ... Wenn Sie bereit sind, können Sie den bedürftigen Teil wie ein verletztes

Kind liebevoll auf den Schoß nehmen oder ihn vor oder neben sich auf einen Stuhl setzen, je nachdem, was sich für Sie stimmig anfühlt … Vielleicht gelingt es Ihnen, diesem Teil zu erlauben, ganz da zu sein … und sich ihm unvoreingenommen mit Verständnis und Mitgefühl anzunähern. Leisten Sie ihm freundlich Gesellschaft und schenken Sie ihm Ihre teilnahmsvolle Aufmerksamkeit. Vielleicht hören Sie ihm einfach zu, was ihn bewegt und quält und nehmen wahr, wie sich das genau in Ihrem Körper anfühlt. Wo spüren Sie etwas? Was genau nehmen Sie wahr? … Vielleicht meldet sich auch in Ihnen eine Stimme, die sich kritisch äußert: »Ich will das nicht!« oder »Was soll das?« … Lassen Sie einfach zu, was auch immer kommt und sich zeigt, und machen Sie es zu einem Teil. Sie können das Gefühl freundlich und offen fragen: Was macht dir … Angst? Oder: Was ist das Schlimmste daran? … Warten Sie eine Weile, was aus Ihrer Körpermitte aufsteigt … Begrüßen Sie alles, was kommt … Sie können in Richtung Körpermitte fragen: Was brauchst du? Oder: Was täte dir gut? … Lassen Sie dem Körperinneren Zeit, was sich Ihnen an vagen Antworten, Bildern oder Körperempfindungen zeigen möchte … Bleiben Sie offen und schlagen Sie keine Lösungen vor … Heißen Sie alles willkommen.
Am Ende der Übung können Sie sich fragen: Was habe ich Neues erlebt? Was hat sich in mir verändert, an Gedanken, Empfindungen, Bildern, Stimmung …?

Wenn es für Sie schwierig war und die Antworten Sie nicht befriedigten, können Sie die Übung zu einem anderen Zeitpunkt wiederholen. Vielleicht braucht es Übung oder einen anderen Zeitpunkt, oder die Problematik ist so komplex und Sie sind so darin verstrickt, dass es sinnvoll sein könnte, wenn Sie sich von professioneller, focusing-erfahrener Seite Unterstützung holen.

Erschöpft – und ich kann nicht einschlafen oder durchschlafen

Beispiel: Eine Klientin sagte: »Ich schleppe mich mit Mühe durch diese Zeiten. Bis in einer Woche muss ich die Zeugnisse abgeben. Mich beunruhigt, dass ich so schwer in den Schlaf komme. Ich wälze mich von einer Seite zur anderen. Wenn ich nachts aufwache und den Druck in mir spüre, denke ich:›Jetzt geht das schon wieder los. Wie soll ich den Tag morgen nur durchstehen? Wie wird das erst, wenn ich in Pension gehe?‹ Und ich werde immer wacher. Die Mittel, die früher erfolgreich waren, um wieder einzuschlafen, wirken heute nicht mehr. Was kann ich nur tun?«

Bei Erschöpfung und Schlafschwierigkeiten haben sich bewährt:

- Um einschlafen und durchschlafen zu können, ist das bedeutendste vorbeugende Mittel, sich tagsüber kleine Momente des Innehaltens (Schlüssel 1) zu gönnen, damit der Körper und vor allem das Gehirn sich erholen können. So kommen Sie abends leichter zur Ruhe. Der Klientin aus dem Beispiel halfen drei Übungen: sich zwischendurch vom PC wegbewegen, sich woanders hinsetzen und focusingorientiert den Körper durchwandern, das Entlastungsschütteln sowie das Balancependeln. Durch die Bewegungsübungen haben sich ihre Verspannungen gelöst und sie konnte den Druck ablassen. So fand sie ihre innere Ruhe wieder und konnte nachts besser schlafen.
- Lassen Sie vor dem Schlafengehen Geist und Körper zur Ruhe kommen, anstatt direkt von der Arbeit oder vom Fernsehen ins Bett zu gehen. Nonstopp »Nahrungsaufnahme« für das Gehirn, auch in Form von Lektüre, können Gift für einen beanspruchten Kopf sein und erholsamen Schlaf verhindern. Gönnen Sie sich ein paar achtsame Schritte, ein focusingorientiertes Innehalten oder »Blumengießen« im Bett (s. Download »Stärkende, flankierende Maßnahmen und Rituale«), sodass Sie zur Ruhe kommen.
- Wenn Sie nachts aufwachen und diffuse negative Gedanken oder Gefühle Sie bedrücken, ist es wichtig, konsequent die Beobachterposition einzunehmen, neben sich zu treten und auf sich aufzupassen, dass Sie sich nicht fertig machen und in Negativität verlieren. Gehen Sie radikal ins Hier und Jetzt, in eine wahrnehmende und neugierig-erkundende Haltung und sagen Sie sich, was sie bemerken: »Aha, da ist … Ein Teil in mir …« Das Wichtigste ist, nicht gegen das anzukämpfen, was Sie erleben. Erlauben Sie, jedem Gedanken und jeder Empfindung, da zu sein. Wenn sich die inneren Kritiker melden und Zukunftsängste sich ausbreiten, sagen Sie bewusst Stopp. Schicken Sie die inneren Kritiker freundlich, aber bestimmt in die Kaffeepause und konzentrieren Sie sich gezielt auf etwas anderes: Spüren Sie die Auflageflächen Ihres Körpers auf der Matratze und genießen Sie die Wärme des kuscheligen Betts und dass Sie jetzt nichts zu tun brauchen.
  Sie können den Verstand beschäftigen und sich freundlich zureden: »Alles ist gut.« Sie können hörbar ausatmen und über Ihren Atem Körper, Geist und Gefühle beruhigen und mit der Entlastungsatmung Ihre Auf-

merksamkeit von den negativen Gedanken abwenden. Sie können einen Wohlfühlort im Körper aufsuchen oder alles Belastende ausatmen, herausstellen oder an das Universum abgeben. Sie können ausprobieren, was Ihnen einfällt und was Erfolg hat. Wenn alle Stricke reißen, können Sie Ihr Gehirn entlasten, indem Sie das zu Papier bringen, was Ihnen durch den Kopf geht. Oder Sie stehen auf und tun, wonach Ihnen ist. Sie können sich auch fragen: »Was brauche ich jetzt? Was kann mir jetzt helfen?«

Was hilft, wenn alles schwarz aussieht und Sie schlecht drauf sind?

Manchmal wachen wir morgens auf und sind irgendwie unzufrieden und schlecht drauf. Vielleicht fühlen wir uns müde, wie gerädert oder antriebslos. Vielleicht möchten wir uns auch in ein Mauseloch verkriechen und wissen nicht, wieso. Die ganze Welt scheint ungemütlich, dunkel auszusehen und uns eher unfreundlich oder bedrohlich gesonnen zu sein. Was tun? Üblicherweise bekämpfen wir das, was sich nicht gut anfühlt, oder flüchten in irgendwelche Aktivitäten, die uns ablenken.

Probieren Sie es aus, von der passiven, leidenden Rolle in die aktive, mitfühlende Beobachterposition zu wechseln. Erkunden Sie forschend-neugierig Ihre unzufriedenen Seiten, ohne zu bewerten, und sagen sich innerlich beispielsweise: »Aha, da ist jetzt ein Teil in mir müde. Aha, da ist ein anderer Teil in mir übellaunig … Aha, interessant, und ein anderer Teil findet das blöd …« und so weiter.

Erfahren Sie, wie schnell sich Ihre Gefühle und Gedanken ändern. Und wenn Sie es darüber hinaus fertigbringen, diesen bedürftigen Teilen in Ihnen mitfühlend und verständnisvoll zu begegnen und ihnen vielleicht sogar ein Lächeln zu schenken, werden Sie merken, wie die Verhärtung in Ihnen aufweicht und auch wieder positive und zuversichtliche Gedanken und Gefühle in Erscheinung treten.

Alle FreiRaum-Übungen wie Entlastungsatmung, Abschütteln, Herausstellen, Wohlfühlort aufsuchen sind weitere Möglichkeiten, einen wohltuenden Abstand zum negativen Ballast herzustellen. Ich möchte Ihnen darüber hinaus besonders folgende Übung ans Herz legen, die Ihre Stimmung aufhellt.

Übung: Stimmungsaufhellendes Summen

Summen Sie eine Melodie, wenn Sie sich nicht so gut fühlen. Ich habe entdeckt: Wenn ich morgens nicht so gut drauf bin und eine Melodie summe, hat das einen dreifach positiven Effekt: Der Verstand ist beschäfigt durch die Konzentration auf die Melodie, alle negativen Gedanken verschwinden. Durch das Summen wird die Ausatmung verlängert und Körper, Geist und Gefühle beruhigen sich. Und drittens hellt sich automatisch die Stimmung auf. Probieren Sie es aus.

Lenken Sie bewusst Ihre Aufmerksamkeit auf das, was gut funktioniert.

Übungskurzform: Bewusst machen, was gut klappt, und dafür danken

Suchen Sie sich einen schönen Platz, an dem Sie sich wohl fühlen. Schenken Sie sich und Ihrem Körper Ihre ganze freundliche Aufmerksamkeit. Erlauben Sie ihrem Körper, sich zu entspannen … Sie können sich fragen, was alles gut klappt in Ihrem Leben (Gesundheit, materielle Sicherheit, Dach über dem Kopf, in Frieden leben …), was alles gut funktioniert an Ihrem Körper, in Ihren Beziehungen … und dafür danken.

Schutzmechanismen in schwierigen Situationen

Beispiel: Eine Teilnehmerin aus meiner Gruppe »Burnout – nein danke« wurde von einer Klientin an den Rand der Belastbarkeit gebracht, da diese sie mit Negativem und Vorwürfen zutextete. Sie hat sich davon einnehmen und gefangennehmen lassen, ohne es zu merken. Sie fühlte sich nach den Sitzungen mit ihr jeweils »total fertig und ausgelaugt«.

Wie können Sie sich vor der Negativität von Mitmenschen schützen?

Übung: Sich schützen vor Negativität

Stellen Sie sich vor, Sie hätten eine Glasglocke um sich herum, an der all die negativen und aggressiven Bemerkungen abprallen. Sie stärken sich gleichzeitig mit einem Satz wie: »Ich bleibe ganz ruhig und gelassen«, oder: »Ich lasse mich durch nichts aus der Ruhe bringen«. Diesen Satz sagen Sie sich innerlich wie ein Mantra und bleiben mit 50 Prozent Ihrer Aufmerksamkeit bei sich. Sie schenken den Inhalten der negativen Bemerkungen wenig Aufmerksamkeit und lassen sie nicht an sich heran.

Zusätzlich kann es nützen, wenn Sie

- über den Körper mit beiden Füßen Standfestigkeit gewinnen.
- über Seufzen Ihre Ausatmung verlängern.
- mit der Aufmerksamkeit zu sich zurückgehen, sich und die eigene innere Resonanz spüren.

»Stärkende, flankierende Maßnahmen und Rituale« finden Sie als Download beim Buch unter www.beltz.de.

Ich drücke Ihnen die Daumen, dass Sie die für Sie geeeigneten Instrumente finden und anwenden können.

Die Anwendung der Focusing-Schlüssel in Gruppen und 1:1-Settings

- Die Schlüssel in Weiterbildung, Gruppen und Lehre anwenden
- Die Schlüssel in Beratungen und Einzelsitzungen einsetzen

↗03

Die Schlüssel in Weiterbildung, Gruppen und Lehre anwenden

»Man kann einen Menschen nichts lehren, man kann ihm nur helfen, es in sich selbst zu entdecken.«
Galileo Galilei

Im zweiten Teil haben Sie schon einige Anregungen erhalten und sicher auch selbst Ideen gehabt, wie Sie die Focusing-Schlüssel in Ihrer Arbeit mit Gruppen oder Einzelnen einsetzen können. Damit Ihnen das noch leichter gelingt, gebe ich Ihnen einen Einblick in meine Arbeit und schlage Ihnen weitere Umsetzungsideen vor.

Ganz gleich, welche Art von Seminar- oder Lehrtätigkeit Sie ausüben, die acht Schlüssel können Ihnen auf drei Ebenen dienlich sein:

- Bei der Konzeption, Vorbereitung und Durchführung Ihrer Angebote, um aus Ihrem inneren Kompass heraus zu für Sie stimmigeren Angeboten sowie einer entspannten, Ihnen gemäßen Arbeitsweise zu kommen.
- Bei der Strukturierung des Kursablaufs, der Pausengestaltung und der Didaktik und Methodik, sodass Sie und die Lernenden leichter und tiefer, konzentrierter und lebendiger lehren und lernen.
- Bei der Weitergabe der Elemente und Schlüssel(-Übungen), die zu Ihnen und Ihrer Arbeit passen, an Ihre Lernenden.

Wenn ich im Folgenden über meine eigene Praxis schreibe, so nur deshalb, damit Sie den Einsatz der Werkzeuge möglichst konkret nachvollziehen können. Es dient lediglich als *ein* Beispiel zur Veranschaulichung, wie es sein *kann*, nicht wie es sein sollte. Die Anwendung der Schlüssel sieht bei jedem individuell unterschiedlich aus, je nach Tätigkeit und einzigartiger Schatzkiste eines jeden Einzelnen. Lassen Sie sich inspirieren. Achten Sie beim Lesen auf Ihre innere Resonanz, um die Ausschläge Ihres inneren Kompasses zu bemerken. Sie sind eingeladen, mit seiner Hilfe und Schlüssel 2 »Selbstbeobachtung« zu erkunden, wie Ihr einzigartiger Umsetzungsweg konkret aussieht, was genau sich für Sie richtig und stimmig anfühlt.

Der Erfolg meiner Seminare steht und fällt damit, wie es mir gelingt, für meinen eigenen FreiRaum zu sorgen und dafür, dass ich selbst im Kurs präsent, in meinem Körper und mit dem Herzen da bin. Das versetzt mich in die Lage, sowohl die Gruppe und die Gruppensituation tiefer wahrnehmen zu können als auch meine eigene innere Resonanz besser zu spüren und aus ihr heraus stimmig und gesamtintelligent agieren zu können.

Sich aus dem FreiRaum und Körper heraus vorbereiten

Der Boden für den Erfolg wird schon bei der Seminarvorbereitung beziehungsweise -konzeption und -ausschreibung bereitet: Haben Sie sich den FreiRaum und die Zeit dafür genommen, mithilfe Ihres inneren Kompasses und vielleicht sogar einer professionellen Begleitung innere Klarheit zu gewinnen, was wirklich »Ihr Ding« ist? Schlüssel 2 »Selbstbeobachtung« hat Ihnen aufgezeigt, wie Sie »Ihr Ding« finden. Die Kapitel zu den Schlüsseln 6 »Mini-Focusing« und 7 »Anders arbeiten« enthalten Übungen, wie Sie focusingorientiert eine für Sie stimmige Seminarausschreibung, Akzente und Methodenauswahl aus Ihrem Körper entstehen lassen, die zu Ihnen und Ihren Zielgruppen passen.

Sorgen Sie zunächst für den nötigen äußeren und inneren FreiRaum, um Veranstaltungen weniger Kraft raubend und so, wie es für Sie gut ist, vorzubereiten.

Setzen Sie sich zeitnah, aber nicht zu unmittelbar vor dem Seminar hin, um es vorzubereiten. Je dichter und konkreter Sie in Berührung mit der Situation sind, umso leichter entsteht ein Felt Sense. So können Sie sich einerseits optimal in die Situation hineinversetzen und haben andererseits noch einen Zeitpuffer, um nicht in Stress zu geraten.

Es braucht einen termin- und zeitdruckfreien Raum, um aus dem FreiRaum und Körper heraus einen stimmigen Seminarablauf vorzubereiten. Blocken Sie sich einen halben, besser einen ganzen Tag für die Vorbereitung. Suchen Sie – wenn möglich – Ihre energiereichste Zeit für die Seminarplanung aus.

Wählen Sie sich einen Platz, an dem Sie sich möglichst wohl fühlen und eine Zeitlang nicht gestört werden. Mit der focusingorientierten Art des Innehaltens können Sie im eigenen Körper ankommen und in Kontakt kommen zu Ihrem Thema und Ihrer Zielgruppe.

Die nächste Übung zeigt auf, wie Sie zu einem stimmigen Seminarablauf finden und dabei tiefere Ressourcen in sich aktivieren können. Wandeln Sie diese und folgende Übungen gegebenenfalls so ab, dass Sie zu Ihnen und Ihrer Situation passen.

Übung: Ein Seminar focusingorientiert vorbereiten

Nehmen Sie eine gemütliche und entspannte Körperhaltung ein. Wenn möglich, legen Sie Ihren Kopf ab ... Lassen Sie sich Zeit, Ihren Körper wohlwollend wahrzunehmen ... und in Ihrem Inneren anzukommen und sich innerlich zu spüren ... Wenn da noch etwas Unwohlsein oder Belastendes ist, können Sie es vielleicht aus Ihrem Körper herausstellen, so weit neben oder vor sich, dass Sie einen guten Abstand spüren, wieder aufatmen können und innerlich frei sind, damit Sie sich Ihrem Seminar zuwenden können ...

Nehmen Sie sich die Zeit, sich in Ruhe nacheinander in die Teilnehmenden, den Zeitrahmen und die Seminarsituation als Ganzes hineinzuversetzen ... Führen Sie sich innerlich Ihre Zielgruppe vor Augen, mit ihren (Belastungs-)Situationen, ihren Problemen und Bedürfnissen als Ganzes ... Fragen Sie sich innerlich: Was bewegt sie? Mit was kommen sie in die Veranstaltung? Achten Sie auf Ihre innere Resonanz ... Fragen Sie sich dann: Was liegt mir am Herzen? Was möchte »transportiert« werden? ... Lassen Sie die Fragen eine Weile in sich wirken ... Diskutieren Sie nicht innerlich, sondern warten Sie ab, welche Mosaiksteinchen aus Ihrem Inneren auftauchen ... Lenken Sie Ihre Aufmerksamkeit auf das vage Gespür in Ihrem Körperinneren und bleiben Sie dabei ... Vielleicht tauchen Fragmente aus Ihrer Seminarpraxis auf oder einzelne Lieblingsübungen oder Sequenzen. Bleiben Sie offen und neugierig bei dem Unklaren des Ganzen. Beobachten Sie zunächst die noch ungenaue innere körperliche Resonanz und was daraus entsteht ... Sie können sich auch fragen: Was sind die Eckpunkte, Schlüsselübungen, die bedeutsam sind, die unbedingt Raum haben möchten? Welche Schritte sind von Bedeutung? ... Fragen Sie sich: Was ist das Wichtigste? Lassen Sie Ihrem Inneren Zeit und notieren Sie stichwortartig, was kommt ... Lassen Sie die einzelnen Punkte auf sich wirken. Pendeln Sie mit Ihrer Aufmerksamkeit von innen zu den notierten Punkten, verweilen Sie achtsam, annehmend und absichtslos mit dem, was das in Ihnen auslöst. Fragen Sie sich: Ist es genau das? Oder welche Worte passen besser? Umkreisen Sie mit einem roten Stift die Punkte, die Ihnen am wichtigsten sind ...

Fragen Sie sich, was in der Seminarzeit vermittelt werden möchte. Lassen Sie sich Zeit ... Dann können Sie sich – innerlich angedockt in Ihrem Körper – eine grobe Zeitstruktur, einen Zeitrahmen, ein paar Schlüsseleckpunkte oder Schlüsselübungen und einen roten Faden erstellen. Sie können dabei mit Ihrer Aufmerksamkeit zwischen dem Aufgeschriebenen und Ihrer inneren Resonanz hin- und herpendeln, um focusingorientiert die Eckpunkte und Schritte zu genauern. Das heißt, Sie finden die richtigen Worte beziehungsweise die passende Überschrift. Bei dem stimmigen Begriff spüren Sie eine Art körperliche Erleichterung wie ein Aufatmen. Sie spüren mit Ihrem gesamten Organismus die innere Klarheit, dass es das genau trifft.

Wenn es sich noch nicht rund anfühlt, können Sie noch einen Felt Sense zu dem Seminar als Ganzes kommen lassen und fragen, was noch fehlt.

Wenn Sie Ihre Stichworte später noch einmal sichten, lassen Sie die einzelnen Punkte auf sich wirken. Markieren Sie die Punkte, die Ihnen am wichtigsten sind und bei denen Sie die stärkste innere Resonanz spüren. Bleiben Sie mit Ihrer Aufmerksamkeit zu 50 Prozent in Ihrem Körperinneren und zu 50 Prozent bei dem Geschriebenen und pendeln Sie dazwischen hin und her, um die für Sie wichtigsten Eckpunkte, zentralen Schritte und Schlüsselübungen zu genauern und Ihren roten Faden zu finden.

Erkunden Sie, wie Sie mithilfe von Mini-Focusing und Schlüssel 2 »Selbstbeobachtung« zu einem für Sie passenden Vorgehen kommen.

Machen Sie es sich leichter

Quälen Sie sich auch manchmal damit ab, diszipliniert einen detaillierten Zeitplan mit allen Lernschritten und Übungen vom Schreibtisch aus vorzubereiten? Mit dem Ergebnis, dass die Veranstaltungen sowieso immer anders verlaufen als geplant, da die Zielgruppen, ihre Anliegen und die Gruppenkonstellationen stets unterschiedlich sind?

Beispiel: Ich habe erstaunlich befreiende und Zeit sparende Erfahrungen damit gemacht, focusingorientiert »nur« eine grobe Zeitstruktur, einen roten Faden und einige Eckpunkte zentraler Schritte und Übungen parat zu haben. Damit bin ich innerlich viel klarer, was mir wirklich wichtig ist. Ich bin im Seminar präsenter und in mir innerlich gefestigt. So bin ich gleichzeitig offen für die Besonderheiten der Menschen, mit denen ich in der betreffenden Gruppe arbeite. Ich kann meine volle Aufmerksamkeit dem Seminargeschehen und den Teilnehmenden schenken. Ich bin flexibler, den vorbereiteten roten Faden auf die Gruppe und die konkret eingebrachten Anliegen, Situationen und das Erleben zuzuschneiden. Es ist leichter, aus dem konkreten Geschehen heraus passgenau Schritte, Interventionen und Anleitungen aus dem Körper kommen zu lassen. Es fällt leichter, auf die konkrete Situation einzugehen und auch mögliche Störfaktoren von außen in den Seminarprozess zu integrieren, sodass die Teilnehmenden die Wirksamkeit der Schlüsselwerkzeuge unmittelbar erfahren.

Ich möchte Sie ermutigen, damit zu experimentieren, wie Sie sich mithilfe Ihres inneren Kompasses entlasten und es sich leichter machen können, um die für Sie stimmige Art und Weise der Vorbereitung zu finden.

Erkunden Sie mit Schlüssel 2, was genau vor dem Seminar für Sie klar sein muss und vorher in eine Seminarstruktur gegossen werden möchte, damit Sie sich gut und sicher fühlen. Ich möchte Sie ermuntern, kleine Schritte auf ein vielleicht neues Terrain zu wagen, sich im Seminar ein bisschen mehr auf Ihre volle Präsenz, Ihre Intuition, Ihr inneres Gespür und Ihre eigene Schatzkiste zu verlassen als auf einen möglicherweise zu stark vom Schreibtisch aus festgezurrten Seminarablauf. Lassen Sie sich überraschen, wie Sie neben etwas Unsicherheit auch neue, energetisierende Qualitäten an sich und Ihrer Arbeit entdecken können.

»Ihr Ding« statt Zwangsjacke innerer Vorschriften

Es raubt enorm Kraft und Lebensfreude, wenn wir uns mit (nicht bewussten,) starren oder festgefahrenen Vorstellungen und Ansprüchen unter Druck setzen, wie »man« professionell ein Seminar durchzuführen hat: »Man muss umfassend über ein Thema und die Fachdiskussion informiert sein«, »Man sollte einen bestimmten Umfang an Handouts zur Verfügung stellen – natürlich in einem professionellen Layout«, »Man sollte eine PowerPoint-Präsentation vorbereiten, wenn man über ein Thema referiert«. Haben Sie sich auch mit ähnlichen Gedanken abgequält? Dabei können Sie das mündlich in der Seminarsituation vielleicht müheloser, lebendiger, situations- und teilnehmernah vermitteln, als wenn Sie vom Schreibtisch aus das Seminar in eine PowerPoint-Präsentation oder in umfängliche Handouts pressen, ohne ein Gespür für Ihre Zuhörer zu haben. Mir ist es so ergangen, dass ich mich häufig beim Vortrag zusätzlich damit gestresst habe, der Struktur der Folien zu folgen, gleichzeitig die Zuhörer im Blick zu haben und noch in Kontakt mit mir und dem zu sein, was mir wichtig ist.

Weniger ist mehr – volle Präsenz ist alles. Das Beispiel meiner Focusing-Ausbilder hat mir gezeigt, wie es möglich ist, locker und entspannt und zugleich ausgesprochen erfolgreich ein Seminar zu leiten – ohne vorbereitete PowerPoint-Folien, Flipcharts und seitenlange Handouts präsentieren zu müssen. Das hat mich inspiriert.

Denn ich habe am eigenen Leib erfahren, wie viel wichtiger für den Lernerfolg die volle Präsenz und die angenehm natürliche und menschliche Echtheit der Seminarleitung sind. Es war beeindruckend zu erleben, wie wach und zugleich entspannt Übungen angeleitet werden können, wenn man in seinem Körper anwesend ist, und wie auch ohne Vorlage so erstaunlich klar hochkomplexe Vorgänge im Focusing-Prozess kurz, präzise und äußert praxistauglich in Ruhe beschrieben werden können, sodass alle ihre Ohren aufsperren, unangestrengt und zugleich sehr wach zuhören.

Es erstaunte mich, wie es möglich ist, so viel, auf einer so tiefen Ebene und zugleich so wohltuend entspannt in einer Qualifizierungsmaßnahme zu lernen. Wie nützlich haben sich in meiner Praxis die überschaubare Anzahl kurzer Seminarpapiere erwiesen, die es allerdings in sich haben: knapp, komprimiert und äußerst präzise Hochkomplexes didaktisch-methodisch einfach, praxisnah, gut nachvollziehbar und lehrreich auf wenigen Seiten auf den Punkt gebracht, sodass sie mir immer wieder im Alltag helfen.

Wie glaubwürdig und anziehend wirkt es, wenn jemand das lebt, was er lehrt! Wie entlastend, angenehm und inspirierend ist es, wenn ein Fortbildner in der Lage ist, sich menschlich und echt zu präsentieren, eher bescheiden. Es macht Mut, die eigenen Unzulänglichkeiten anzunehmen, wenn ein Fortbildner sich traut, seine eigenen (und unser aller) menschlichen Schwächen als Beratende oder Trainierende (Verwirrung, Hilflosigkeit, Ängste, Gefühl von Unzulänglichkeit, Hingezogenheit oder Ablehnung eines Klienten und vieles mehr) offen und humorvoll zu benennen. Vielleicht ermutigt Sie das folgende Beispiel eines erkälteten Referenten:

Beispiel: Er »versteckte« seinen Infekt nicht und riss sich nicht zusammen. Zu Beginn seines Vortrags gestand er sinngemäß freimütig: »Ich bin stark erkältet. Ich weiß gar nicht, wie ich mit mir bin. Ich möchte dennoch den Vortrag halten.« – Das hat mich und andere nachhaltig berührt. Der Vortrag war sehr erfolgreich.

Wenn wir als Lehrende uns erlauben, uns stimmig zu zeigen, wie wir da sind, auch mit Unpässlichkeiten und Nichtperfektionismus, machen wir es auch den Teilnehmenden leichter, sich mit allem da sein zu lassen und sich mit ihren Fragen zu zeigen. Ihr innerer Kompass zeigt Ihnen dabei den Weg.

Sie können es sich leichter machen und ganz und echt da sein, wenn Sie

- bei der Vorbereitung im Kontakt sind zu sich, das heißt im eigenen Körper angedockt, und von da Ihre Anliegen, Fragestellungen, Schritte, Übungen und den roten Faden kommen lassen.

- im Kontakt sind zum Seminarthema, zu dem, was Ihnen am Herzen liegt, was Sie berührt und Ihnen zu transportieren wichtig ist, zu dem, was Sie energetisiert, begeistert, was Sie lieben und wirklich »Ihrs« ist.
- sich trauen, das, was »Ihrs« ist, wozu Sie focusingorientiert innere Klarheit gewonnen haben, ins Zentrum Ihres Seminars zu stellen,
- im Kontakt zu den Menschen sind, für die Sie die Veranstaltung durchführen und sich in sie, ihre Probleme und Bedürfnisse hineinversetzen; vor dem Kurs nähere, möglichst konkrete Informationen über die Teilnehmenden und Gruppenzusammensetzung beim Veranstalter abfragen beziehungsweise auch zu Seminarbeginn in Erfahrung bringen.
- sich keine Gewalt antun, sondern auf sich hören, was für Sie stimmig ist, womit Sie sich sicher, wohl und gut fühlen: bezüglich Auswahl der Inhalte, des Umfangs, der Methoden, der Art und Weise des Lehrens (Tempo, Gangart, rhythmisierender Wechsel der Anforderungen, Pausen).
- »echt« sind: das heißt, Sie sind ganz »Ich«, und lassen sich ganz da sein mit allem, was in Ihnen ist, bei der Vorbereitung und Durchführung, und sich nach und nach mit dem zeigen, was Ihnen wichtig ist, mit Ihren Erfahrungen, vielleicht auch Beeinträchtigungen und Ihrer Nichtperfektion.
- Ihren Fokus wertschätzend auf Ihre eigenen Ressourcen sowie die Fähigkeiten und Stärken der Teilnehmenden legen, ihnen ehrliche Anerkennung aussprechen für das, was sie einbringen.
- die Teilnehmenden ermuntern, sich einzubringen mit dem, was ihnen am Herzen liegt und sie beteiligen, unter anderem durch Mini-Focusing im Team, soweit sich das für Sie stimmig anfühlt.

Wie Sie ein Seminar oder eine Gruppe so leiten, dass es Sie nährt

Geht es Ihnen ähnlich wie mir, dass Sie manchmal trotz jahrzehntelanger Seminartätigkeit zu Beginn immer noch etwas aufgeregt sind? Wenn sich etwas in Ihnen unsicher anfühlt, kann es helfen, am Anfang mit beiden Füßen fest auf dem Boden zu stehen, sich zu spüren, einen guten, stabilen Stand zu finden und bewusst durch die leicht geöffneten Lippen so lang auszuatmen wie möglich, bis Ihr Körper, Ihr Geist und Gemüt zur Ruhe gekommen sind.

FreiRaum schaffen zu Veranstaltungsbeginn. Für den eigenen FreiRaum ist es wohltuend, so frühzeitig am Seminarort zu sein, dass Sie die Räumlichkeiten, die Sitzanordnung, das Flipchart und gegebenenfalls die Raummitte schön gestalten und die Handouts in Ruhe sichten können, dass Sie sich damit wohl und sicher und die Teilnehmenden sich willkommen geheißen fühlen. Und genügend Zeit vorhanden ist, das nachzuordern, was noch fehlt oder einen Techniker zu befragen, damit die Musikanlage oder andere Geräte stressfrei zu bedienen sind und wirklich funktionieren.

Für den inneren FreiRaum können Sie sorgen, indem Sie sich selbst vor Veranstaltungsbeginn einen Moment des Innehaltens gönnen. Sie können sich mit der folgenden Übung selbst anleiten.

Übung: Vor Seminarbeginn für Freiraum und volle Präsenz sorgen

»Ich schließe meine Augen, finde einen stabilen Stand, spüre meinen Körper von den Füßen an aufwärts ... Ich erlaube allen Körperteilen, sich ganz zu entspannen und lasse meinen Atem fließen. Ich atme hörbar so lange alles Belastende aus, bis sich über den Atem mein Körper und meine Gedanken beruhigt haben. Ich gehe mit meiner Aufmerksamkeit in meinen Körper und erkunde mit warmen Augen im Brust- und Bauchinnenraum, wie ich innerlich da bin. Ich erlaube allen Teilen in mir, da zu sein, und lächle der Aufgeregtheit, Unsicherheit oder Angst in mir zu. Ich lege symbolisch meine Schatzkiste an Werkzeugen, Erfahrungen und all meine Seminarunterlagen und Übungen links von mir ab. Rechts von mir platziere ich all meine »Baustellen« und Probleme, die mich daran hindern könnten, ganz da zu sein.

So können Sie sich zum einen innerlich frei machen von allen Details, die mit dem Seminar zu tun haben, und zum anderen von all Ihren persönlichen und beruflichen Sorgen und Problemen. Sie kommen erst einmal zur Ruhe, bevor die Gruppe ankommt. Probieren Sie aus, je nachdem, welche Art von Lehrtätigkeit Sie ausüben, inwieweit es auch Ihnen guttut, sich unmittelbar vor dem Seminar bewusst nicht mehr Ihre Unterlagen oder Übungen anzuschauen, damit Sie den Kopf frei und Zugang haben zu Ihrem inneren Kompass. Vielleicht entdecken Sie, dass Sie dann offener sind für die ankommenden Menschen und das konkrete Geschehen.

Ein einladender und entlastender Seminareinstieg. Experimentieren Sie damit, ob und wie Sie Ihren Seminareinstieg leichter und einladender machen können. Führen Sie vor der ersten (Kennenlern-)Runde beispielsweise nur kurz in die Veranstaltung ein, sprechen Sie Einladungen aus und/oder leiten Sie eine Übung zum Ankommen an. Achten Sie darauf, ob und was für eine innere Resonanz das folgende Beispiel in Ihnen auslöst, sodass Ihnen klarer werden kann, was für Sie ähnlich sein könnte oder sich auch ganz anders für Sie richtig anfühlt.

Beispiel: Es ist für mich entlastend, zu Seminarbeginn nur in wenigen Sätzen meinen persönlichen Bezug zum Thema und meine Seminaranliegen zu verdeutlichen und mich kurz vorzustellen. So erhalten die Teilnehmenden einen ersten Eindruck, mit wem sie es zu tun haben, und eine grobe Orientierung, was sie erwartet. Es entlastet auch sie und stimmt sie positiv ein, wenn sie zunächst eingeladen werden, alle Anstrengungen loszulassen und während der Veranstaltung neugierig und unvoreingenommen wie kleine Kinder zu erkunden und auszuprobieren, was für jede und jeden hilfreich ist und (leicht) klappt.

Übungsanleitungen können nicht für alle passend sein. Es erleichtert alle sehr, wenn geäußert wird, dass es kein Richtig oder Falsch, keinen Zwang und kein »Ich muss« oder »Ich sollte« im Seminar gibt. Vielleicht möchten auch Sie Ihre Teilnehmenden bitten, Ihre Übungsanleitungen individuell für sich so anzupassen oder umzuwandeln, dass jede und jeder sich damit gut fühlt. Das entlastet die Teilnehmenden vom Druck, es genau nach Anleitung »richtig« machen zu »müssen«. Es lädt sie ein, sich darin zu üben, selbstverantwortlich zu erkunden, wie es für sie richtig sein könnte, anstatt eine Übung abzulehnen, weil das eine oder andere Wort oder die eine oder andere Sequenz sie nicht so anspricht.

Nach einer oft anstrengenden Anreise erleichtert es allen, den Seminareinstieg zunächst mit einer Übung zum mentalen Herunterkommen und Bei-sich-Ankommen zu genießen, bevor sich die Teilnehmer in der Runde äußern.

Als Ankomm- und Abschaltübung hat sich in meiner Praxis die längere Version des »Innehaltens« bewährt, die ich auf die konkrete Situation und Befindlichkeit der jeweiligen Seminargruppe zuschneide. In die Übung eingebaut werden Elemente der Schlüssel 2 bis 5, um typische Klippen von Neulingen zu umschiffen und einen ersten Geschmack vom Weg der inneren Achtsamkeit zu bekommen. Durch eine ähnliche Art des Einstiegs können auch Sie selbst zur Ruhe und in Ihren Körper kommen. Das sorgt für einen entspannten Start und eine angenehme, positive Seminaratmosphäre.

»Angedockt« im eigenen Körper – das A und O. Wenn Sie eine Focusing-Übung anleiten, ist es ausgesprochen hilfreich, sich in die Teilnehmenden hineinzuversetzen und die Übung quasi innerlich mitzumachen. Versuchen Sie, mit 50 Prozent Ihrer Aufmerksamkeit in sich zu ruhen und zu 50 Prozent die Gesamtsituation der Gruppe wahrzunehmen. Pendeln Sie mit Ihrer Aufmerksamkeit intuitiv hin und her: von sich und Ihrem inneren Gespür zu den Anwesenden und zurück. Probieren Sie aus, inwieweit es für Sie nährend sein kann, wenn Sie dabei nicht nur im Kopf bei Ihrer vorbereiteten Übungsanleitung sind, sondern selbst in Ihrem Körperinneren angedockt.

Beispiel: Ich suche mit meiner Aufmerksamkeit achtsam meine Körpermitte auf, verweile dort ein bisschen mit allem, was da ist. Meist spüre ich dann ein besonderes Kribbeln, eine Art freudige, sprühende Kraft oder Energie in meinem Zentrum, das mir Halt, Sicherheit und Orientierung gibt. Dort spüre ich eine innere Resonanz und von dort kommen auch die Impulse, die mir entsprechen und mit denen ich mich sicher und gut fühle. Ich pendle also aufmerksam von meinem Zentrum zu der eher defokussierten Wahrnehmung der Gesamtsituation der Gruppe und lasse die Worte und Sätze zur Anleitung aus meinem Körper kommen.
Wenn ich bemerke, dass einige Beteiligten Schwierigkeiten haben, es beispielsweise ihrem Körper gemütlich zu machen, gebe ich konkretere Hilfestellungen. Oder wenn Außengeräusche belästigen, integriere ich Hinweise zum Umgang mit Störungen in die Übungsanleitung. Das ist eine gute Gelegenheit einzubeziehen, was an Unvorhergesehenem – wie im ganz normalen Leben – geschieht, und dabei praxisnah zu lernen, wie wir unsere Aufmerksamkeit bewusst auf das lenken können, was uns stärkt, auch wenn die Rahmenbedingungen nicht so optimal sind.

Den Fokus auf das Stärkende lenken: Was war hilfreich? Die Anwendung des Schlüssels 5 kann bei der Anleitung und vor allem bei der anschließenden Reflexion der Erlebenseinheiten eingeübt werden.

Sowohl beim Austausch in Kleingruppen als auch im Plenum können Sie gezielt danach fragen, was die Teilnehmenden als hilfreich an einer Übung empfunden haben, um sich darin zu üben, den Fokus auf das zu lenken, was sie stärkt und einer Lösung näherbringt, statt des gewohnten defizitären Blicks auf das, was sich nicht gut anfühlt und was (noch) nicht funktioniert. Sie können sich auch gezielt danach erkundigen, was die Einzelnen an sich bemerkt haben, damit sie lernen, sich selbst differenzierter wahrzunehmen und zu erkennen, wie sie genau »ticken«, und sich bewusst zu machen, was genau fruchtet, damit sie sich gezielt im Alltag selbst helfen können. Am

Ende der Ankommübung kann auch erforscht werden, was sich die Teilnehmer wünschen oder wonach ihnen ist, um zu bemerken, wie entlastend und aufschlussreich es sein kann, das Innere gezielt zu befragen.

Ermuntern Sie die Anwesenden, ihre Erfahrungen, Fragen und Wünsche einzubringen. So bekommen Sie ein Gespür für die Gruppe und dafür, wo die Einzelnen stehen und was sie brauchen. So können Sie gezielt kleine Hilfestellungen und passgenaue Inputs geben und die Anleitungen auf die besonderen Anliegen, die konkreten Situationen und Hürden der Beteiligten zuschneiden. Der Rest der Gruppe profitiert meist ebenfalls vom Erleben, den Missverständnissen, Hindernissen und Situationsschilderungen Einzelner sowie von den konkreten Anregungen der Seminarleitung, wie die Schlüssel hier angewendet werden können beziehungsweise wie mit typischen Alltagsklippen zu verfahren ist.

Nach der Ankommübung hat es sich bewährt, die Teilnehmenden zu bitten, in ihrem Tempo langsam in den Raum zurückzukommen und zunächst mit der Aufmerksamkeit bei sich und dem eigenen Körper zu bleiben. Hier ist eine gute Gelegenheit, die Lernenden zu ermuntern, auszuprobieren, was dem eigenen Körper jetzt guttut, der eine Weile ruhig gesessen hat. Dabei können Sie als Seminarleitung einige Anregungen geben und demonstrieren, was das sein könnte: sich strecken, räkeln, dehnen, gähnen, Gesicht und Nacken massieren, Beine oder Fußgelenke bewegen, Wirbelsäule dehnen.

Die anschließende Runde können Sie einleiten mit den folgenden Fragestellungen. Zum einen: »Was war hilfreich bei dieser Übung? Was haben Sie bemerkt, wie Sie da sind?« und zum Zweiten: »Was wünschen Sie sich hier?« Hier können Sie gezielt Schlüssel 5 einsetzen, damit alle sich darin üben, die Elemente wahrnehmen zu lernen, die einem helfen, sich zu entlasten, zu entspannen, Kraft und Klarheit zu gewinnen und den Fokus auf das zu richten, was einen stärkt und einer Lösung näherbringt.

Wie halten Sie Ihre Energie und die der Lernenden hoch?

Pausen einbauen. Es hat sich bewährt, die Seminareinheiten in Anderthalbstundenblöcken zu gruppieren, auf die 15- oder 30-Minuten-Pausen folgen und mittags mindestens eine Stunde Pause, sodass zwischen den Lerneinheiten genügend Raum zum »Verdauen« ist und praktisch erlebt wird, wie sich kleine Pausen positiv auf die Leistungsfähigkeit *und* den Lernerfolg auswirken. Nach meiner Erfahrung werden bessere Lerneffekte erzielt, wenn eine Nacht zwischen zwei Veranstaltungsblöcken liegt. Über Nacht arbeitet es in den Lernenden. Schon am nächsten Morgen erzielen die meisten deutlich größere Erfolgserlebnisse sowie tiefere Einsichten beispielsweise bei der »Innehalten-Ankommübung«. Sie entspannen leichter, nehmen sich selbst feiner und tiefer wahr, wie sie da sind und was sie brauchen.

Probieren Sie es aus, immer wieder kleine Momente des Innehaltens und unterschiedliche 90-Sekunden-Pausen-Übungen zwischendurch einzubauen. So können sowohl die Lernenden, als auch Sie als Leitung Kraft schöpfen, dem Gehirn eine Erholungspause gönnen und das Erlernte oder Aufgenommene »sacken lassen«.

Um die eigene Energie hochzuhalten, ist es ratsam, sich selbst in jeder Seminarpause für eine kurze Zeit zurückzunehmen, das heißt, für eine kleine Weile aus dem Kontakt mit den Teilnehmenden zu gehen, manchmal auch den Raum zu verlassen und, wenn möglich, nach draußen in die Natur zu gehen. So gönnen Sie sich selbst einen kleinen Moment des Innehaltens und FreiRaum-Schaffens, indem Sie beispielsweise Ihren Körper, Ihren Atem spüren und sich innerlich leeren. Oder Sie schöpfen Kraft und gewinnen Abstand, indem Sie gezielt Ihre Aufmerksamkeit auf etwas richten, das Ihnen Energie spendet, wie beispielsweise kraftvolles Grün, blühende Pflanzen, einen Baum, Vogelgezwitscher oder die Schönheit und Weite des Himmels.

Beispiel: Wenn es mir zum Beispiel gelingt, ganz da und im Körper angedockt zu sein, hat dies den angenehmen Nebeneffekt, dass ich eine innere Ruhe und Kraft spüre und vermutlich ausstrahle. Diese Art des Da-Seins lässt mich eher langsamer und achtsam gehen, die Gruppe tiefer wahrnehmen und stimmige Interventionen, Fragen, Inputs sowie Pausen aus meinem Körperinneren kommen lassen. Dann empfinde ich das Arbeiten als nährend und eher energetisierend. Ich spüre viel eher, wann Übungen des Innehaltens und Pausen förderlich sind.

Rhythmisierender Seminaraufbau und Methodenwechsel. Was entscheidend dazu beiträgt, die eigene Energie sowie der Gruppe hochzuhalten, ist ein systematischer, rhythmisierender Aktivitätswechsel, der Körper, Geist und Herz jeweils unterschiedlich beansprucht, das Erleben der Übungen nachklingen und die individuelle Wirkung bemerken und reflektieren und den Organismus erholen lässt. Das hat folgende Vorteile: Die Gruppe erlebt die positiven Auswirkungen der Anwendung der Schlüsselwerkzeuge des Innehaltens und der Rhythmisierung. Sie können das Gelernte und Erlebte besser verdauen und individuell reflektieren. Sie freuen und wundern sich darüber, dass sie sich am Ende des Seminartags oder nach mehreren Seminartagen erstaunlich entspannt und aufgetankt fühlen und trotzdem eine beeindruckende Menge gelernt haben. Das kann in der Praxis beispielsweise so aussehen:

Beispiel: Sie starten mit einer Achtsamkeitsübung zum Innehalten, Kraftschöpfen und Sich-selbst-tiefer-Wahrnehmen im Sitzen und in Stille, bei dem die Menschen nur mit sich selbst in Kontakt kommen. In der anschließenden Runde kommen sie zu Wort, in Kontakt mit den anderen und hören zu. Zwischendurch können Sie die Klangschale ertönen lassen oder eine Atementspannung anleiten, bei der alle dem Klang oder ihrem Atem lauschen, sodass sie zu sich selbst zurückkommen und ihr Gehirn sich einen Moment erholen kann.
Bei der nächsten Übung kommt die Energie in allen Körpern zum Fließen. Sie lernen, sich im Tun selbst zu beobachten (Schlüssel 2), und zwar im Gehen und in Bewegung. Sie nehmen sich achtsam im Gehen wahr und probieren aus, was ihrem Körper guttut und was er braucht. Sie erleben verschiedene 90-Sekunden-Übungen zum Stressabbau, zum Auftanken und zum FreiRaum-Schaffen in Bewegung und im Stehen. Nach jeder Bewegungsübung werden die Lernenden eingeladen, im Stehen zur Ruhe zu kommen, die Augen zu schließen, die Übung nachklingen zu lassen. Sie werden gebeten, nachzuspüren und zu bemerken, was sich in ihnen verändert hat beziehungsweise wie sie sich jetzt fühlen. Sie können ein Wort oder einen Satz in den Raum sagen. Es besteht die Gelegenheit, das Erlebte in Kleingruppen zu zweit oder dritt auszutauschen und nach einigen Einheiten in die Gesamtrunde einzubringen, zu reflektieren und Fragen zu stellen.

Der Wechsel zwischen Einzelübungen, Kleingruppen und Gesamtrunde kommt den verschiedenen Kommunikationstypen zugute und entlastet die Seminarleitung.

Nach der Mittagspause, wenn Magen und Hirn eher angefüllt und müde sind, kann die Vitalisierungsübung den Gesamtorganismus wieder in Schwung bringen. Später am Nachmittag freuen sich die meisten, wenn sie es ihrem Körper bei einem Gruppen-Focusing gemütlich machen und sich selbst und ihrem Körper wieder ihre ganze Aufmerksamkeit schenken können.

Was erleichtert das Erlernen der acht Schlüssel im Seminar?

Um einen Geschmack von der Wirksamkeit aller acht Schlüssel am eigenen Leib erfahren zu können, braucht es nach meiner Erfahrung zwei Seminartage oder zehn Kursabende. Bewährt hat sich:

- Den ersten Seminartag unter ein Leitmotto, beispielsweise »Entlastungsstrategien« und »Notfallköfferchen«, zu stellen und dazu eine Fülle von zeitlich gestaffelten Innehalten- und FreiRaum-Übungen im Sitzen, Stehen, in Bewegung und im Liegen anzubieten in Kombination mit anderen Schlüsseln und systematisch auf Mini-Focusing hinzuarbeiten.
- Mit der längeren Version der Innehaltenübung zum wirksamen Abschalten und Zusichkommen zu beginnen und in die Übungsanleitung andere Schlüssel sowie Hinweise einzubauen, die helfen, typische Fallen zu umgehen, wie zum Beispiel: »Wenn die Gedanken abschweifen, nicht verurteilen, sondern einfach zurückkehren zur Beobachtung …«.
- In den Anleitungen die Teilnehmenden ermuntern, wie kleine Kinder neugierig-offen zu erkunden, was einem selbst guttut und den Fokus auf das zu lenken, was entlastet, stärkt und nützlich ist und dem zu folgen, was sich stimmig anfühlt.
- In den Anleitungen bei diversen Bewegungsübungen wie »Körperteile begrüßen«, »Inneren Impulsen folgen und erkunden, wonach mir ist, wo es mich hinzieht, was sich stimmig und gut anfühlt« die Focusing-Haltung anleiten; ermuntern, individuell zu experimentieren, dem Körper die Regie zu überlassen … und dabei die innere Resonanz zu spüren.
- Selbst ausprobieren, was guttut – sich beim Tun selbst aus der Beobachterposition mit Schlüssel 2 wohlwollend wahrnehmen, erkunden, was es braucht, was sich gut anfühlt, und dabei die innere Resonanz zu spüren und den Impulsen zu folgen, die tief aus dem Körper kommen.
- Bestimmte Elemente zu wiederholen und mehr und mehr den Achtsamkeitsmuskel zu trainieren.
- Immer wieder Nachklingen der Übungen in Ruhe und systematisch bewusst erkunden, was sich verändert hat, um so gezielt die Selbstwahrnehmung zu schärfen, zu verfeinern und zu schulen.
- Angeleiteter, gezielter Erfahrungsaustausch und Reflexion des Erlebten, um das, was wirkt, bewusst zu machen, die Klippen ebenso kennenzu-

lernen wie die verschiedenen Möglichkeiten, sie zu umschiffen, es sich leichter zu machen und die Erfahrungen zu vertiefen.

- Der zweite Seminartag kann beispielsweise unter der Überschrift stehen: »Was stärkt und nährt mich (und das Team)?«.

Komplexe und schwierige Situationen mit Mini-Focusing tiefer erfassen und leichter meistern

Das Beste, was Sie anderen Menschen schenken können, ist Ihre volle Präsenz und wohlwollende Aufmerksamkeit. Wenn Sie focusingorientiert in Ihrem Körper anwesend und ganz da sind, im Kontakt zu sich und zur Gruppe, nehmen Sie die komplexe Gruppensituation feiner, tiefer und differenzierter wahr und können leichter stimmige Interventionen, Fragen und Inputs aus der Gesamtintelligenz Ihres Organismus kommen lassen.

Übung Komplexe Seminarsituationen tiefer erfassen

Experimentieren Sie damit, während des Seminars Kontakt zu Ihrem inneren Kompass aufzunehmen. Erkunden Sie mit Schlüssel 2, inwieweit Sie fast automatisch langsamer werden und differenzierter wahrnehmen. Lassen Sie sich Zeit, die Gruppe in Ruhe wahrzunehmen, bevor Sie eine Sequenz anleiten. Probieren Sie aus, dabei mit Ihrer Aufmerksamkeit von sich zur Gruppe und zurück zu pendeln. Halten Sie immer wieder ein bis drei Atemzüge inne, um das Ganze, die Situation, eine Weile auf sich wirken zu lassen. Lassen Sie sich überraschen, wie Sie die Situation als Ganzes tiefer *und* Ihre innerliche körperliche Resonanz wahrnehmen.

Mir hat diese Übung schon manches Mal geholfen, zu bemerken, dass etwas anderes angebracht war als das, was ich vorhatte.

Beispiel: Eine Morgenrunde lief länger als geplant. Ich spürte zwei widerstreitende Handlungsimpulse in mir. Ich ging mit meiner Aufmerksamkeit einige Sekunden in meine Körpermitte und verweilte mit dem Unklaren des Ganzen, bis der Impuls einer neuen Intervention aus meinem Körper kam. Ich schlug der Gruppe vor, ein Mini-Focusing zu den zwei Möglichkeiten durchzuführen, wie wir fortfahren könnten. Es kristallisierte sich eine klare Mehrheit für die eine Alternative heraus. Der dreifache Vorteil dieser Vorgehensweise: Die Gruppe übte sich darin, ein Mini-Focusing anzuwenden, ich wurde entlastet, und die Lösung entsprach den Bedürfnissen der Mehrheit.

Als eine Teilnehmerin nach einem Gruppen-Focusing schilderte, wie sie sich in einer Belastungssituation entlasten könnte, spürte ich ihre Not und gleichzeitig, dass ihre Antwort nicht aus ihrem Körperinneren kam und ihr nicht half. Ich verweilte innerlich mehrere Sekunden mit dem Unklaren der ganzen Situation, bis aus meinem Inneren der Impuls auftauchte, zu der geschilderten Situation ein Team-Mini-Focusing anzuleiten. Im Anschluss ließ ich alle, die einen Handlungsimpuls bekommen hatten, diesen schildern. Die Gruppe wurde gebeten, auf Ratschläge und Kommentare zu verzichten. Die Betroffene hatte die Aufgabe, bei jedem Vorschlag in sich hineinzuspüren, welcher bei ihr eine innere Resonanz auslöste, die ihr entsprach und sich für sie richtig anfühlte. Als alle, die einen Impuls hatten, ihn nacheinander mitgeteilt hatten, wurde die Betroffene gefragt, ob ein Vorschlag (und wenn ja, welcher) sich für Sie stimmig angefühlt hat. Sie benannte einen und lächelte erleichtert.

In einer schwierigen Gruppensituation, wenn sich jemand vorwurfsvoll äußert und Sie sich als Seminarleitung angegriffen fühlen, könnte Folgendes nützlich sein. Spüren Sie beim Lesen in sich hinein und achten Sie darauf, welcher Vorschlag welche Resonanz in Ihnen auslöst:

- Sie schweigen und lassen die Äußerung eine Weile in sich wirken.
- Sie sorgen für Ihren FreiRaum (mit Entlastungsatmung oder Herausstellen) und dafür, dass Sie sich zum Beispiel über Ihren Atem beruhigen und über Ihre Körperwahrnehmung und -haltung stabilisieren.
- Sie nehmen das Anliegen beziehungsweise die unerfüllten Bedürfnisse, die sich hinter den Vorwürfen des Teilnehmenden verbergen, ernst und falls Sie etwas nicht verstehen, fragen Sie nach, um es nachvollziehen und verstehen zu können.
- Sie spüren in Ihren Körper hinein, was in Ihnen ausgelöst wird.
- Wenn jemand sehr negativ auf Sie wirkt, stellen Sie sich vor, dass die Bemerkungen an einer Glasglocke abprallen, die Sie umgibt und schützt.
- Sie warten, welcher Impuls aus Ihrem Inneren auftaucht.
- Sie beziehen die übrigen Beteiligten ein und fragen, wie sie die vom Vortragenden geschilderte Situation wahrnehmen und erleben.
- Sie fragen die Gruppe, ob es eine Idee gibt, wie mit dem Anliegen verfahren werden kann, und was sich die Anwesenden wünschen.
- Sie erbitten sich eine Bedenkpause, um das Gehörte sacken zu lassen.
- Handlungsentscheidend ist dabei Ihre innere körperliche Resonanz, die Ihnen darüber Aufschluss gibt, was für Sie und die Situation stimmig ist.

Die Schlüssel in Beratungen und Einzelsitzungen einsetzen

Ob Sie ein Beratungsgespräch, eine Coaching- oder Therapiesitzung haben, der Schlüssel zu Ihrer Schatzkiste liegt in Ihrer vollen Präsenz und Anwesenheit in Ihrem Körper. Ihr Erfolg liegt darin, Ihre Präsenz und wohlwollende Aufmerksamkeit den Menschen zu schenken, die zu Ihnen kommen.

Um das zu ermöglichen, sind zwei Dinge ebenso wie bei der Durchführung von Seminaren entscheidend:

- Sorgen Sie zu Beginn Ihres Arbeitstags und vor jeder Sitzung für äußeren und inneren FreiRaum (s. Schlüssel 3 und S. 126) und auch zwischendurch: Machen Sie immer das »zu einem Teil« oder »stellen es heraus«, was Sie daran hindert, ganz da zu sein.
- Gönnen Sie sich zwischen den Sitzungen regelmäßig kleine Momente, innezuhalten (Schlüssel 1), auch wenn es nur ein paar Sekunden sind, in denen Sie sich selbst Ihre Aufmerksamkeit und vielleicht nur drei achtsame Atemzüge schenken, Ihre Augen schließen oder senken, sich körperlich spüren und erlauben, überflüssige Anspannung loszulassen.

Beim Schlüssel 1 haben Sie erfahren, wie Innehalten Ihnen als Schutzwall bei weniger angenehmen Zeitgenossen dienen kann. Neun weitere Vorschläge hat Ihnen das letzte Kapitel unterbreitet.

Das Modell der »klagenden Situation« im systemisch-lösungsorientierten Beratungsansatz nach Steve de Shazer liefert wertvolle Hinweise, wie Sie sich entspannter und erfolgreicher bei Menschen verhalten können, die jammern und klagen, andere für ihre Misere verantwortlich machen, die sich ändern sollen und nicht wirklich offen sind, selbst zu handeln. In Kürze: Entspannen Sie sich und setzen Sie wenig Energie ein. Lassen Sie Klagende erzählen, anklagen und ausreden. Hören Sie – innerlich zurückgelehnt – mitfühlend und verständnisvoll zu (mit »Oh je!«, »Mh«,»Wirklich?«), bis die Klagen ausgehen. So können Sie der Gefahr entgehen, ungeduldig und gereizt zu reagieren oder vorschnell Ratschläge zu liefern (De Jong/Berg 1999, S. 87 ff.).

Im Folgenden erhalten Sie noch weitere Anregungen, wie Sie es sich und Ihren Ratsuchenden leichter und gleichzeitig wirksamer gestalten können.

Zurückgelehnt beraten und coachen. In der Focusing-Beraterausbildung wurde zwischen zwei Beratertypen unterschieden. Zu welchem gehören Sie?

- Beraten oder coachen Sie eher engagiert mit dem Oberkörper nach vorn gebeugt? Stellen Sie gern Fragen und intervenieren öfter und reißen Sie sich gern mal ein Bein aus, um eine Lösung für den Klienten zu finden?
- Oder halten Sie sich eher zurück, fragen tendenziell weniger und trauen sich öfter nicht zu intervenieren, wenn Sie sich nicht sicher sind?

Wenn Sie zu denen zählen, die gern nach vorn gelehnt beraten und sich sehr anstrengen, sind Sie eher burnout-gefährdet. Mein Focusing-Ausbilder empfahl allen, die sich eher zu der einen oder der anderen Seite zugehörig fühlten, sich ein wenig vom anderen Typus abzugucken. Wie lehrreich war es für eine Beraterkollegin, als der Seminarleiter ihren Oberköper bei einer Übungssequenz sanft an die Lehne zurückdrückte. Seitdem werde ich jedes Mal hellwach, wenn ich bemerke, dass ich mich im Coaching nach vorne beuge. Vielleicht hilft es auch Ihnen, sich dann bewusst zurückzulehnen und das Gewicht Ihres Oberkörpers an die Sitzlehne abzugeben. Beobachten Sie, ob es auch für Ihren Organismus wie ein Signal sein kann, sich mehr zu entspannen und sich vom vernunftgesteuerten, überengagierten Tun und Machen etwas zu verabschieden. Wandern Sie mit Ihrer Aufmerksamkeit in Ihren Körper, um ergänzend zum Verstand tiefere Ressourcen in sich zu aktivieren.

Beispiel: Um sich nicht zu übernehmen, kann vielleicht auch folgendes Bild für Sie nützlich sein: Legen Sie Ihrer Klientin Ihren Vorschlag auf »Ihr Tischchen«. Lassen Sie ihr dann Zeit, ihn auf sich wirken zu lassen und zu schauen, was dieser bei ihr auslöst. Sie können sich dabei eine kleine Verschnaufpause gönnen. Erst wenn Ihre Ratsuchende mit einem Impuls antwortet, können Sie beide diesen eine Weile in sich wirken lassen, bis sich aus Ihrem inneren Kompass ein neuer Impuls meldet.

Wirksam und entspannt: 50 Prozent bei sich – 50 Prozent beim anderen. Es entspannt und ist nützlich, mit 50 Prozent der Aufmerksamkeit bei sich, im eigenen Körper, zu sein und mit 50 Prozent der Aufmerksamkeit beim Klienten, sodass Sie Ihre innere Resonanz spüren.

Experimentieren Sie zusätzlich damit, mit Ihrer Aufmerksamkeit vom Klienten zu sich, das heißt zu Ihrem Körperinneren, und zurück hin- und herzu pendeln, um ergänzend zu Ihren Instrumenten Ihren inneren Kompasses anzapfen zu können. Das ist nicht nur für den Prozess hilfreich, sondern auch dafür, dass Sie sich nicht überanstrengen.

Momente des Schweigens sind Gold wert. Es darf auch Momente des Schweigens geben. Gerade diese sind Gold wert beim focusingorientierten Begleiten: diese kostbaren Momente, wenn Klient und Begleiter mit dem Unklaren des Ganzen eines »Etwas« und dem inneren Erleben eine Zeitlang achtsam verweilen. Die Veränderungsschritte kommen oft ganz von selbst, wenn wir *nur* dem inneren Erleben einige Augenblicke in der focusingorientierten Weise freundlich Gesellschaft leisten: absichtslos und annehmend, ohne es zu bewerten, weghaben oder verändern zu wollen; aufmerksam und neugierig-offen, was sich da zeigen und lebendig werden will. Und nichts tun ausser mit dem zu sein, was da gerade in unserem Inneren ist.

Rhythmischer Wechsel von Hören, Wirkenlassen und Reden. Was sich am meisten bewährt hat, ist, als Berater oder Coach ganz da zu sein mit dem Herzen und dem ganzen Körper und viel Raum dem »Listening« und dem »Saying back« zu geben. Das bedeutet: Hören Sie den Klienten aufmerksam und offen-neugierig zu und sagen ihnen das Wesentliche mit ihren eigenen Worten zurück ... Auch mit »hmmm« können Sie dem Gegenüber zeigen, dass Sie ganz Ohr sind. Der rhythmische Wechsel zwischen Hören, Aufnehmen, Sackenlassen, Reden, In-den-Körper-fühlen und zwischendurch Bewegungsexperimente und passende Schlüsselwerkzeuge vorzuschlagen, die die Klienten auch zu Hause selbst durchführen können, hält Ihre eigene und die Energie Ihrer Ratsuchenden hoch und Sie beide ermüden nicht so leicht.

Experimentieren Sie damit, wenn es zu Ihnen und Ihrer Arbeit passt, in Ihre Einzelsitzungen gezielt passende 3- bis 90-Sekunden-Pausen einzubauen: Entlastungsatmen, -schütteln, Momente des Innehaltens mit der Klangschale, achtsames Gehen oder Partialisierungsübungen, wenn Sie focusingerfahren sind, sodass Sie beide am Ende der Sitzung noch frisch sind.

Wenn Klienten sehr schnell und viel sprechen und Sie nicht mehr zuhören können, können Sie ausprobieren, sich zu erlauben, Ihr Gegenüber freundlich zu unterbrechen. Sie können ihm freundlich und ohne Bewertung rückmelden, was Sie wahrnehmen beziehungsweise was Sie daran hindert, ihm zuhören zu können. Wenn Sie eine innere Resonanz verspüren, können Sie Ihren Klienten auch fragen, ob er Sie hören möchte. Sollte es sich für Sie stimmig anfühlen, können Sie ihn auch einladen, zunächst zu sich und zum eigenen Körper Kontakt aufzunehmen. Falls Ihre Klientin oder Ihr Klient zustimmt, können Sie eine passende Übung anleiten, die Sie beide entspannt und Zugang zum inneren Kompass ermöglicht, um schneller zu stimmigen Lösungsschritten zu kommen.

Sich die Hilflosigkeit zum Freund machen. Eine der für mich wichtigsten Lektionen in der Ausbildung zur Focusing-Beraterin kam vom Leiter des deutschen Ausbildungsinstituts für Focusing, Dr. Johannes Wiltschko. Er sagte sinngemäß: »Gerade wenn wir uns auf unsicherem Terrain fühlen, kann es ausgesprochen vorwärtsbringend sein, sich dem Nichtwissen zu öffnen und uns gemeinsam mit unserem Klienten in einen Suchprozess zu begeben.«

Beispiel: In einem Gründer-Coaching war einer Beraterin und Trainerin nach einigen Sitzungen unklar, was jetzt anstand. Ich versetzte mich in ihre Situation hinein, doch bekam ich keinen klaren Impuls. Sie stimmte meinem Vorschlag zu, ihre Aufmerksamkeit in ihren Körper zu richten und ihre einzigartigen Schätze zu erkunden. Nach kurzer Zeit spürte ich, dass etwas nicht stimmte. Ich nahm sie und meine innere Resonanz wahr, sprach es an, erkundigte mich nach ihrem Erleben und bemerkte, dass sie keinen Kontakt zum Thema hatte. Ich schlug ihr vor, nach innen zu fragen, was es braucht und was ein guter Schritt wäre. Auch sie bekam keinen klaren Impuls. Ich schlug intuitiv eine Pause vor, ließ das Ganze sacken, verweilte mit dem Unklaren des Ganzen in meinem Inneren. Wenn etwas nicht fruchtet, ist es gut, etwas anderes zu tun. Wir probierten nach der Pause etwas anderes aus. Ich verweilte weiter mit dem unklaren Gespür, das Fragen aufwarf. Erst am Ende beziehungsweise nach der Sitzung kam mir ein Erkenntnisschritt, den ich ihr mailte und der ihr und mir Klarheit brachte, was nicht stimmte und was ein nächster, stimmiger Schritt sein könnte.

Ich wünsche Ihnen, dass Sie die Focusing-Schlüssel beflügeln mögen, zu einer für Sie stimmigeren Arbeitsweise zu finden, die es Ihnen und Ihren Klientinnen und Klienten leichter macht und bereichert.

Literaturverzeichnis

Antonovski, A.: *Salutogenese: Zur Entmystifizierung der Gesundheit.* (Deutsche erweiterte Ausgabe von Alexa Franke) Tübingen 1997

Badura, B. bei der Tagung »Die erschöpfte Organisation«. Bielefeld 2011. Downloads unter www.bgm-bielefeld.de

Beattie, M.: *Kraft zum Loslassen.* Tägliche Meditationen für die innere Heilung. München, 31. Auflage 1991

Berckhan, B.: *Die etwas gelassenere Art, sich durchzusetzen.* Ein Selbstbehauptungstraining für Frauen. München 2001

Bergner, T. M. H.: *Burnout-Prävention.* Sich selbst helfen – das 12-Stufen-Programm, Stuttgart, 2. Auflage 2010

Bundeszentrale für gesundheitliche Aufklärung (Hrsg.): *Was erhält Menschen gesund? Antonovskys Modell der Salutogenese.* Bd. 6. Köln 1998

Bunz-Schlösser, G.: *Hand in Hand mit dem inneren Kind.* Heidelberg, 2. Auflage 2004

Burisch, M.: *Das Burnout-Syndrom.* Theorie der inneren Erschöpfung. Berlin, Heidelberg, 4. Auflage 2010

Caddy, E.: *Herzenstüren öffnen, Zürich 2004*

Cameron, J.: *Der Weg des Künstlers im Beruf.* Das 12-Wochen-Programm zur Steigerung der Kreativität. München 2001

De Jong, P./Berg, I. K.: *Lösungen (er-)finden.* Das Werkstattbuch der lösungsorientierten Kurztherapie. Dortmund, 2. Auflage 1999

Eberspächter, H.: *Ressource Ich.* Stressmanagement in Beruf und Alltag. München, 3. Auflage 2009

Freudenberger, H./North, G.: *Burn-out bei Frauen.* Über das Gefühl des Ausgebranntseins. Frankfurt am Main, 11. Auflage 2005

Freudenberger, H. J./Richelson, G.: *Burn-Out.* The High Cost of High Achievement. Garden City 1980

Gendlin, E. T.: *Focusing.* Selbsthilfe bei der Lösung persönlicher Probleme. Hamburg, 4. Auflage 2004

Gendlin, E. T./Wiltschko, J.: *Focusing in der Praxis.* Eine schulenübergreifende Methode in Psychotherapie und Alltag. Stuttgart, 2. Auflage 2004

George, N.: *Die Mondspielerin.* München 2011

Grün, A./Robben, R.: *Grenzen setzen – Grenzen achten.* Freiburg, 2. Auflage 2008

Hartlieb, G. (Hrsg.): *Das Inspirationsbuch 2008.* Leichter sein. Freiburg 2007

Hedderich, I.: *Burnout – Ursachen, Formen, Auswege.* München 2009

Henderson, J.: *Embodying Well-Being oder Wie man sich trotz allem wohlfühlen kann.* Bielefeld 2001
Kabat-Zinn, J.: *Gesund durch Meditation.* Frankfurt am Main, 11. Auflage 2005
Kaluza, G.: *Stressbewältigung.* Berlin 2004
Kersig, S.: *Entspannt und klar.* Freiraum finden bei Stress und Belastung. München, 2. Auflage 2009
Khema, A.: *Was Du suchst, ist in deinem Herzen.* Freiburg, 7. Auflage 2001
Kingston, K.: *Feng Shui gegen das Gerümpel des Alltags.* Hamburg, 9. Auflage 2001
Kreis, H.: *Wie Wunden heilen.* Die Krise als Chance zum Neubeginn. München 2004
Maslach, C./Jackson, S. E.: *Maslach Burnout Inventory.* Palto Alto 1981
Maslach, C./Jackson, S. E.: *Burnout in organisational settings.* In: Oskamp, St. (Hrsg.): Applied Social Psychology Annual. Beverly Hills 1884
Matthews, A.: *Tu, was Dir am Herzen liegt.* Kirchzarten bei Freiburg, 8. Auflage 2004
Mettler-v. Meibom, B.: *Wertschätzung.* München 2006
Nelting, M.: *Burnout – Wenn die Maske zerbricht.* Wie man Überlastung erkennt und neue Wege geht. München 2010
Nidiaye, S.: *Herz öffnen statt Kopf zerbrechen.* München, 3. Auflage 2003
Pilz-Kusch, U.: *Burnout - nein danke! »Schlüssel-Werkzeuge«, die Kraft geben.* In: Focusing Journal Nr. 24, Juni 2010
Pilz-Kusch, U.: *Gesucht: Wellness.* Was ist drin und dran? Ratgeber der Verbraucherzentralen, Düsseldorf, 2. Auflage 2003
Pilz-Kusch, U.: *Im Dschungel von Wellness & Co: Wie finden Sie Ihren persönlichen Weg zu mehr Wohlbefinden und Gesundheit.* In: ARD, Verbraucherzentralen, WDR (Hrsg.), Durchblick, Kunde Patient, 1/ 2002
Pilz-Kusch, U.: *Was erhält Frauen und Männer gesund? In: Bezirksregierung Arnsberg (Hrsg.)*, Gesundheit von Frauen und Männern, Dokumentation zum Internationalen Frauentag. Arnsberg 2001
Pilz-Kusch, U.: *Vital und »gut drauf« bis ins hohe Alter.* Ihr Weg in sechs Schritten. In: ARD, Verbraucher-Zentralen, WDR (Hrsg.), Durchblick: 50 plus, 5/2002
Pines, A. M./Aronson, E./Kafry, D.: *Ausgebrannt.* Vom Überdruss zur Selbstentfaltung. Stuttgart, 10. Auflage 2006
Psychologie Heute compact: *Erschöpft und ausgebrannt.* Wie Sie dem Stress des Alltags entkommen. Heft 27, 2011
Renn, K.: *Dein Körper sagt Dir, wer Du werden kannst.* Focusing – Weg der inneren Achtsamkeit. Freiburg 2006
Riek, S. M.: *Leben, Lieben und Nicht Wissen.* Norderstedt 2006
Ringwelski, B.: *Felt Sense – ein physiologisches Phänomen? In: Focusing Journal Nr.* 25, November 2010
Rodden, J.: *Einfachheit.* In: Hartlieb, G. (Hrsg.): Das Inspirationsbuch 2008. Leichter sein. Freiburg 2007

Romhardt, K.: *Wir sind die Wirtschaft.* Achtsam leben – Sinnvoll handeln. Bielefeld 2009

Rosenberg, M. B.: *Gewaltfreie Kommunikation.* Eine Sprache des Lebens. Paderborn, 9. Auflage 2010

Rowshan, A.: *Stress verhindern, mindern, nutzen.* Frankfurt am Main 1999

Ruhwandl, D.: *Erfolgreich ohne auszubrennen.* Das Burnout-Buch für Frauen. Stuttgart 2007

Sawtschenko, P.: *Positionierung – das erfolgreichste Marketing auf unserem Planeten.* Offenbach, 2. Auflage 2006

Schaufeli, W. B./Enzmannn, D.: *The Burnot Companion to study and practice.* London 1998

Schulze, B.: *Was uns gefährdet.* Was uns schützt. In: Psychologie Heute compact: Erschöpft und ausgebrannt. Wie Sie dem Stress des Alltags entkommen. Heft 27, 2011

Seiwert, L.:*Wenn Du es eilig hast, gehe langsam.* Das neue Zeitmanagement in einer beschleunigten Welt. Frankfurt am Main, 4. Auflage 1999

Stumm, G./Wiltschko, J./Keil, W. W.: *Grundbegriffe der Personzentrierten und Focusing-orientierten Psychotherapie und Beratung.* Stuttgart 2003

Tausch, R.: *Hilfen bei Stress und Belastung.* Hamburg 1998

Tausch-Flammer, D./Bickel, L.: *Jeder Tag ist kostbar.* Endlichkeit erfahren – intensiver leben. Freiburg, 6. Auflage 2000

Thich Nhat Hanh: *Alles, was du tun kannst für dein Glück.* Übungen für Körper, Seele und Geist. Freiburg 2010

Thich Nhat Hanh: *Ich pflanze ein Lächeln.* Augsburg, 13. Auflage 1992

Thich Nhat Hanh: *Jeden Augenblick genießen.* Übungen zur Achtsamkeit. Berlin 2004

Thich Nhat Hanh: *Und ich blühe wie die Blume.* Geführte Meditationen und Lieder. Braunschweig 1995

Tolle, E.: *Jetzt! Die Kraft der Gegenwart.* Bielefeld, 2. Auflage 2001

Wagner-Link, A.: *Verhaltenstraining zur Stressbewältigung.* Arbeitsbuch für Therapeuten und Trainer. Stuttgart, 6. Auflage 2010

Wegerle, C.: *Besser konzentrieren.* Hannover 2011

Wendt, N./Ensle, M.: *Stress- und Burnout-Prävention.* Handbuch für Führungskräfte, Betriebsräte und Arbeitsmediziner. Wien, 2. Auflage 2009

Wellensiek, S. K.: *Handbuch Resilienz-Training.* Widerstandkraft und Flexibiliät für Unternehmen und Mitarbeiter.Weinheim und Basel 2011

Weiser-Cornell, A.: *Focusing – Der Stimme des Körpers folgen.* Anleitungen und Übungen zur Selbsterfahrung. Hamburg, 6. Auflage 2004

Weiser-Cornell, A.: *Die Transformation des Inneren Kritikers.* In: Deutsches Ausbildungsinstitut für Focusing (DAF) (Hrsg.): Focusing Journal Nr. 21, November 2008

Wetzel, S.: *Leichter leben.* Praktische Meditationen zum Umgang mit Gefühlen. Berlin 2002

White, K.: *Die 9 Geheimnisse der Frauen, die alles bekommen, was sie wollen.* München, 2. Auflage 1999
Wiltschko, J.: *Anfänger-Geist.* Hinführungen zu Focusing-Therapie. Würzburg, 4. Auflage 1996
Wiltschko, J.: *Hilflosigkeit in Stärke umwandeln.* Focusing als Basis einer Metapsychotherapie. Band I. Münster 2010
Wiltschko, J. (Hrsg.): *Focusing und Philosophie.* Wien 2008
Zhi-Chang, Li: *Mit dem Herzen lächeln.* 100 Wege, um 100 Jahre alt zu werden. München, 4. Auflage 2005
Zillesen, A.: *Schreiben mit Focusing.* In: Deutsches Ausbildungsinstitut für Focusing (DAF) (Hrsg.): Focusing Journal Nr. 20, Juni 2008
Zink, Jörg: *Was bleibt, stiften die Liebenden.* Stuttgart 2005